松山大学　苦難・混迷の十五年史

―一九九二年一月～二〇〇六年一二月―

目次

はじめに

松山大学は二〇二三年（令和五）に学園創立一〇〇周年を迎えた。

松山大学及び学校法人松山大学の前身である松山高等商業学校及び財団法人松山高等商業学校は、一九二三年（大正一二）二月二二日、文部省により設立許可の認可を受け、二月二四日にその旨告示を受けた。三月三日第一回理事会を開き、理事加藤拓川の提案により、加藤彰廉を校長及び専務理事に推挙し、四月一日松山高等商業学校は開校した。

学校設立に当たって多大の尽力をしたのは、加藤恒忠翁（拓川）、加藤彰廉、そして新田長次郎翁（温山）である。また、この三恩人だけでなく、愛媛・松山の教育界、経済界、政治家も応援し、紆余曲折を経ながら、松山高等商業学校は誕生したのである。

大正デモクラシー期の松山高等商業学校誕生から戦時下の松山経済専門学校へ、そして戦後改革期の一九四九年（昭和二四）四月松山商科大学が誕生し、一九八九年（平成元）四月一日に校名を変更し、松山大学となった。そして、二〇二三年には、松山大学は創立一〇〇周年を迎えた。

学園一〇〇年の歴史は、大きく、①松山高商・経専時代（一九二三年四月～一九四九年三月）、②松山商大時代（一九四九年四月～一九八九年三月）、③松山大学時代（一九八九年四月～）の三つに時期区分できる。

筆者はこれまでに『松山高商・経専の歴史と三人の校長―加藤彰廉・渡部善次郎・田中忠夫―』（愛媛新聞サービスセンター、二〇一七年）、『伊藤秀夫と松山商科大学の誕生―あるリベラリストの生涯―』（SPC出版、二〇一八年）、『松山商科大学四〇年史―一九四九年四月～一九八九年三月―』（愛媛新聞サービスセンター、二〇二二年）を公表してきた。それらは主として、①と②の時期の考察であった。

②の時期は、高度経済成長の時代であり、高等教育への要求に応え、本学は定員を増やし、新学部を増設し、中国・四国・九州地域では、有数の文系私立大学に成長を遂げた、拡大・発展の時代であった。

本書はそれに続く、③松山大学時代の校史である。

松山商科大学が松山大学に改称したのは、一九八九年（平成元）四月一日である。それは、前年の法学部設立により、経済学部、経営学部、人文学部、法学部の四学部を有する文系総合大学になったからである。文系総合大学になって以降、人も増え、価値観も多様化し、対立・紛争もおきた。当時の学長・理事長は神森智教授であった（一九八九年一月〜一九九一年一二月）。その在任期間中に松山大学に改称したので、前著『松山商科大学四〇年史』では、神森学長・理事長が退任する一九九一年一二月までの松山大学の歴史を考察した。

神森学長の三年目（一九九一年）は、松山大学の学長選考規程をめぐって学内で対立・紛争が続き、候補者推薦委員会方式に代わる新しい学長選考規程は決まらなかった。

そして、一九九一年（平成三）一二月末で神森智学長の任期が満了することになり、現行の学長選考規程・推薦委員会方式に基づき、一〇月、推薦委員会の委員の選出がなされ、一一月の候補者推薦委員会（岩国守男委員長）で神森教授一人が推薦され、一一月二八日に学長選挙の投票がなされた。結果は、有権者一九九名（教員一一四名、職員八五名）中、神森候補に賛成八七票、反対一四票、白票八六票、無効二票、棄権一〇票であった。白票と棄権が多く出て、有効投票総数が三分の二に達せず、選挙は成立しなかった。推薦委員会方式への反対（白票）が多く出て、選挙が不成立となったのだった。本学の歴史上かつてない異常事態となった。

そこで、あらためて、選挙管理委員会と推薦委員を選出し、一二月一六日、新しい候補者推薦委員会（田辺勝也委員長）は神森智教授と宮崎満教授、比嘉清松教授の三名を候補として推薦した。しかし、比嘉教授が辞退され、神森教授、宮崎教授の二名となり、一二月二五日に両候補の決戦投票が行なわれた。激しい選挙戦が展開され、結果は、九二票対九一票の一票差で、宮崎満教授（五六歳）が次期学長に選出された。学長選考規程の推薦委員会方式に対する反対派および神森候補への反対派が僅差で宮崎候補を当選させた。

本書は宮崎満学長の任期が始まった一九九二年一月から第二次神森学長の任期が終了する二〇〇六年一二月までの一五年間の松山大学の歴史について考察する。

本時期は、高度経済成長期の松山商大時代と異なり、平成不況下、松山大学苦難の時代である。その背景として次の諸点があげられる。

①一九九一年バブルが崩壊し、平成不況が始まり、その不況が長引いたこと。とくに地方において顕著であったこと。

②少子化が始まり、一九九三年から一八歳人口が減少し始め、私学冬の時代に突入したこと。

③都市と地方の格差が拡大し、大都市の有名大学に学生が一極集中し、地方にしわ寄せがなされたこと。

④一九九一年文部省による大学設置基準の改正・大綱化が行なわれたこと。大綱化とは大学への規制緩和・自由化のことである。具体的には、一般教育と専門教育の区別が廃止され、国立大学では教養部が解体された。カリキュラムの自由化がなされ、新学部の設置が容易となり、学部名も自由に決められるようになった。そのため、各大学で、改革競争が始まり、他方、改革疲れ、疲弊もおき、学内対立もみられるようになったこと。

本学でも同様で、志願者は一九九一年度をピークに減少し始め、苦難が始まった。そのため、種々の入試改革、カリキュラム改革、新学部の検討などが行なわれた。改革疲れ、学内対立も起きた。

第一次神森学長時代に始まった学内の対立・紛争が、宮崎満・比嘉清松学長時代をへて、青野勝廣学長時代に頂点に達し、大騒動・裁判沙汰になり、社会を騒がせた。

しかし、二〇〇四年一月に再登場した第二次神森学長時代に騒動が収束し、正常化された。そして、この第二次神森学長時代に、苦難を打破すべく、種々の改革が断行された。①新学部設置（薬学部）、②新学長選考規程の制定、③新寄附行為の制定、④教学会議・全学教授会の新教学組織の発足、等々。これらにより、その後の松山大学の基本的枠組・基本方向が定められた。これらはいずれも二〇〇六年に制定されているので、私は「松山大学の二〇〇六年体制」と名づけている。

ところが、これらの神森改革（二〇〇六年体制）には種々の問題点もあり、多くの課題を残したと思う。

本書は、この松山大学一五年間の苦難・混迷・動乱の歴史を考察し、そこから教訓を得、未来に向けての諸課題を明らかにする。

以下、本書の視角・方法論について、前著でも述べたが、追加して、再度述べておきたい。

①学長は学識の長であり、大学の中心であり、大学の方針を学生や構成員、社会に発信する頭脳である。いかなる理念で何を考えて大学運営をしようとしているのかをみるため

に、学長の就任挨拶や施策、式辞を重視した。

②本学の教育方針である校訓「三実主義」について、各学長がどのように理解しているのかについても目配りした。

ちなみに、第二代星野通学長が一九六二年四月『学生便覧』に記した校訓「三実主義」の説明を示しておこう。

「本学には初代高商校長加藤先生が創唱し、二代（筆者注：三代の間違い）田中校長により、その意義が確認強調された三実主義という校訓がある。四〇年間学園とともに生きて今日に至った人間形成の伝統的原理であって本学或は前身の高商・経専の卒業者が中央に地方に高い人間的評価を受けているのは、この校訓の薫化による処が多い。三実とは真実、忠実、実用の三つであって、その意義は次の如く解明されるであろう。

真実とは…真理に対するまことである。皮相な現象に惑溺しないで進んでその奥に真理を探り、枯死した既成知識に安住しないでたゆまず自から真知を求める態度である。

忠実とは…人に対するまことである。人のために図っては己を虚しうし、人と交わりを結んでは終生操を変えず自分の言行に対してはどこまでも責任をとらんとする態度である。

実用とは…用に対するまことである。真理を真理のままに終わらせないで、必ずこれを生活の中に生かし社会に奉仕する積極進取の実践的態度である。」

少しコメントしておこう。加藤先生の「三実」の順序は実用・忠実・真実、田中校長の順序は真実・実用・忠実、星野学長の順序は真実・忠実・実用で、それぞれ異なっていたが、いずれも理由があった。また、星野学長の校訓「三実主義」の説明は、一九四一年度の『生徒要覧』における田中校長の「三実主義」の定義・説明の前半部分をそれぞれ二行程度に簡略・簡明化したものであった。しかし、そこには古風な表現が使われており、また日本国憲法や教育基本法といった、戦後の平和と民主主義の精神が反映されておらず、不満の残る説明となっていた。

③大学は人であり、いかなる人物によって大学運営がなされたのかを記した。なお、敬称は基本的に略した。

④学長・理事長の表記について、大学の公文書では「理事長・学長」となっているが、学長選考規程により選出された学長が寄附行為により、理事・理事長となるので、学長を先とし「学長・理事長」とした。

⑤学生は「学園協同体」の一翼であり、主体である。そこで、学生の動向、自主的な研究活動についても目配りした。

⑥校史は、全体として万遍なく記述する必要があるために、入試や入学式、卒業式、学長選挙、学部長選挙、評議員・理事選挙等のルーティンワークについても記述した。

⑦資料としては、公刊資料を中心とし、学内報、学園報、温山会報、入試要項、等を利用

した。自主的研究活動については、清野良栄ゼミのゼミ誌を利用した。

⑧本時期には、裁判もあり、論戦もあり、種々のビラも出されたので、それも歴史の記録して利用した。また、聞き取り調査も行なった。

第一章　宮崎満学長時代

（一九九二年一月一日～一九九七年一二月三一日）

一九九二年（平成四）一月一日、宮崎満教授が第一〇代松山大学学長兼理事長に就任した。また、松山短期大学学長も兼務した。この時、五六歳であった。

一〇代学長
宮崎　満

宮崎教授の主な経歴は次の通りである。

一九三六年（昭和一一）一月愛媛県伊予三島市生まれ。一九五九年三月一橋大学商学部を卒業し、日東商船株式会社に入社。一九六四年四月松山商科大学経済学部助手、一九六六年四月講師、一九七〇年四月助教授、一九七七年四月教授となった。専門は交通論。一九七七年四月〜一九八〇年三月経済経営研究所長、一九八六年一月〜一九八七年一一月図書館長。法学部開設に尽力していた山口卓志理事の死去の後を受け、一九八七年一二月より越智俊夫理事長の下で理事に就任し（総務担当）、さらに神森理事長（一九八九年一月〜一九九一年一二月）の下でも理事を続けていた。(1)

宮崎学長・理事長は二期六年その職を務めた。この時代、世界政治面では、一九九一年一二月ソ連邦が解体し、ロシア共和国が誕生、また東側諸国の独立化が進んだ時代であり、アメリカでは一九九二年一月、一二年ぶりに民主党政権（クリントン大統領）が誕生した時代であった。国内政治面では、東京佐川急便事件を機に政治不信が頂点に達し、自民党政権への不信から、一九九三年八月非自民の細川護熙連立政権が誕生するが、細川首相の政治資金問題が発覚し、辞任するなど混迷が続いた。その後、短命の羽田孜内閣を経て、一九九四年六月、政権復帰を目指した自民党が社会党と提携し、自社の連立政権が誕生した（首相は社会党の村山富市）。また、経済面では一九九一年バブルが崩壊し、日本経済は平成不況、失われた一〇年などといわれる経済の停滞・低迷時代に入った。ただ、平成不況が平成大不況になるのは、一九九七年の金融危機以降で、この時代はまだ、バブル経済の余韻が残っていた時代でもあった。社会面では、一九九五年一月阪神・淡路大震災が発生し、甚大な被害となり、また、三月には東京地下鉄でサリンがまかれるなど（オウム真理教事件）、不安な世相となった。

大学をめぐる情勢では、大都市に人口と大学が集中し、地方の私立大学の相対的地位の低下、また、大学進学年齢人口の傾向的減少の中で、地方私立大学のおかれた状況は厳しくなっており（冬の時代と言われる）、本学園も同様であった。一般入試の志願者は、一九九一年度の一万一四九五名がピークで、以後減少していった苦難の時代であった。

また、本学園では、前神森智学長・理事長時代からの懸案であった学長選考規程の改定を巡り、紛争・対立が続き、宮崎理事長はその対応に追われた。

〔注〕

（1）『学内報』第一八二号、一九九二年二月、宮崎満教授退職記念号（『松山大学論集』第一六巻第一号、二〇〇四年四月）等より。

㈠一九九二年（平成四）一月～三月

一九九二年一月一日、宮崎満学長・理事長の就任の挨拶は大要次の通りである。

「私こと、ご承知のような仕儀で本年より三年間理事長・学長の重責を担うことになりました。まことに思いもよらぬこととて、いまだに戸惑いから脱け切れておりませんが、早く平常心を取り戻して、何とか任期を全うしなければとホゾを固めることにしました。もとより浅学菲才の身、法人、大学および短期大学を代表する職務は教職員をはじめとする関係者の方々のご協力、ご支援なくしてはとうてい務まりません。何卒よろしくお願い申し上げます。

前理事長・学長の神森智先生にはご在任中、精力的に、またキメ細かい気配りをされながら学内諸業務をこなされる傍ら、私大連を中心とする対外的な活動にも積極的に、かつ誠実に参加され、その実績によってわが松山大学の内部的充実はもとより私大「業界」における本学の地位の向上に多大の貢献をされました。前理事長・学長に対して心から敬意と謝意を表するものであります。（中略）

私は昨年末、学内報編集子の求めに応じて理事会の一員として、新年の挨拶をおよそ次のように書きました。

『今年一九九二年の干支は壬申（みずのえさる）。一三二〇年前には天下を二分する壬申の乱があった年まわりになる。願わくはわが松山大学に平和を！　もっとも、現在の私大業界に身を置くものとしては、安易に平和を願うこと自体甘いかもしれない。世はまさに戦国時代。気持ちを強く持って、時にはgo for brokeもやむをえないかもしれない。ご叱正を賜らんことを』

立場が変った現在でも、気持ちは基本的に同じです（go for brokeは、必ずしも十分に成算が無いことでも思い切ってやってみる、といったほどの意味の米口語だと理解しています）。年末の新聞のインタビューでも申しましたが、これからの大学は、そして松山大学のような規模と立地条件の私立大学では、教育内容の充実が急務だと考えます。カリキュラムもさることながら、シラバスの導入・充実などによる教育内容の品質管理とそれによる学生の品質管理（少しおこがましい言い方かもしれませんが）に十分意を用いなければならないという意味です。例えば多摩大学は、独自の大学運営と厳しい教育活動で話題を呼んでいる新興大学ですが、後者については、我々も積極的にこれを学びその方式を導入する必要があると考えます（誤解を避けるために申し添えますが、独自の給与体系など新設校だからこそできるものであり、本学の実情にそぐわないものまで真似しようと言うわけでは決してありません）。そして、このような教育内容の充実のためには、意識改革からスタートする、いわゆるファカルティ・ディベロップメントに取り組む必要があることは言うまでもありません。しかし、何よりも大切なことは、教職員が個々に責任を持つ対等の自由人として（特定の利害集団が構成されるようなことは論外です）、相互に建設的に批判しあい、切磋琢磨できる雰囲気をつくりあげることだと思います。

研究活動の充実や大学院の整備も当然必要です。特に、後者については昨年の一連の大学審議会答申は、大学院重視の方向をはっきり打ち出しているものと見られます。本学の場合、法学部大学院開設申請は避けて通れない宿題となっています。学部改革（リストラ）との兼ね合いもありますが、既設大学院についても前向きの検討が必要だと思われます。それにつけても、先頃一橋大学を辞めてスタンフォード大学教授になった今井賢一氏が『一橋大学程度の規模（および日本の国立大学に固有な制約条件のもと）では一流のカレッジにはなれても、ハーバードやスタンフォードのようなアメリカで言うところのリサーチ・ユニバーシティにはなれない」という趣旨を述べておられるのにはいささかショックをうけております（『如水会々報』一九九二年一月号）。

私学冬の時代に向かって我々が想いを致さねばならない第二の点は、地域社会を中心とする対境関係の強化だと考えます。先頃出された国土庁の報告書でも、地域の振興・活性化のためには大学と地域社会の連携（地学連携）の強化や近隣大学群の提携（大学連合）が必要だと述べています。地域社会に愛され信頼される大学を基盤により広い部隊への展開を図っていかなければならない我が松山大学としては、伝統の自主経営路線を堅持しつつ、広く知識を社会に求める、いわば異業種交流をはかる一方、大学の施設や機能（ノウハウ、ノウフウなど）を活用して地域社会に貢献していかなければならないのではないでしょうか。松山が、愛媛が、四国が元気でなければ松山大学も元気ではいられません。

第三に申し上げたいことは、理事会の役割に関することです。理事会の任務の一つは、遠くを見つめて方針を打ち出すことだと思います（もちろん、大事なことですから勝手に決めることはできません）。お約束しても実現が叶うかどうかは分りませんが、まずは評議員の皆さんのお智恵を拝借して『理事会の施策大綱（要綱）』とでも言ったものを早急に策定して皆さんのご批判

を仰ぎたいと考えています。（中略）

最後に、私自身のライフ・スタイルと言うかワーク・スタイルについて申し述べさせていただき、改めて皆さん方のご理解、ご協力をお願い申し上げたいと存じます。小生いろいろな意味で気の短い人間であります。すぐカッとなったり、短兵急であったり、移り気であったりと言う訳で、これが小生の致命的な短所であり、未熟なる所以であります。それだけに長い会議はできるだけ御免蒙りたいと存じます。手続をおろそかにする気は毛頭ありませんが、必要以上に長い会議を多数でやるのはマン・アワーで考えると莫大なロスだと思います。会議と挨拶は短めに、ということで臨みたいと思いますので、何分ご協力のほどを。こういう雑駁な男ですが、皆さんのご迷惑をできるだけ少なくするため、中学時代の恩師が年賀状に書いてくれた『艱難汝を玉にす』という言葉を体して全力を尽くす所存です。でも休みはちゃんととらせて頂きます。皆さんもきっちりととってください」[1]。

宮崎学長・理事長は、前神森学長・理事長の活動・功績に敬意と謝意を表しつつ、それを継承し、厳しい環境にある私大経営（冬の時代）にあたる決意を表明した。そして、本学の課題として、第一に教育内容・研究内容の充実をはかること、第二に地域社会との連携をはかること、第三に理事会の役割は遠くを見つめて方針を出すことだとして、理事会の施策体系を策定すること、懸案の学長選考規程の改定を表明した。また、自己の性格・欠点（短気なこと）について率直に述べていることが注目される。

宮崎満教授の学長・理事長就任に伴い、理事選出（宮崎理事の後任）のための評議員会が一月八日に開かれ、事務局長の山崎敏夫（五六歳）が理事に選出された。山崎敏夫は事務職第一号の理事となった。[2]宮崎学長誕生にあたっては、事務職の支持の方が多かったので、その流れの中で、事務局長の理事就任になったと思われる。以後、例外はあるが、事務局長が総務担当理事となる慣行が定着することになっていく。

宮崎学長・理事長就任時の全学の校務体制は次の通りであった。経済学部長は村上克美（一九八九年四月～一九九三年三月）、経営学部長は倉田三郎（一九九〇年四月～一九九二年三月）、人文学部長は増田豊（一九九〇年一一月一日～一九九四年一〇月三一日）、法学部長は前田繁一（一九九一年四月～一九九三年三月）、経済学研究科長は田辺勝也（一九九〇年四月～一九九二年三月）、経営学研究科長は高沢貞三（一九九〇年四月～一九九二年三月）、図書館長は望月清人（一九八八年一二月一日～一九九四年一二月三一日）、総合研究所長は渡部孝（一九八九年一月一日～一九九四年一二月三一日）、教務委員長は三好登（一九九一年四月～一九九三年三月）、入試委員長は原田満範（一九八八年四月～一九九二年三月）、学生委員長は五島昌明（一九九一年四月～一九九五年三月）であった。

学校法人面では、比嘉清松（一九八九年一月一日～一九九四年一二月三一日、財務）、宍戸邦彦（一九九〇年一二月一日～一九九二年一二月三一日、教学）が引き続き理事を務め、新たに山崎敏夫（総務）が加わり、宮崎理事長を補佐した。[3]

二月九日～一二日にかけて、一九九二年度の一般入試が行なわれた。九日が経済学部、一〇日が経営学部、一一日が人文学部、そして一二日が法学部の試験であった。推薦入試を除く募集人員は経済学部三一〇名、経営学部二八〇名、人文学部英語英米文学科八〇名、同社会学科一〇五名、法学部二〇〇名であった。試験会場は、本学、大阪（大阪ＹＭＣＡ会館）、岡山（代々木ゼミナール岡山校）、広島（代々木ゼミナール広島受験プラザ）、福岡（水城学園）、高松（高松高等予備校）、東京（日本私学振興財団）、名古屋（トライデントスクール　オブ　インフオメーション　テクノロジー、河合塾千種校）の八会場であった。本年から名古屋会場が設けられた。検定料は二万八〇〇〇円。志願者は経済三三五九名（前年三七四八名）、経営三七八五名（前年三五〇六名）、人文英語七七七名（前年六七六名）、同社会一三七二名（前年一五〇九名）、法学部一八五五名（前年二〇五六名）、合計一万一一四八名（前年度一万一四九五名）で、経営、人英は増えたが、経済、人社、法が減り、全体として昨年度を下回った。合格発表は二月二一日。経済一一八九名、経営一〇五三名、人文英語三二一名、同社会三九九名、法学部六九一名、合計三六五三名を発表した。しかし、後、経営、人社、法の歩留まり予測がはずれ、経営三二名、人社六五名、法一一九名の追加を出した。

学費は入学金二〇万円（前年度一八万五四〇〇円）、授業料五二万円（前年度五〇万円）、教育充実費一五万円（前年度一三万円）、その他三万八七〇〇円（前年度三万六三〇〇円）、合計九〇万八七〇〇円（前年度八五万一七〇〇円）で、約五・五万円の大幅な値上げであった。そして、授業料のステップ制がはじめて導入された。それは、二年次以降の授業料が毎年二万円づつ上がる制度で、一年次の五二万円が、二年次五四万円、三年次五六万円、四年次五八万円、五年次六〇万円、六年次以降六二万円というものであった。(4) 一九九一年五月以降バブルが崩壊し、平成不況に突入していく時代であり、タイミング悪く、父母、学生の経済的負担は重くなっていったと見られる。

二月一三日に倉田三郎経営学部長の任期満了に伴う経営学部長選挙が行われ、新しく原田満範（四七歳）が選出された。(5)

三月一二、一三日、一九九二年度の大学院第Ⅱ期入試が行なわれ、経済学研究科修士課程は五名が受験し、二名が合格した。経営学研究科修士課程は六名が受験し、一名が合格した。(6)

三月一五日、宮崎学長は卒業生に対し、『学園報』第九二号に「個性豊かな国際人に」と題し、はなむけの言葉を載せた。そこで、『松山商科大学三十年史』をもとに本学の校風として、無意識面では非官僚主義と家族主義的エトス、意識面では校訓の三実主義を紹介し、非官僚主義的エトスとは、独立自尊を旨とする自由な学風であり、家族主義的エトスとはスキンシップ豊かな少人数教育の重視であること、三実主義は本学不易のもので、なかでも、私は忠実の現代的意味を訴えたいとして、その崇高な精神（弱者への思いやり、人間差別を排除する姿勢）を強調し、卒業生に対し、この校風・精神を体し、生きていってもらいたいと述べた。(7)

三月一九日、午前一〇時より愛媛県県民文化会館にて一九九一年度の卒業式が行なわれた。経済学部四三一名、経営学部四三二名、人文英語一〇四名、社会一三六名、法学部二四八名が卒業し、大学院経済学研究科修士課程は一名、経営学研究科修士課程は六名が修了した。宮崎学長の式辞は、『学園報』第九二号と重なるが、学長として最初の式辞であり、掲載しておこう。

「本日は第四一回松山大学卒業式のために多数のご来賓各位ならびにご父母の方々のご光来、ご臨席を賜り誠にありがとうございます。教職員一同を代表して心よりお礼申し上げます。

卒業生の皆さん、ご卒業おめでとうございます。心よりお慶び申上げます。また、四年間の長きにわたって温かく見守り、励ましてこられたご父母の皆さんがたのお喜びもさぞや、と推察申上げます。

卒業生の皆さんを送り出すにあたり、大きく分けて二つのことを申しあげたいと思います。第一は、皆さんが卒業されようとしている松山大学はどんな大学かということ。第二は、これを受けて、卒業される皆さんに私共が何を望み、何を期待するかということです。

松山大学はどんな大学でしょうか。ここではその七十年の発展の足跡や現在の姿をお話しようとするわけではありません。皆さんが後にされようとしている松山大学は、どのような建学の精神あるいはそれに類するものを持ち、どのような教育理念を掲げ、それをどう実践してきたかについて改めて確認し、皆さんがた全員にその精神や理念を体してこの学窓を後にしてもらいたいということです。

松山商科大学三十周年史は、「本学の校風とはなんであろうか。これを簡単に確定することは困難であるが、意識面では校訓の三実主義、無意識面では非官僚主義的と家族主義的エトスと言ってもよいのではあるまいか。」と述べています。確かに、この種のものを明示的確定することは困難ですし、時の流れがその困難を増幅します。先輩がたのお許しを願って、私は次のように理解させていただきます。

非官僚主義的エトスとは、独立自尊を旨とする自由な学風です。「独立自尊」と雄渾な筆致で書かれた書を本学に残されている創立の恩人・新田温山翁は、金は出すが学校の運営には口を出さないという主義を貫かれ、学校運営は内部で自主的に行われ、これを反映して学内には自由な気風が満ち溢れました。学生達が尊敬してやまなかった初代校長が、やや時代に迎合した内容の「国体の歌」を作詞して学生に歌わせようとしたところ、当時の学生は「礼儀をわきまえた批判精神」をもってこれを拒否したと、三十年史は記しています。この気風は今でも脈々とうけ継がれていると思います。

卒業生の皆さんには、この精神を体して、個性豊かな自由人として国際社会に雄飛してもらいたいものであります。特定のイデオロギーや利害関係にとらわれないこと、個性を磨き自らのアイデンティティを確立し、保持すること、サービス残業や過労死という言葉が依然として生きている現代日本ですが、組織の中で人間性を埋没させないこと。これらが自由人の条件だと思います。自分に立ちかえる時間を持つために、アフターファイブのアクティビティを持つことも必要かもしれません。

家族主義的エトスとは、スキンシップ豊かな少人数教育重視の考え方だと理解します。初代加藤校長死去に端を発した混乱の中で、当時の学生達は一糸乱れず行動し、発表した声明文の中で「…本校は創立以来…私学特有の家族的雰囲気のうちに、教授学生一致団結してその発展につとめてきた…」と書いています。戦後の大学大衆化の中でも、本学はつとめてゼミナールを中心とする少人数教育重視を貫いてきました。演習教育の目的はまず、自分を正しく適確に説明する能力を、次には議論・討論をする能力を身につけることにあると考えます。いま日本は、国際社会に対して日本をわかりやすく説明することを求められています。相互理解と交流の促進のためにはこれが不可欠だからです。この面における皆さんの一層の努力を期待します。

前後しましたが、いま一つは本学不易の校訓・三実主義です。なかでも私は忠実の現代的意味を訴えたいと思います。人に対するまこと、人のために図っては己を空うし、という崇高な精神は、知の時代から心の時代に入ったといわれる現代に生きる者の貴重な指針です。他人のために、社会のために自らを無にする奉仕、ボランティアの精神は、弱者への思いやり、人間的差別を排除する姿勢などと共に、経済大国といわれる国に住むわれわれに不足している資質のように思われるからです。

最後に、とくに四学部卒業生の皆さんに申し上げます。さきほど皆さんの代表にお渡ししたのは、昨年度までの卒業証書とは違っておりまして、まず標題が「卒業証書・学位記」となっております。また、本文の末尾は、「学士（経済学、経営学、英語英米文学、社会学、法学）の学位を授与する」となっております。これは平成三年七月に施行された関係法規の改正により、学士も学位と位置づけられたことによるものです。皆さんは松山大学が送り出す学士という学位をもつ第一回の卒業生というわけです。

卒業後は、学位の名に恥じないよう頑張っていただきたいと思います。

皆さんの行手に幸多からんことを切にお祈りして、私の式辞と致します。

平成四年三月十九日

松山大学　学長　宮崎　満」(8)

この式辞中、本学の校風（非官僚主義と家族主義的エートス）について的確な解説を行い、ならびに校訓「三実主義」について、とくにその「忠実」の理解につき、現代的解釈を試みた点が注目に値する。

三月三一日、経済学部では松野五郎（統計学総論、六八歳）らが退職した。経営学部では井上幸一（商学総論等、七〇歳）が退職した。また、真部正規（フランス語、六五歳）が退職し、再雇用となった。人文学部では奥山達（国際事情、六五歳）が退職し、再雇用となった。また、村田邦夫（比較文化史）が退職し、転出した。法学部では小脇一海（民法）、藤井高美（政治史）が退職し、特任となった。また、野間礼二（法学）と竹内正（刑法）が退職し、再雇用となった。また、小橋馨（法学・民事訴訟法）が退職し、転出した。(9)

〔注〕

（1）『学内報』第一八一号、一九九二年一月。
（2）『学内報』第一八二号、一九九二年二月。
（3）『学内報』第一七二号、一九九一年四月、同第一八二号、一九九二年二月。
（4）『学内報』第一七五号、一九九一年七月。同第一八三号、一九九二年三月。同一八四号、一九九二年四月。
なお、学費のステップ制は、前神森理事長時代に決定され、一九九二年度入学生から実施された。
（5）『学内報』第一八三号、一九九二年三月。
（6）『学内報』第一八四号、一九九二年四月。
（7）『学園報』第九二号、一九九二年三月一五日。
（8）松山大学総務課所蔵。
（9）『学内報』第一八四号、一九九二年四月。

(二) 一九九二年(平成四)度

宮崎学長・理事長一年目である。経済学部長は村上克美が続けた(一九八九年四月〜一九九三年三月)。経営学部長は倉田三郎に代わって新たに原田満範が就任した(一九九二年四月〜一九九四年三月)。人文学部長は増田豊が続け、法学部長も前田繁一が続けた。経済学研究科長は田辺勝也が再任され、引き続き務めた(一九九〇年四月〜一九九二年三月)。経営学研究科長は高沢貞三に代わって新たに倉田三郎が就任した(一九九二年四月〜一九九四年三月)。図書館長は望月清人、総合研究所長は渡部孝が続けた(次長職は東渕則之が就任した)。教務委員長は三好登が続けた。入試委員長は原田満範に代わって新たに舘野日出男が就任した(一九九二年四月〜一九九四年三月)。学生委員長は五島昌明が続けた。

学校法人面では、比嘉清松(財務)、宍戸邦彦(教学)、山崎敏夫(総務)が引き続き理事を務め、宮崎理事長を補佐した[1]。

本年、次のような専任教員が採用された[2]。

経営学部

金子　武久　一九六二年六月生まれ、早稲田大学大学院商学研究科博士課程。講師として採用、商学総論。

人文学部

渡辺　良彦　一九五八年九月生まれ、日本大学大学院文学研究科博士前期課程。講師として採用。英語。

法学部

平田伊和男　一九二九年三月生まれ、京都大学大学院法学研究科博士課程。教授として採用。商法。

四月一日、午前一〇時より愛媛県県民文化会館にて一九九二年度の入学式が行なわれ、経済学部五二一名、経営学部四七五名、人文英語一四四名、社会一六〇名、法学部三六一名、合計一六六一名が入学した。また、大学院は経済学研究科修士課程は三名、経営学研究科修士課程は五名が入学した。宮崎学長は式辞において、この入学を機に目標や志を立ててほしい、物事の基本、根底を見極める姿勢、グローバルな立場で考え学ぶという姿勢を養って欲しい、と激励した。(3) その大要は次の通りである。

「さて、新入生の皆さん、皆さんを迎え入れるに当たり、私は次の三つのこと申し上げたいと思います。

第一は、松山大学入学を機に皆さんに目標を立てて欲しい、志を立てて欲しいということであります。第二には、大学は第一義的には勉学、学習の場でありますが、その勉学、学習に当たっての基本的な姿勢について私の期待するところを申し上げます。第三には、勉学、学習以外の面での大学生活の送り方について、心して貰いたいことをお願い致します。

皆さん、松山大学入学を機に、どんなことでもいい、目標を打立てて下さい。志を立てて下さい。すでに何らかの目標をお持ちの方もいると思いますが、まだの人は、なるべく早くそれを見つける努力をして下さい。皆さんにこう呼び掛ける理由は幾つかあります。まず第一は、東西ドイツの統一やソ連邦の解体に見られるように、今の世の中は変化が激しく将来は不透明そのものです。安定と繁栄を誇る我が国経済においても、いわゆるバブル崩壊というような現象が見られました。皆さんも言い知れぬ不安と焦燥に駆られることもあるかと思います。さればこそ、よし自分はこれをやろう、これに打ち込んでみようと心に決めたものを持つことが大切だと思います。

第二に、大学は高等学校までと違って、皆さんが一人前の大人であり、自発的に勉学、学習する学生であるということを前提としております。松山大学においても同様であります。目的意識を持たない勉学、学習からは、実りある成果は期待できません。

第三に、大学では、高校までに比べると時間がふんだんにあると言えます。志を立てて、この時間を有意義に活用して下さい。そうするのとしないのとでは、四年間で雲泥の差が生じます。

最後にこれはいい難いことですが、皆さんの中には松山大学が必ずしも第一志望ではなかった人もおられることと推察します。しかし、人生は気持ちの持ち様一つです。早くウヤムヤを振り払い、新しい目標を見つけて松山大学の天地で大いに青春して下さい。松山大学は決して皆さんを裏切ることはないと確信しています。

二番目の勉学、学習にあたっての基本的な姿勢については、次の三つのことを皆さんに期待します。第一は、物事の基本、根底を見極めるという姿勢です。高校までに身につけた知識の根底にあるいはそのウラにあることを見つけるという姿勢を大事にして下さい。これこそまさに大学での学習です。そのためには事実を重視しながらも、事実の中にのめり込まず、事実と一定の距離を保つということも必要です。第二は、同じ事柄についても様々な考え方、見方、捉え方があるという事を認める姿勢です。これは消極的、受動的には多様な価値観の受容ということになりますが、積極的、能動的には、自分なりの見方、捉え方を探求し、作り上げるという楽しみにもつながります。第三には、少し観点が違いますが、常にグローバルな（地球市民的な）立場で考え、学ぶという姿勢です。避けられない国際化の波がこれを要求していると思われます。若い皆さんにとって関心が深い自動車を例にとって考えてみましょう。日本は約十年前から世界一の自動車生産・輸出国をリードしてきました。生産された自動車の約半分は国内で使われ、日本の自動車保有台数はすでに六千万台を超えました。我が国の排気ガス規制基準は世界一厳しいものではありますが、狭い国土に蠢くこの六千万台はその排気ガスによる大気汚染を通じて、オゾン層破壊や地球温暖化に残念ながら「貢献」しています。一方、毎年輸出される五百万台以上の自動車は、日本の輸出額の二割以上を占め、貿易黒字を蓄積し、アメリカをはじめとする諸外国との収支インバランスの原因ともなっています。このように世界における日本の経済的プレゼンスが大きくなったことや、地球規模での情報化の進展が、先ほど申し上げたような姿勢を皆さんに要請しているのであります。そしてその要請に応えられる者こそ、真の国際人に値すると言えるのであります。

　最後に、勉学、学習以外の面での大学生活の送り方について、私自身の学生生活を振り返りながら、次の二つのことを皆さんにお願いしたいと思います。第一は身体を鍛えようということです。第二は、サークル活動などを通じて積極的に交友の輪を拡げて、様々な地域の出身者との触れ合いを求めて下さい。地元愛媛・松山出身の皆さんに、特にこれを期待します。私自身、大学の四年間寮生活を送りましたが、若干の東アジア人を含む全国各地の出身者と同じ釜の飯を食い、考え方や習慣の違いなどをつぶさに経験したことが、大いに参考になっています。

新入生の皆さんに期待することばかり申し上げましたが、私共教職員も皆さんのご期待に応えるべく最善の努力を尽くすことをお約束します。みんなで松山大学を一層良い大学にしようではありませんか。簡単ですがこれを持って式辞と致します。

平成四年四月一日

松山大学　学長　宮崎　満」[4]

四月一日、宮崎理事長は来年創立七〇周年を迎えるため、企画実行委員会、および企画小委員会を組織した。

また、四月一日、「松山大学名誉教授の処遇に関する規程」を制定した。[5] これは、再雇用となっている入江奨教授（一九九四年三月三一日退職予定）からの要望もあり、それにこたえたものであった。

五月一四日、経済学部は第五回学内ゼミナール大会を開催し、一二三ゼミが発表した。[6]

七月七日、宮崎満理事長ら理事会は、前神森理事長時代からの懸案の学長選考規程について、関係者や諸機関（旧検討委員会、対案提出グループ、教職員会、学部長会）の意見を聞き、「学長選考規程（新案）」を作成し、その意見を問うために有権者会議を開いた。理事会の新案は、A案とB案の二者択一を問うものであった。その大要は次の通りである。

A案………「旧原案」（旧学長選考規程検討委員会）の、選挙人による候補者選出方式を下敷きにした案で、主な修正点は、再選について三選まで可能となっているのを、学長・理事長兼任の重圧を考え二選までとしたこと、ならびに選挙人の数と連記数について修正を加えた（経済・経営各七名で四名連記は変わらないが、人・法は各七名を各四名とし二名連記とした。事務職員課長補佐以上、係長以下各七名で四名連記は変わらないが、温山会は二名から三名に増やした）。

B案………「対案」（対案提出グループ）の、学内からの立候補、または一〇名以上の連署により推薦されたものを候補者とする案を下敷きにした案で、主な修正点は、学長候補を推薦できるものについて、「教育職員並びに事務職員及び温山会の理事とする」を「教育職員並びに事務職員及び温山会の会長、副会長及び常任理事とする」と修正し、温山会の範囲を縮小した。結果、会長一名、副会長五名、常任理事一七名の二三名に減らした。

この時、学長選挙に投票できる有権者は、教員一〇八名、職員八三名の計一九一名であったが、当日の出席者は、教員が四一名、職員が六四名、計一〇五名であった。

二者択一案について議論が行なわれ、投票の結果、A案の賛成者は三七、B案の賛成者は六〇、白票が七、無効が一であった。その結果、B案が出席者の過半数を得て可決された。

この有権者会議について、少しコメントしよう。

①理事会提案のA案、B案二者択一案は問題であった。というのは、A案は正式の学内委員会で作成されたものであり、他方、「対案」はそれに反対のグループのもので、それを対等に扱っているが、大学運営上は問題であった。それは委員会制度の軽視・形骸化につながるからである。

②当日の出席者について、学長選考規程を決める重大な会議であるにもかかわらず、全有権者の五六・五%しか出席していない。通常、重要な会議は三分の二以上の出席を要件とするが、過半数というのは規程に問題があろう。

③さらに教員の出席率は悪く、わずか三八%である。他方職員は七七%と高い。また、実員としても職員の方の出席者がはるかに多く、基本的に職員の数で学長選考規程が決まったと言ってよい。何故教員の出席が少なかったのか。理由としては、学内の対立・抗争への嫌気、ないしシラケ、また、教員特有の中立主義ないし無関心等のためと思われが、教員の自覚・責任感の薄さにも原因があろう。

④A案、B案について。A案は現行の推薦制を拡大した改善案であったが、中途半端な案であった。B案にはさらに重大な欠陥があった。それは、もし、立候補者がいなく、推薦候補者もなければ学長選挙が成立しないし、また、複数の候補者が推薦される保証のない案であった。さらにまた、温山会の推薦権者の範囲について、従来の「温山会理事」から「温山会長、同副会長および同常任理事」(一三名)とし、相当数減らしていたが、同窓会の影響力拡大という批判は相変わらずまぬがれず、教員をシラケさせる欠陥があった。

B案が通過したものの、B案の支持者から温山会の推薦権者を減らしたことに反発・批判があったのだろう。

宮崎理事長ら理事会は、温山会の推薦権者の範囲について、教授会や事務職員の意見を聴いた上で、新たな理事会案を作った。

七月二九日に、宮崎理事長は再度有権者会議を開いた。それはB案の支持者の意見をほぼ丸飲みし、温山会の推薦権者の数を拡大するものであった。すなわち、「温山会長、同副会長および同常任理事」に加えて「専務理事、支部長、及び同期からの選出の理事九〇名を加える」に修正し、温山会からの推薦権者を二三名から一五一名に大幅に増大させる提案であった。ただし、激論がなされ、この修正案については継続審議となった。

九月二一日、増田豊人文学部長の任期満了に伴う人文学部長選挙が行なわれ、増田豊教授（五四歳）が再選された。[7]

九月二六日、一九九三年度の大学院第Ⅰ期入試（修士課程）が行なわれた。経済学研究科は三名が受験し、合格者はいなかった。経営各研究科は一〇名が受験し、五名が合格した。[8]

九月三〇日、宮崎理事長ら大学当局は、第二次臨時定員増の期間中であるが（一九九二年度から一九九九年度まで、経済・経営各五〇名増で四〇〇名、人英・人社各二〇名増で各一〇〇名、一二〇名であった。法は一九九一年度から一九九九年度まで、五〇名増の二五〇名であった）、さらに経済学部、経営学部の期限付き臨時定員増を文部省に申請した（第三次）。それは、一九九三年度から一九九九年度の期間、経済・経営各五〇名増とし、経済四五〇名、経営四五〇名とする申請であった。[9]人文学部にも臨時定員増を提案したが、教授会で否決されたため、経済学部と経営学部のみの臨時定員増となった（本来は、全学で足並みをそろえるべきであった）。その結果、経済・経営のマスプロ化をさらに進行させることになった。

一〇月一八日、経済学部は新たに特別選抜入試（スポーツ選抜入試の導入で、柔道、テニス、ソフトテニス各三名、資格取得者）を導入し、実施した。スポーツ選抜九名、資格取得者一名が合格した。(10)

一一月九日、任期満了に伴う評議員選挙が行なわれ、教育職員では青野勝廣（新）、岩橋勝、大浜るい子（新）、倉田三郎（新）、宍戸邦彦、千石好郎、田辺勝也、田村譲、原田満範（新）、比嘉清松、増田豊（新）、村上克美、事務職員では、越智純展（新）、中本賀崇、正岡謙二、村上泰稔、山崎敏夫が選ばれている。(11)

一一月一五日、一九九三年度の推薦入試・特別選抜入試が行なわれた。変化は、経済学部が一般公募推薦制を初めて導入した。また、人文英語が指定校を二〇名↓三〇名に増やした。結果は次の通りである。(12)

		募集人員	志願者	合格者
経済学部	（指定校制）	約九〇名	一〇七名	一〇六名
	（一般公募制）	約五〇名	一〇四八名	一四五名
	（特別選抜）	若干名	二一名	一〇名
経営学部	（指定校）	約一二〇名	一五四名	一五三名
	（特別選抜）	若干名	四名	三名

人文英語（指定校）	約三〇名	一一名	一一名
（特別選抜）	若干名	一六名	一四名
人文社会（指定校）	約一五名	二三名	二三名
（特別選抜）	若干名	一名	一名
法 学 部（一般公募制）	約五〇名	二五九名	八二名
（特別選抜）	若干名	三名	三名

本年度も、学生の自主的研究活動の場である、第三二回中四ゼミ（一一月二一、二二日、広島経済大学）、第三九回全日ゼミ（一一月二二～二五日、名古屋大学）が開かれた。[13]

一二月一四日、理事の任期満了に伴う選任が評議員会にて行なわれ、比嘉清松（五六歳）、山崎敏夫（五七歳）が再任され、宍戸邦彦に代って新たに岩橋勝（五一歳、一九九三年一月一日～一九九五年一二月三一日）が選ばれた。[14]

一二月九日に、宮崎満理事長は懸案の有権者会議（温山会の推薦者数の拡大案）を開いたが、定足数足らずに流会した。

一二月二一日に、再度会議を開いたが、種々意見が出て、また、継続審議となった。対立・迷走が続いた。

一二月二一日、去る九月に文部省に申請していた、一九九三年度からの経済・経営の期間付き定員増（各五〇名増で、定員は各四五〇名）の認可がおりた。[15]

一九九三年（平成五）一月一六、一七日、一九九三年度の大学入試センター試験が行われ、経営学部だけがセンター利用入試を導入した。募集人員は五〇名、志願者は二九六六名、合格者は四二九名であった。[16] しかし、後、追加で四二名を出した。

二月一日に、宮崎理事長ら理事会は再度有権者会議を開いた。それは、学長選挙の温山会の推薦権者の範囲について、推薦権者を温山会長、副会長、専務理事、常任理事、支部長および同期から選出された理事とする案（去る七月二九日の原案のまま）を再提案し、可決された。

二月九日～一二日にかけて、一九九三年度の一般入試が行なわれた。九日が経済学部、一〇日が経営学部、一一日が人文学部、そして一二日が法学部の試験であった。一般入試の募集人員は経済二八〇名（前年三一〇名）、経営二八〇名（前年と同じ）、人文学部英語英米文学科七〇名（前年八〇名）、同社会学科一〇五名（前年と同じ）、法学部二〇〇名（前年と同じ）であった（経済・経営学部のみ各五〇名の臨時定員増実施）。試験会場は、本学、大阪（大阪ＹＭＣＡ会館）、岡山（代々木ゼミナール岡山校）、広島（代々木ゼミナール広島受験プラザ）、福岡（水城学園）、高松（高松高等予備校）、東京（日本私学振興財団）、名古屋（河合塾名駅校、千種校）の八会場であった。検定料は三万円。志願者は経済三二〇一名（前年三三五九名）、経営三〇二一名（前年三七八五名）、人文英語五九七名（前年七七七名）、同社会一三九九名（前年一三七二名）、法学部一九三三名（前年一八五五名）、合計一万〇一五一名（前年一万一一四八名）で、人社、法は増えたが、経済、経営、人英が減り、全体として、昨年度を下回り、二年連続の減少となった。合格発表は二月二一日。経済九三四名、経営九二三名、人文英語三二一名、同社会四四四名、法学部七二三名、合計三三四五名を発表した。しかし、経済の歩留まり予測がはずれ、後、一二八名の追加を出した。

学費は入学金二〇万円（前年二〇万円）、授業料五四万円（前年五二万円）、教育充実費一六万円（前年一五万円）、その他三万九一〇〇円（前年三万八七〇〇円）、合計九三万九一〇〇円（前年九〇万八七〇〇円）で、三万円の値上げであった。そして、前年度から始まった授業料が二年次以降二万円づつ上がるステップ制をとった。(17)

一九九三年度は創立七〇周年にあたる。前年四月に理事会は「七〇周年記念事業企画実行委員会」を発足させ、前年一〇月一五日に中間答申が出て、提案されたコンセプトは「開かれた大学」であった。そして、その後、検討を重ね、一九九三年二月に、七〇周年記念事業を策定した。それは次の通りであった。(18)

一、事業記念式典（一一月三〇日）
二、記念祝賀会　（一一月三〇日）
三、記念論集刊行（一二月一日）
四、記念大学祭
五、記念講演会または記念シンポ
六、頭脳資産公開パンフ作成（本学教員全員の人物像と研究内容の概略）
七、松大マーケッティング・リサーチ
八、新田家交流事業
九、短大四〇周年記念船上パーティ
十、短大改革検討

ただ、このなかに、七〇年史の編纂事業はなく、計画されず、問題を残した。

二月一六日、村上克美経済学部長の任期満了に伴う経済学部長選挙が行なわれ、岩林彪教授（五一歳）が選ばれた。また法学部長選挙も行なわれ、三好登教授（五三歳）が選ばれた。(19)

三月一一、一二日、一九九三年度の大学院第Ⅱ期入試が行なわれ、経済学研究科修士課程は四名が受験し、一名が合格した。経営学研究科修士課程は五名が受験し二名が合格した。(20)

三月一九日、午前一〇時により愛媛県県民文化会館にて一九九二年度の卒業式が行なわれ、経済学部四七八名、経営学部五六六名、人文学部英語英米文学科一二五名、同社会学科一五八名、法学部一九〇名が卒業した。大学院では経済学研究科修士課程七名、経営学研究科修士課程六名が修了した。

宮崎学長は式辞において、大学生活四年間の、国内外情勢の波瀾、変化に富んだ時代を述べ、気持ちを引き締め、心して先輩方に負けない立派な社会人になって下さいと激励し、生涯学習の大切さを詳しく述べ、強調した。(21)

三月三一日、経済学部の星島一夫（特任、地域と福祉）が退職した。経営学部では井出正（七〇歳、心理学等）が退職した。また、神森智（六五歳、財務会計等）が定年退職し、再雇用となった。また、塩次喜代明（経営管理等）が退職し、九州大学に転職した。法学部では小脇一海（民法等）、藤井高美（政治史等）が退職した。城戸正彦（国際法等）は退職し、再雇用となった。(22)

〔注〕

（1）『学内報』第一八四号、一九九二年四月。『学内報』第一八五号、一九九二年五月。

（2）『学内報』第一八四号、一九九二年四月。

（3）『学内報』第一八五号、一九九二年五月。
（4）松山大学総務課所蔵。
（5）『学内報』第一八五号、一九九二年五月。
（6）『学内報』第一八六号、一九九二年六月。
（7）『学内報』第一九一号、一九九二年一一月。
（8）同。
（9）『松山大学九〇年の略史』六七頁。
（10）『学内報』第一九一号、一九九二年一一月。
（11）『学内報』第一九二号、一九九二年一二月。
（12）『学内報』第一八七号、一九九二年七月。同第一九一号、一九九二年一一月。同第一九二号、一九九二年一二月。経済学部の特別選抜は、すでに実施。人文英語は指定校と特別選抜合せて約三〇名。
（13）松山商科大学経済学部清野ゼミナール『AD2001』第一一号、一九九三年三月、清野ゼミはともに参加、発表している。なお、松山大学からはインゼミに参加したのは清野ゼミだけだったという（同、一二号、一九九四年三月）。
（14）『学内報』第一九二号、一九九二年一二月。
（15）『学内報』第一九三号、一九九三年一月。
（16）『学内報』第一九五号、一九九三年三月。同第一九六号、一九九三年四月。
（17）『学内報』第一八八号、一九九二年八月号。同第一八九号、一九九二年九月。同第一九三号、一九九三年一月。同第一九五号、一九九三年三月。同第一九六号、一九九三年四月。
（18）宮崎満「七〇周年記念事業を全員参加で」『学内報』第一九六号、一九九三年四月。
（19）『学内報』第一九五号、一九九三年三月。
（20）『学内報』第一九六号、一九九三年四月。
（21）同。
（22）同。

㈢一九九三年（平成五）度

宮崎満学長・理事長二年目である。経済学部長は新しく岩林彪が就任した（一九九三年四月〜一九九五年三月）。経営学部長は原田満範、人文学部長は増田豊が続けた。法学部長は新しく三好登が就任した（一九九三年四月〜一九九五年三月日）。経済学研究科長は田辺勝也、経営学研究科長は倉田三郎が続けた。図書館長は望月清人が続けた。総合研究所長は渡部孝が続けた。教務委員長は三好登に代わって新しく石田徳孝が就任した（一九九三年四月〜一九九四年三月）。入試委員長は舘野日出男が続けた。学生委員長は五島昌明が続けた。

学校法人面では、比嘉清松（財務）、岩橋勝（教学）、山崎敏夫（総務）が引き続き理事を務め、宮崎理事長を補佐した。(1)

本年度、次のような新しい教員が採用された。(2)

経済学部

野田　知彦　一九六三年一一月生まれ、京都大学大学院経済学研究科博士課程。講師として採用。計量経済学。

経営学部

関　　一　一九五九年七月生まれ、神戸大学大学院経営学研究科博士課程。講師として採用。企業論。

山田　浩之　一九六四年二月生まれ、広島大学大学院教育学研究科博士課程。講師として採用。教育の原理と方法。

人文学部
グレゴリー・グレイ　一九四八年九月生まれ、南カリフォルニア大学卒。教授として採用。

　英語。

宮沖　宏　一九五三年二月生まれ、広島大学大学院文学研究科博士課程。講師として採用。

　比較文化論。

小松　洋　一九六三年四月生まれ、東北大学大学院文学研究科博士課程。講師として採用。

　社会調査方法論。

法学部
青野　覚　一九五〇年一二月生まれ、明治大学大学院法学研究科博士課程、助教授として採用。労働法。


四月二日、午前一〇時より愛媛県県民文化会館にて一九九三年度の入学式が行なわれ、経済学部五一七名、経営学部五五八名、人文学部英語英米文学科一四一名、同社会学科一四三名、法学部二九八名が入学し、大学院経済学研究科修士課程は一名、経営学研究科修士課程は七名が入学した。経済学部は二年連続五〇〇名を超え、また、経営学部も五〇〇名を大幅に超えた。経済学部、経営学部で大幅に入学生が増えたのは、第三次臨時定員増（各五〇名）のためであり、また、歩留り予想がはずれたためであった。

宮崎学長は式辞において、本学の歴史、伝統、学風を紹介し、大学四年間の自由時間を有効に活用し、目標をもって大学生活を送って欲しい、勉学面では、現象にとらわれず、物事の本質を見極めて欲しい、国際的視野を持って欲しい、等々述べた。(3)

五月一四日、経済学部は第六回学内ゼミナール大会を開き、二五ゼミが発表した。(4)

五月一五日、宮崎理事長の下、新しい学長選考規程が制定施行された。その大要は、従来の推薦委員会制度を廃止し、立候補制および一〇名連署による推薦制の導入であり、推薦者について、本学の専任の教職員の外に、温山会の会長、副会長、専務理事、常任理事、支部長及び同期から選出された理事に推薦権を与えるという改定案であった。そして、一九五七年三月七日の星野通学長代行時代に制定された学長選考規程（推薦委員会制度）が廃止された。(5)

六月一日、キャンパスプラン会議の答申に基づく、厚生会館の建設に着手した。

六月、宮崎理事長ら理事会は『理事会の施策体系―目標を明確にし施策を計画的に遂行するために』という意欲的な文書を発表した。その目次は次の通りである。

「はじめに―七〇年の総括と展望

Ⅰ、施策体系づくりの目的と経緯

Ⅱ、施策体系づくりの背景―学内外の状況と展望

Ⅲ、目指すべき大学の将来像と施策の目標―二一世紀を担う「知」の創造センターをめざして

Ⅳ、施策の体系」

この施策の体系の目標は、一、三実主義を現代に生かす、個性ある教育の場、二、社会に貢献する研究の場、三、生きがいの持てる職場、四、安定した経営基盤を持つ大学づくりとなっていた。(6)

六月二五日、松山大学創立七〇周年記念事業の一つとして、松山短期大学創立四〇周年記念船上パーティが、呉・松山フェリー「ニューかめりあ号」上で行なわれた。[7]

八月二四日、キャンパスプラン会議の答申に基づく東本館（七階建て、地下一階）が竣工した。一階が総務課、二階が総合研究所、三、四階が研究室、五階が学長室・理事室・会議室、六階が研究室、七階が会議室、であった。[8]

九月二五日、一九九四年度の大学院第Ⅰ期入試が行なわれた。経済学研究科修士課程は二名受験し、合格者はいなかった。経営学研究科修士課程は八名が受験し、三名が合格した。[9]

一〇月九日、一九九四年度の経済学部のスポーツ能力優秀者と資格取得者の特別選抜、経営学部のＡＯ入試（アドミッションズ・オフィスによる入試）の特別入試が行なわれた。また、一一月一三日、一九九四年度の推薦入試・特別選抜入が行なわれた。変化は経済が一般公募を五〇名→八〇名に大幅に増やしたこと、経営が指定校を一二〇名→八〇名に大幅に減らし、ＡＯ入試を初めて導入したこと、人英が指定校を三〇名→一五名に減らしたことである。結果は次の通りである。[10]

	募集人員	志願者	合格者
経済学部（指定校制）	九〇名	一〇八名	一〇三名
（一般公募制）	八〇名	一一三四名	一二五名
（スポーツ能力優秀者）	一〇名	一七名	一〇名
（資格取得）	若干名	なし	なし
経営学部（指定校）	八〇名	四四名	一二三名

（アドミッションズ・オフィス）	二〇名	六七名	二〇名
人文英語（指定校）	一五名	一五名	一五名
（各種活動優秀者）	三名	一名	一名
（資格取得者）	四名	九名	八名
（社会人・帰国子女）	若干名	六名	六名
人文社会（指定校）	一五名	二六名	二六名
（社会人・帰国子女）	若干名	なし	なし
法学部（一般公募制）	五〇名	三〇五名	九三名
（社会人）	若干名	六名	一名

本年度も、学生の自主的研究活動の場である、第三三回中四ゼミ（一一月一二、一三日、山口大学）、第四〇回全日ゼミ（日時未確認、龍谷大学）が開かれた。[11]

また、一一月二六日、経済学部は午後一時より八二〇番教室にて、韓国・建国大学校の金炳台教授を招き「韓国経済の動向」と題した学術講演会を開催した。[12]

さらに一一月二七日、経済学部は本学創立七〇周年・経済学部創立三〇周年を記念して、午後一時半より八二〇番教室にて、「アジア経済の発展と地域間交流」をテーマとした国際シンポジウムを開催した。名古屋大学経済構造研究センターの涂照彦教授による「九〇年代のアジア経済発展と日本」と題した基調報告、建国大学の金炳台教授、復旦大学の鄭励志日本研究センター長の報告の後、西元晋・県産業貿易振興協会参与、浅野勉・三浦工業海外事業部部長、中嶋慎治経済学部助教授らが加

わったシンポが行なわれた。(13)

一一月二九日、本学創立七〇周年記念して、午後一時より八号館八二一番教室にて、記念講演・シンポジウムが行なわれた。テーマは「二一世紀の地方大学を考える」で、作家の深田祐介が講演し、あと、島森路子（広告批評編集長）、今井琉璃男（愛媛新聞社長・松山大学温山会長）、柏谷増男（愛媛大学教授）、若尾鉄志郎（ダイエー取締役店舗企画本部長）らによりパネル討論がなされた。(14)

一一月三〇日、午前一一時三〇分より創立七〇周年記念式典・祝賀会が愛媛県県民文化会館にて挙行された。宮崎学長・理事長は式辞において、本学の歴史を振り返り、今後、国際化、生涯教育の推進、第五の学部を創設し、校訓三実主義を現代に生かしていきたい、等を述べた。それは次の通りであった。

「本日ここに各界の賓客ならびに内外各大学の先生方多数のご臨席を賜り、松山大学創立七〇周年の記念式典を挙行できますことは、本学関係者一同にとって誠に光栄であり、かつ喜びとするところであります。

本学の前身である松山高等商業学校が松山城北の地・味酒野に呱々の声をあげたのは大正一二年のことであり、第一回の入学式は四月二五日隣接北予中学校の講堂を借用して行われたと校史に誌されております。爾来七〇年、すでにして泉にあって本学の発展を見守っておられる創立者ならびに関係者の方々にとって、三実精神を堅持しつつこの真に三万八〇〇〇名の卒業生を送りだし、四学部五学科、二つの大学院、短大を合わせて六七〇〇名の学生、三〇〇名の教職員を擁するに至っている現在の松山大学はどのように映っていることでありましょうか。

とにかくも、今かくあることを可能にしている先人の努力に対し、頭を垂れて心から敬意を表すると共に、御来臨賜りました皆様方をはじめとする関係各位の永年にわたるご支援、御庇護に対し、衷心より感謝申し上げる次第であります。

想えばこの七〇年間はまさに激動の時代でありました。第一次世界大戦の戦雲ようやく晴れ、いわゆる大正デモクラシーの時代風土の中で誕生した松山高等商業学校は、私立高商としては先発の利を生かし、地方立地の不利を堅実な教育活動と大胆かつ積極的な人事政策によって、克服して、開校一〇年後には早くも先発官立高商にヒケをとらぬ地位を確立したかにみえます。

しかしこの安寧も第二次世界大戦の戦火に見舞われ、貴重な財産と人材を失い、長期にわたる教学の混乱と停滞を余儀なくされました。言うまでもなくこのことはひとり本学だけのことではありませんが、もしもあと一〇年間最初の勢いを持続できていたら、当時の校長が口にしていた『日本一の高商』づくりの夢が実現したのではないかと思われるふしがあるだけに残念のきわみであります。それはともかく、戦中戦後の混乱を切り抜けて、学生を含めて挙学一致の体制で学園復興に尽瘁し、戦後昭和二四年にはいち早く大学昇格をなしとげた先人の努力と英知には頭の下がる想いであります。

この苦難を乗り越えた昭和三七年には商経学部を発展的に解消し、経済・経営二学部体制を整えましたが、時あたかもわが国は高度経済成長期にあり、本学は大学進学率の上昇という社会的要請に応えて学生数の増加、施設の拡充に積極的に取り組みました。昭和四九年には女子進学率向上に対応して人文学部を設置し、昭和六三年には大学昇格当初から課題として意識されていたかにみえる法学部を開設し、文科系総合大学としての体制づくりは一応完成いたしました。

しかし、この間には多数の私立大学の新設が見られたほか、都市化の進展と交通体系の変化による大都市立地大学の優位性増大が進み、残念ながら本学はその相対的地位の低下を余儀なくされてきました。第一次全国総合開発計画から四全総を通じて掲げられた地方分散・均衡のとれた国土づくり政策は、わが国の国際的地位向上に伴う大都市圏の国際都市化とそのいっそうの肥大化の中で空文化し、人口と大学の大都市圏集中傾向はなおとどまるところを知らないかに見えます。大学進学年齢人口の傾向的減少の中で本学は四国・松山という地域・地方に立地するという、この点では不利な条件を抱えながら、今後いっそうきびしくなる大学間競争の中でサバイバルをはかって行かなければなりません。大学設置基準の大綱化など近年における国の大学政策、とくに私立大学政策の変化がこの競争の厳しさに拍車をかけていることは言うまでもありません。このように考えるとき、本学の将来はまさに不透明そのものであります。

しかし、将来は予測するべきものではなく、我々自身が創るものだと考えたいと思います。激動の時代に停滞する者落伍するしかありません。自らを革新し、常に目標を掲げて前進努力する者のみが自らを維持し発展できるのではないでしょうか。

幸い私共には、この四国・愛媛・松山の地で育まれつつ、積み重ねてきた七〇年の実績と受け継がれた貴重な財産つまり伝統があります。『人生七十年古来稀なり』は杜甫の詩の一節でありますが、大学もまたゴーイング・コンサーンであるかぎり、われわれはこの伝統に依拠しつつ先人達の七〇年の血と汗の滲んでいるこの松山大学を守り育てるために、次なる八〇年、一〇〇年に向って力強く歩み続けて行く所存であります。それこそが、われわれを育んでくれた地域社会に報い、ひいては国家社会、人類社会に貢献する道であると信ずるからであります。

思うに周年事業を実施することの意義として考えられるのは次の三つであります。第一は、学園の歩みを振り返ってその延長としての現在を確認することであります。つまり、過去に感謝し、その上に立って現在を『自己点検』することであります。ところで、さきほど本学第一回入学式は北予中学の講堂を借りて行われたと申しましたが、翌年四月には松山で最初の鉄筋コンクリート三層の旧本館が竣工してその勇姿は城北の、いや松山のランドマークとなりました。水泳プールが出来たのも市内で高商が最初でありました。ソフト面では、大正一四年、全国高専では最初の新聞として『松山高商新聞』が創刊されました。同年夏には学生による瀬戸内海横断遠泳が整然と行われて全国の耳目を集めました。このように松山高商は松山高等学校に次ぐ地域社会第二番目の高等教育機関として、四国・愛媛・松山に新風・新知識をもたらす存在でありました。爾来七〇年、現在の松山大学がそういう役割を果たせているかどうか、この機会に胸に手をあてて反省しなければならないと考えております。そしてこの面でわれわれが今後はたすべき役割を敢えて二つに絞れば、第一に自らの国際化を推進することによって地域社会の国際化に貢献すること、第二には大学の開放を通じての生涯学習への寄与ということになるであろうと考えております。

周年事業の第二の意義は、それを機に将来に向かっての一層の前進の決意を固め、明確なビジョン、計画を策定することであります。これについては、本年二月学校法人松山大学理事会が

『理事会の施策体系』なるものを策定して学内に公表していますが、必ずしも十分なものとは言えません。今後なおその内容の充実を図る必要があります。それはともかく、これに関して敢えて言えば前述した大学昇格後の本学の歩みにならうならば、現在の四学部に加えて第五の学部創設を目指してそのための計画づくりに着手すべき秋が来ている、遅くとも本年度をその始動の年としなければならないということであります。学内外のご理解とご協力をお願いする趣旨を敢えてここで申し述べさせていただきました。

周年事業の第三の意義は、これまで述べた二つのことおよび周年事業を通じて、願わくは構成員の帰属意識を高め、一体感を強めることであります。このことに関してもここではひとつだけ触れさせていただきます。大学全体や学部、学科を特定のイデオロギー集団が牛耳るような時代は終わろうとしておりますし、終わらなければなりません。これは大学に対する社会の信頼を回復し、大学のアカウンタビリティを取得するための最低条件であります。私の言いたい事は、このことを前提に、この七〇周年を機に開学以来の校訓「三実主義」について、教育職員・事務職員の隔てなく、全員で、これを現代にどう生かし、現代的にどう彫琢していくかを考えたいということであります。この七〇周年を契機に掲げたモットー『二一世紀を担う新実学の創造』これを実現していくためにはどうしても、この三実主義との現代というリングでの格闘を避けることはできません。

周年事業に関連して申しのべました以上のことを実践する中で、松山大学は力強く前進の歩みを進め、国内はもちろん広く世界と交信・交流する大学を目指していきたいと念願しております。

日本の大学、したがって本学をめぐる環境条件はすでに述べた通りであります。あと数年は受験生が比較的多い時期が続きますが、『未来からの留学生』である若者の教育に携わるわれわれが、束の間の安逸のために未来を裏切ることは決して許されません。この七〇周年を文字通り未来の発展につなぐものとすべく、全員心を一つにして邁進する決意を披瀝し、ご臨席賜りました皆様方の今後共相変わりませぬご指導ご鞭撻、ご援助を衷心よりお願い申し上げまして式辞とさせていただきます」(15)

一九九四年(平成六)一月一五、一六日、一九九四年度の大学入試センター試験が行われた。センター利用入試は昨年経営学部が初めて導入し、今年は経済学部が新しく導入した。募集人員は経済学科は二〇名、経営学科は一〇〇名(前年五〇名)で、結果は、次の通りであった。(16)

	募集人員	志願者	合格者
経済学部	二〇名	八五一名	一九九名
経営学部	一〇〇名	二四二六名	六八三名

一月一八日、午後四時半より八二〇番教室にて、本年三月末で退職される経営学部の神森智教授の最終講義が行なわれた。宮崎学長、原田経営学部長の挨拶の後、神森先生が「学問と実用主義(プラグマチズム)」というテーマで講演された。(17)

一月二〇日、午後四時より八四四番教室にて、本年三月末で退職される経済学部の入江奨教授の最終講義が行なわれた。宮崎学長、岩林経済学部長の挨拶の後、入江先生が「労働価値論史に関するこだわり」というテーマで講演された。[18]

二月九日～一二日にかけて、一九九四年度の一般入試が行なわれた。九日が経済学部、一〇日が経営学部、一一日が人文学部、一二日が法学部の試験であった。一般入試の募集人員は経済二五〇名（前年二八〇名）、経営二五〇名（前年二八〇名）、人文英語七五名（前年七〇名）、社会一〇五名（前年と同じ）、法学部二〇〇名（前年と同じ）であった。試験会場は、本学、東京（日本私学振興財団）、名古屋（河合塾名鉄駅校）、大阪（大阪ＹＭＣＡ会館）、岡山（代々木ゼミナール岡山校）、広島（代々木ゼミナール広島校）、福岡（水城学園）、高松（高松高等予備校）の八会場であった。検定料は三万円。志願者は経済三〇八四名（前年三二〇一名）、経営三三〇六名（前年三〇二一名）、人文英語六九五名（前年五九七名）、同社会一三二八名（前年一三九九名）、法学部二〇一三名（前年一九三三名）で、経済、人社は減ったが、経営、人英、法が増え、全体として、合計一万〇三五五名（前年一万〇一五一名）で、前年度を少し上回った。合格発表は二月二一日。経済一〇四〇名、経営八〇四名、人文英語二八九名、同社会四四七名、法学部六九九名、合計三二七九名を発表した。なお、補欠はなかった。

学費は入学金二〇万円（前年二〇万円）、授業料五六万円（前年五四万円）、教育充実費一七万円（前年一六万円）、その他四万〇六〇〇円（前年三万九一〇〇円）、合計九七万〇六〇〇円（前年九三万九一〇〇円）で、三万円の値上げであった。そして、前々年度から導入された二年次以降授業料を二万円ずつ引き上げるステップ制を続けた。[19]

二月一七日、原田満範経営学部長の任期満了に伴う学部長選挙が行われ、原田教授が再選された。[20]

三月一一日、田辺勝也大学院経済学研究科長、倉田三郎経営学研究科長の任期満了に伴う研究科長選挙が行われ、経済学研究科長に新たに高橋久弥教授が、経営学研究科長に倉田教授が再選された。(21)

三月一八日、一九九三年度の卒業式が行なわれ、経済学部四三六名、経営学部四三六名、人文学部英語英米文学科一二〇名、同社会学科一二四名、法学部二一一名が卒業した。経済学研究科修士課程は三名、経営学研究科修士課程は六名が修了した。

宮崎学長は式辞において、本学の歴史を述べ、卒業生に対し、誇りと自信をもって社会に踏み出して頂きたいと激励し、そして、本学の校訓「三実主義」を改めて論じ、真実・忠実・実用の順序が、神森前学長が述べた学校教育法の大学の使命の順序に符号していることを確認し、その普遍性、歴史的耐久性を強調するとともに、「三実主義」の現代的な新しい解釈を初めて行ない、激励した。(22)

式辞の大要は次の通りである。

「卒業生の皆さん、以下において、私はまず第一に皆さんが後にされようとしている松山大学はどんな大学であるかを皆さんと共に確認したいと思います。次に伝統の校訓三実について改めておさらいをし、若干の現代的解釈を試してみたいと思います。そして、最後に皆さんの今後に期待し希望することを申し述べさせていただきたいと思います。

わが松山大学は遠く大正十二(一九二三)年旧制度下の松山高等商業学校として創設され実施されました。創立当時、中四国地区では現在の大学に相当するレベルの私立高専は事実上本学だけでありました。この歴史・伝統の面やこれまでに輩出した四万人近い卒業生の活躍ぶり等を総合すると、西日本の私立大学では一、二を争う名門校であると自負しております。皆さんはそのことについて誇りと自信を持って社会人としての第一歩を踏み出してもらいたい。

校訓三実（真実・忠実・実用）は開学当初、初代・加藤彰廉校長によって提唱され、三代・田中忠夫校長によってその内容が明確にされたもので、本学の不易の教育理念として継承されてきたものである。そのおおよその内容は次の通りであります。

「真実」とは真理に対するまことである。皮相な現象にまどわされず、その奥に真理を探り、たゆまず新知識を求める態度である。

「忠実」とは人に対するまことである。人との交わりにおいて誠意をもって接し、自分の言行に責任をもつ姿勢を説く。

実用は「用」に対するまことである。真理を日常活動の中に生かし、進んで社会に奉仕する実践的態度の必要性を強調している。

七十有余年間受け継がれてきただけに、実の字を含む三語を組み合わせたに過ぎませんが、簡にして要を得てなおどっしりとした重みがあります。もっとも、真実、忠実などは教育理念としては当たり前すぎるほど当たり前で、積極的に意味を持つのは実用だけではないかという意見もあります。また、戦前にできたものだから忠実の忠が忠君愛国につながっているなどとケチをつける輩なきしにもあらずですが、これなど本来の意味を知らない者の戯言に過ぎません。皆さんには、まず、この本来の意味付けをあらためてしっかり胸に刻んでおいてもらいたい。その上で、新しい解釈あるいは受け止め方を私自身のややごじ付け的なものを含めて、ご紹介して、卒業され社会人となられる皆さんの参考に供したいと思います。

まず第一に前学長の神森智先生は、学校教育法が大学の使命としてかかげている「知的・道徳的および応用的能力」の展開とこの三実がいみじくも符号するという見解を提示されました。つまり、知的能力が「真実」と、道徳的能力が「忠実」と、そして応用的能力が「実用」と対応するというわけでありますが、まさにそのとおりであり、わが校訓三実の普遍性あるいは歴史耐久性を立証するとともに、さきの真実、忠実などは当たり前すぎる云々という批判をもしりぞけるものであります。

次に本学経営学部が平成五年度から新しいカリキュラムに移行するに当たって、学部教育理念の確立を求めて提示している実践的な解釈あるいは受け止め方があります。

「真実」は問題発見および分析能力であり、現代のあり余るほどの情報の中から真実に近づくための情報を選択入手し、これを分析し問題の所在を見出す能力である。

「実用」はこれにもとづいて適確に問題を処理し、あるいは危機（リスク）に対処する能力であるとしております。

ただ「忠実」については異文化理解力とされておりますが、私はこれを問題解決のためのヒューマン・ネットワークの必要性と考えたほうがわかりやすいのではないかと思います。問題の発見・分析、とくに解決のためには当然ながら多くの人々の協力、支援が必要でありますが、そのためには日頃から人に対してまことを尽し、人的ネットワークを広め強めておかなければならないからであります（経営学部の先生方には失礼をご勘弁下さるようお願いいたします）。

最後に私自身のやや、というよりかなりコジ付け的な、しかも社会人として出発される皆さんを念頭に置いた解釈あるいは受け止め方を披露させていただきます。

「真実」は何事をなすにも必要な原理・原則、社会の基本ルールを学び、理解する知力とこれらを尊重する姿勢の必要性である。

「忠実」とは人に対するやさしさ、人間に関する豊かな感性である。これ無くして豊かな人間関係はありえないし、各人の個性は生れ育たない（残念ながら「忠実」の語には没個性の臭いがある）。

「実用」は知識や情報を生かして物事を改善しようという（人を喜ばそうでもよい）創意工夫の精神である。

最後に皆さんを受け入れる社会はけっして甘くない。未曾有といわれる不況下だからなおのことである。一から始めるつもりの勉強が必要だが（生涯学習入門）、五年ほど会社務めの経験もある立場から言わせていただくと、その際、与えられた仕事や自社のことに止まらず、常に業界全体について勉強すること、自分のまわりの人達（上司、同僚等）のデータを速やかに、詳しく正確に頭にインプットすること、仕事は出来るだけ早く（スピーディに）やるクセをつけること、この三つが大切だと思います。形而下的なことですが、ご参考までに。

皆さんの前途の栄光を切に祈って式辞と致します。

平成六年三月十八日

松山大学　学長　宮崎　満」(23)

この式辞のうち、校訓「三実主義」理解について、少しコメントしよう。

①経営学部の解釈は実践的に理解しようと意図したもののようであるが、真理を追求する上での方法論であり、実用も同様であり、星野通学長の説明した定義のごとく、普遍性・歴史耐久性から離れているし、忠実を異文化理解とするのは、星野学長の定義と大きく外れている。

②また、宮崎学長の「忠実」の理解は経営学部の解釈に比べると良いが、やはり、三実主義の現代的解釈をするなら、星野通の定義をもとにしながらも、それを戦後民主主義の立場から改訂し、さらに現代的視点から豊富にしていく形をとるべきであろう。

三月三一日、経済学部では入江奨が再雇用満了により退職した（七〇歳、マルクス経済学入門、経済学史）。また、波多野五三（英語）が退職し、転職した。経営学部では神森智（簿記原理、財務会計論）が再雇用期間二年を残して退職し、東亜大学経営学部に転職した（学部長として）。また、大浜るい子（ドイツ語）が退職し、広島大学に転職した。人文学部では藤原保（英語）が退職した。また、フェリック小池春江が退職し（六五歳、英語）、四月から再雇用となった。さらにまた、星野陽（宗教社会学、文化人類学）、大谷信介（地域社会論）、仲田誠（マスコミュニケーション論）らも退職し、転出した。法学部では平田伊和男が退職し（四月から再雇用、商法）、青木信之（英語）が退職し、転出した。[24] なお、入江、神森、星野の三教授は、四月一日から名誉教授となった。

〔注〕

（1）『学内報』第一九七号、一九九三年五月。

（2）『学内報』第一九六号、一九九三年四月。『学園報』第九七号、一九九三年四月。

(3)『学内報』第一九七号、一九九三年五月。松山大学総務課所蔵。
(4)『学内報』第一九八号、一九九三年六月。
(5)『学内報』第一九九号、一九九三年七月。
(6)『学内報』第一九八号、一九九三年六月。
(7)『学内報』第二〇〇号、一九九三年八月。
(8)『学内報』第二〇一号、一九九三年九月。
(9)『学内報』第二〇三号、一九九三年一一月。
(10)『学内報』第一九九号、一九九三年七月。同第二〇三号、一九九三年一一月。同第二〇四号、一九九三年一二月。
(11)松山商科大学経済学部清野ゼミナール『AD二〇〇一』第一二号、一九九四年三月、清野ゼミは参加、発表している。
(12)『学内報』第二〇五号、一九九四年一月。
(13)同。
(14)『学内報』第二〇三号、一九九三年一一月。『学園報』第九九号。
(15)『学内報』第二〇五号、一九九四年一月。同第二〇六号、一九九四年二月。『学園報』第九九号。
(16)『学内報』第二〇七号、一九九四年三月。
(17)『学内報』第二〇六号、一九九四年二月。
(18)『学内報』第二〇六号、一九九四年二月号。拙稿「評伝　入江奨先生の人と学問（その七）」松山大学論集第三三巻第二号、二〇二一年六月。
(19)『学内報』第二〇一号、一九八三年九月、同第二〇五号、一九九四年一月、同第二〇六号、一九九四年
(20)『学内報』第二〇七号、一九九四年三月。
(21)『学内報』第二〇八号、一九九四年四月。
(22)同。
(23)松山大学総務課所蔵。
(24)『学内報』第二〇八号、一九九四年四月。

(四) 一九九四年（平成六）度

宮崎満学長・理事長三年目である。経済学部長は岩林彪が続け（一九九三年四月〜一九九五年三月）、経営学部長は原田満範が続けた（一九九三年四月一日〜一九九五年一月三一日）。人文学部長は増田豊が続け（一九九〇年一一月一日〜一九九四年一〇月三一日）、法学部長は三好登が続けた（一九九三年四月〜一九九五年三月）。経済学研究科長は高橋久弥が新しく就任した（一九九四年四月〜一九九六年三月）。経営学研究科長は倉田三郎が続けた（一九九三年四月〜一九九六年三月）。図書館長は望月清人が続け（一九八八年一二月一日〜一九九四年一二月三一日）、総合研究所長も渡部孝が続けた（一九八九年一月一日〜一九九四年一二月三一日）。教務委員長は石田徳孝に代わって新しく金村毅が就任した（一九九四年四月〜一九九五年三月）。入試委員長は舘野日出男に代わって新しく森本三義が就任した（一九九四年四月〜一九九六年三月）。学生委員長は五島昌明が続けた。

学校法人面では、比嘉清松（財務）、岩橋勝（教学）、山崎敏夫（総務）が引き続き理事を務め、宮崎理事長を補佐した。(1)

本年も次のような新しい教員が採用された。(2)

経済学部

出雲　雅志　一九五六年三月生まれ、東京大学大学院経済学研究科博士課程。講師として採用。マルクス経済学入門、経済学史。

経営学部

岡崎　利美　一九六七年七月生まれ、神戸大学大学院経営学研究科博士前期課程。講師として採用。経営財務論。

人文学部

市川　正彦　一九六二年七月生まれ、一橋大学大学院社会学研究科博士課程。講師として採用。地域社会学。

永野　武　一九六三年八月生まれ、筑波大学大学院社会科学研究科博士課程。講師として採用。国際化と社会学の課題。

中村　功　一九六五年四月生まれ、東京大学大学院社会学研究科博士課程。講師として採用。マスコミニュケーション論

法学部

吉田　達弘　一九六五年一〇月生まれ、広島大学大学院教育学研究科博士課程前期。講師として採用。英語。

四月二日、午前一〇時より愛媛県県民文化会館にて一九九四年度の入学式が挙行され、経済学部四八七名、経営学部五〇二名、人文学部英語英米文学科一二二名、同社会学科一五二名、法学部三〇〇名が入学し、また、大学院経済学研究科修士課程一名、経営学研究科修士課程七名、同博士課程一名が入学した。(3)

宮崎学長は式辞において、世界は今システム転換、パラダイム転換の大きなうねりの中にあり、日本の大学も今大きな変革期にあり、教育研究の高度化、個性化、それを実現するための大学運営の仕

組みの活性化に取り組んでいます。松山大学も皆さんのニーズにあった質の良い教育サービスを提供すべく、自己改革に取り組んでいるところであり、皆さんのためにも自己改革を一層推進する決意を表明した。(4)

五月一三日、第七回経済学部学内ゼミナール大会が開催され、二八ゼミが発表した。(5)

七月一九日、本学の第六代学長で名誉教授の伊藤恒夫先生が心不全のため亡くなった。享年八二歳であった。(6)

七月二〇日、キャンパスプラン会議の答申にもとづき、現図書館の書庫の狭隘化への対応、マルチメディアへの対応、開架図書の充実、閲覧席数の増大等のため、五〇年記念館（図書館）の増築工事が始まった。この増築部分は地下二階、地上五階からなるもので立派な図書館が計画された。(7)

八月三一日、厚生会館（学生食堂を中心とする厚生施設）が竣工した。名称はカルフール（人が集まるところの意味）とした。(8)

九月二〇日、一九九五年度の大学院第Ｉ期入試（修士課程）が行われ、経済学研究科は六名が受験し、一名が合格し、経営学研究科は一〇名が受験し、五名が合格した。(9)

九月二八日、増田豊人文学部長の任期満了に伴う人文学部長選挙が行われ、横山知玄教授（五一歳）が選出された。(10)任期は一一月一日から二年間。

九月三〇日、温山会会長で愛媛新聞社長の今井琉璃男氏を講師に迎え、来る一二月に本学にて開催される第四一回日本学生経済ゼミナール大会の記念特別講演会がカルフールにて行われた。テーマは「二一世紀の人材育成」で、今井講師は学生諸君に国際化の中で多くの書物を読み、二カ国語を身に

つけてほしい、また、すべてのことに疑いの目をもつことが大切だとのメッセージを贈った。(11)

一〇月一日、法学部シンポジウム「現代日本社会と冤罪―冤罪発生のメカニズムと防止策」（講師は冤罪被害者の免田栄、東北大学教授の川崎英明）が行われた。

一〇月一一日、一五日には、人文学部設立二〇周年記念学術講演会（講師は姫路獨協大学教授今村茂男、自然農法論者の福岡正信）が行われた。

一〇月一四日には経済学部学術講演会「会社本位主義とその行くへ」（講師は奥村宏）が行なわれた。(12)

一〇月二〇日の合同教授会で、一九九五年度からの授業時間の変更が決定された。それは、週休二日制がすでに実施され、また現行の五時限の一六時四〇分〜一八時一〇分が、ゆっくりとおちついた雰囲気で授業ができていないという問題意識のもとで、第五時限の終了を早める改革で、次の通りである。(13)

一、土曜日の授業は行わない（ただし、補講を除く）。
二、一日五コマ制とする。
三、始業時間を午前八時三〇分とする（現行は八時四〇分）。
四、終業時間は午後五時三〇分とする。
五、一コマ九〇分とする。
六、休憩時間は一五分（現行二〇分）。
七、昼休憩時間四五分（現行六〇分）とする。
八、時間割

第一時限　八：三〇～一〇：〇〇
第二時限　一〇：一五～一一：四五
（昼休み）
第三時限　一二：三〇～一四：〇〇
第四時限　一四：一五～一五：四五
第五時限　一六：〇〇～一七：三〇

一〇月一五日、一九九五年度の経済学部の特別選抜と経営学部のアドミッションズ・オフィス入試（AO入試）が行なわれ、また、一一月二六日、一九九五年度の推薦・特別選抜入試が行われた。変化は経済が一般公募を八〇名→六〇名に減らし、また人英が指定校を一五名→一〇名に減らしたことである。その結果は次の通りである。(14)

	募集人員	志願者	合格者
経済学部（指定校制）	九〇名	九五名	九四名
（一公募制）	六〇名	八〇二名	一七七名
（特別選抜）	一〇名	一七名	一〇名
経営学部（指定校）	八〇名	一一六名	一一一名
（アドミッションズ・オフィス）	二〇名	一〇七名	二八名
人文英語（指定校制）	一〇名	一五名	一五名
（特別選抜）	一〇名	一九名	一三名

社会（指定校制）　一五名　一六名　一六名
法学部（一般公募制）　五〇名　二六四名　八七名
（特別選抜）　若干名　五名　三名

一一月二五日、法学部学術講演会がカルフールで開かれ、テーマは「地方行政と環境保全政策」で、講師は島根大学法文学部教授で前逗子市長の富野暉一郎であった。[15]

一二月二日、人文学部開設二〇周年記念の講演会がカルフールで開かれ、テーマは「世界の中の日本」で、講師はユネスコ事務総長顧問・国学院大学日本文化総合研究所教授の磯村尚徳氏であった。[16]

一二月三日、経済学部国際シンポジュウムがカルフールにて開かれ、テーマは「東アジアの経済発展と地域経済の構造変化」で、基調報告は駐ミャンマー日本大使の田島高志、報告はタイのタマサート大学のスウイナイ・ポンナワライ、ベトナムのハノイ外国貿易大学のトー・ホアン氏であった。[17]

一二月一二日、岩林彪経済学部長の任期満了（来年三月三一日）に伴う経済学部長選挙が行なわれ、宍戸邦彦（五三歳、経済統計論等）が選ばれた。[18]

一二月一四日、学校法人の評議員会が開かれ、比嘉清松理事の辞任に伴う理事補欠選挙が行われ、経営学部の原田満範（五〇歳）が選ばれた。任期は一九九五年一月一日～一二月三一日までの一年間（残任期間）であった。[19]

本年度も、学生の自主的研究活動の場である、第三四回中四ゼミ大会（一一月一一、一二日）が香川大学で開かれ、[20]第四一回インゼミ大会（一二月一八～二〇日）が松山大学で開かれた。インゼミ大会の本学での開催は、一九七四年一一月の開催の第二一回インゼミ大会以来二〇年ぶり、二度目の開催であった。

インゼミ大会は、一二月一八日午前一〇時から開会式、午後一時半から記念講演会がなされ、愛媛大学農学部長の立川涼教授が『これからの環境問題—なぜ今環境問題なのか？』と題し、講演を行ない、二日目、三日目は分科会に分かれて討議がなされた。このインゼミには全国から約三五〇〇名の学生が集まった。(21)

さて、宮崎学長の任期が一二月末で終了するため、新制度による松山大学学長選考規程にもとづき、一〇月三一日に選挙の公示がなされた。

学長候補者を推薦できる者（推薦権者）は、教育職員一一一名、事務職員八九名、温山会一三二名、計三三二名であった。温山会の内訳をみると、会長一名、副会長五名、専務理事一名、常任理事一一名、支部長三四名、同期から選出された理事八〇名となっていた。選挙権者は教育職員一一一名、事務職員八九名、計二〇〇名となっていた。

そして、一一月一八日が学長候補者の推薦ならびに立候補の受け付けの締め切りであった。立候補者はなく、一〇名の連名で推薦された候補者は、宮崎満（推薦人代表高沢貞三）、比嘉清松（推薦人代表田辺勝也）、倉田三郎（推薦人代表清水茂良）の三人であった。そして、各候補者の推薦理由書と所信表明書が提出された。

この選挙時、宮崎教授の推薦者一〇名が「宮崎満氏に引き続き学長を！—私たちは次のような理由で推薦しました—」というビラが構成員に配布された。事務職員が名前を出して支援していることがわかる。参考までに、紹介しておこう。

「宮崎満氏に引き続き学長を！

―私たちは次のような理由で推薦しました―

推薦人

高沢　貞三（代表者）　小池　秀信（事務職員）
今井琉璃男（温山会）　森林　信（事務職員）
森川　正俊（温山会）　湊　晋平（教育職員）
渡部　孝（教育職員）　竹宮　崇（教育職員）
岩橋　勝（教育職員）　増田　豊（教育職員）

一　学内外の各層から、広い支持の得られるのは宮崎氏のみです！
宮崎氏は、就任年齢では歴代中、稲生元学長に次ぐ若い学長として、当時の激動の三年間、精力的に任務を全うされました。すでに三〇歳代で入試委員長に就任したのを手始めに、教務委員長、研究所長、図書館長、理事など、本学要職の大半を歴任し、学内のほとんどの業務に精通しています。加えて、学長就任後は持ち前のヴァイタリティでもって全国の温山会各地区支部総会、父母の会などにほとんど欠かさず出席して人脈を拡げ、本学の支援パワーの拡大に努めてきました。このような本学にとって代えがたい有能で実績のある学長候補者は、現在の教員スタッフのどこを捜しても見当たりません。

二　社会的ニーズと見識に即した大学運営のリーダーシップを宮崎氏に！

宮崎氏は専攻の交通論を生かして、地域社会の各種審議会等委員長・委員を多く歴任し、社会が大学に何を求めているか、学内の誰よりも肌で感じ取っています。加えて、本学赴任前の数年間の企業勤務体験から、とかく社会的通念と遊離しがちであるといわれる大学運営がより実効的になることが期待できます。加えて二〇年近くのラグビー部長体験等を通して、課外活動の大学教育における現実的有用性をより実感している一人です。現在、その活性化を求めて学生委員会に方策の具体化を指示する一方、学長賞を設定して地道に努力する学生のモラール向上に役立てました。四国インカレや主要スポーツ大会での熱心な応援ぶりは関係者の胸を熱くしてきました。サークル活動は学生の自主性に発するもので、勉学面でも同様な活性化が図られるような教育体制の作りのリードが期待できます。

三　教職員の生活を安定させる大学運営を宮崎氏に！

本学では学長が理事長を兼任し、本学の職場で精励している教職員の生活を守る責任があります。その基本が財政的安定であることは言うまでもありません。来るべき、避けられない『私学冬の時代』に向けて、収入増を計り、不要な出費を抑えるのは経営者として当然なことですが、特筆すべきは、学長就任後手がけた厚生会館（カルフール）建設や図書館増設にあたり、従来のシステムで交渉していたら業者にうまくあしらわれ、業者ペースで決まっていたであろう受注額よりも、合せて数億円近い工事費値下げを、強力な交渉力で実現させ、本法人に莫大な利得をもたらしたことです。経費節約のための努力は、時には教職員には進んでは応じられない提案となって現われもしますが、一方では事務職員の永年の懸案であった完全週休二日制を、本年度実現させました。このような、あくまで長期的視野で教職員の生活の安定を図ろうとする宮崎氏の姿勢は、責任感あふれる経営者として、安心して評価できます。

四　パフォーマンスや根回し上手の人に、学長は任されません！

私たちは宮崎氏三年間の実績に決して満足しているわけではありません。何を考えているのかわからない、強力に提案したかと思うやすぐ引っ込める。事前に十分な説明がない、などなど、私たちにも確かにそうだと思われる学内からの指摘も少なくありません。しかし、利益誘導的な働きかけや、不確かな情報操作で人気受けをねらったり、水面下で所謂有力者やウルサ型に根回をし、諸会議対策に奔走するようなタイプの人に、わが学園のカジとりを任すことができるでしょうか。とくに『根回し』が横行すると、特定者の意見しか反映されず、ボスをはびこらせ、良識ある一般の人の意見が無視されます。

愚直であっても、学園全体を常に考え、問題提起をし、時期尚早とあらばムリに結論を出そうとせず、気長に処理しようとする宮崎氏こそ、真に民主的なリーダーであると確信し、私たち、教育職員、事務職員、温山会員有志はこぞって推薦することにしました。

学園の皆さん、私達の考えに対するご理解と、ご支援をお願いします！」

そして、一一月二八日に投票がなされた。選挙権者は二〇〇名。結果は、有効投票数一八八票、うち、宮崎九七票、比嘉五七票、倉田三四票で、宮崎教授（五八歳）が有効投票の過半数（九五票）を得て、再任された。[22] 選挙戦は三年前と同様に激しかったようである。教員の投票は三候補に割れたが、事務職員の多くは現職の宮崎教授を支持したようである。今回も教員は少数で、事務職員票で学長が決まった。

宮崎学長の再任の辞の大要は次の如くであった。

「教職員の皆さんのご支持を得て再任されたことを光栄に思うと同時に担うべき荷の重さに恐れている。

再任の抱負は学長選挙に際して草した『所信』の通りです。わが松山大学は一九九三年に創立七〇周年を迎え、記念行事、事業を実施する一方、設置基準改正に対応する改革に取り組み、それなりの成果をあげましたが、残された課題も多く、特に、自己点検・評価活動にたいする体制整備の遅れ、七〇周年記念事業の一つと位置付けた短大改革の検討結果の今後の取扱等が要請されるところです。施設整備については、東本館、カルフールの完成によって研究室、管理棟、学生厚生施設の充実がみられましたが、必ずしも十分とはいえません。現在進行中の図書館増築に加えて御幸キャンパス第二期工事について早期に着工・完成しなければならないものの、財政面から慎重な対応が要請されています。

急速に多様化する国際化にかんしては、異文化との接触にたじろがず、世界共通の課題解決に貢献できる人材の養成が望まれています。また、学問研究の分野においても国際的対応が求められています。

また、七〇周年記念行事で述べましたが、二〇〇〇年当りをめどに新学部設置の作業に入る必要があると考えています。

大学の管理運営の中心部隊は事務職員です。事務職員の皆さんに自覚と自信を持ってもらいたい」。[23]

一九九五年（平成七）一月一日、宮崎満学長・理事長が再任され、二期目が始まった。

一月一日付けの人事として、図書館長が望月清人に代って、前田繁一が就任し（一九九五年一月一日～一九九七年三月三一日）、また総合研究所の所長が渡部孝に代って、千石好郎が就任した（一九九五年一月一日～一九九七年一二月三一日）。また、次長は東渕則之に代って中嶋慎治が就任した。[24]

一月一二日、原田満範経営学部長の理事就任（一九九五年一月一日）に伴う、後任の経営学部長選挙が行なわれ、八木功治（五一歳、実用英語）が選出された。[25] 任期は一九九五年二月一日～一九九七年一月三一日までとなった。

一月一四、一五日、一九九五年度の大学入試センター試験が行なわれた。本年のセンター試験利用入試は経営、経済に続いて、人文学部英語英米文学科がはじめて導入した（社会は導入しなかった）。募集人員は経済四〇名（前年二〇名）、経営一〇〇名（前年と同じ）、人文英語二〇名であった。その結果は次の通りである。[26]

募集人員	志願者	合格者

経済学部	四〇名	四〇四名	二九九名
経営学部	一〇〇名	八三三名	六〇三名
人文英語	二〇名	一七三名	一四五名

二月九日～一二日にかけて、一九九五年度の一般入試が行なわれた。九日が経済学部、一〇日が経営学部、一一日が人文学部、一二日が法学部の試験であった。一般入試の募集人員は経済二五〇名(前年と同じ)、経営二五〇名(前年と同じ)、人文英語四〇名(前年七五名)、同社会一〇五名(前年と同じ)、法学部二〇〇名(前年と同じ)であった。試験会場は、本学、東京(日本私学振興財団)、名古屋(河合塾名鉄駅前キャンパス)、大阪(大阪ＹＭＣＡ会館)、岡山(代々木ゼミナール岡山校)、広島(代々木ゼミナール広島校)、福岡(水城学園)、高松(高松高等予備校)の八会場であった。検定料は三万円。志願者は経済二八〇三名(前年三〇八四名)、経営二八八〇名(前年三三〇六名)、人文英語五九五名(前年六九五名)、同社会一二八〇名(前年一三一八名)、法学部一七七五名(前年二〇一三名)で、すべての学部で志願者が減少し、合計九三三三名となり(前年度一万〇三五五名)、一万人を割った。合格発表は二月二一日。経済一〇八九名、経営八〇九名、人文英語二一七名、同社会四八七名、法学部七一六名、合計三三一八名を発表した。しかし、その後、全学的に歩まり予測がはずれ、目標人数を確保できず、経済二二名、経営六三名、人英七二名、社会四二名、法六九名、合計二六八名の追加を出した。それは、一八歳人口がピーク期から減少に転じ、本学の吸引力が急激に落ちたためと判断されている。(27)

なお、学費は改訂せず、現行通りとした。また、在学生(一九九二年から一九九四年度入学生)への二万円アップのステップ制も凍結した。それは長引く不況が家計を圧迫し、教育費の負担が家計に重くのしかかっていて、学費値上げは難しいと判断したためであった。(28)

二月二三日、三好法学部長の任期満了に伴う法学部長選挙が行われ、竹宮崇（五三歳、憲法）が選出された。(29)

二月二四日、松山大学が姉妹校関係を結んでいる韓国・建国大学校の経済経営研究所主催の国際シンポジウムが建国大学校にて開催され、経済学部の清野良栄、中嶋慎治両教授が招聘され、研究発表を行なった。(30)

三月一〇日、一九九五年度の大学院第Ⅱ期入試が行なわれ、経済学研究科修士課程は四名が受験し、二名が合格した。経営学研究科修士課程は五名が受験し、二名が合格した。博士課程はともに受験者はいなかった。(31)

三月一七日、午前一〇時より愛媛県県民文化会館にて一九九四年度の卒業式が行われ、経済学部四五二名、経営学部四三九名、人文学部英語一一六名、社会一四八名、法学部二四八名が卒業し、大学院経済学研究科修士課程は一名、同経営学研究科修士課程は七名が修了した。

宮崎学長は式辞において、校訓「三実主義」について、昨年に続き、現代的解釈を行ない、また、国際化する企業社会で求められるのは、異文化との接触にたじろがず、堂々と自己主張できる『寛容』な国際人である。そのためには、積極的にこちらから異文化に接触していくことが必要であると、はなむけの言葉を述べた。(32)その大要は次の通りである。

「卒業生の皆さん、私は皆さんを送り出すに当たり、教職員を代表して以下の三つのことを申し述べたいと思います。まず第一に、皆さんが後にされようとしている松山大学はどんな大学であるかを、皆さんと共に確認したいと思います。次に、その松山大学のアイデンティティの中核をなす伝統の校訓「三実」について改めておさらいをしてみたいと思います。そして最後に、みなさんの今後に期待し希望することを申し述べさせていただきます。

わが松山大学は遠く大正十二（一九二三）年旧制度下の松山高等商業学校として創設されましたが、創立当時、中四国地区では現在の大学に相当するレベルの私立学校は事実上本学だけでありましたし、私立の高等商業学校としては関西を含む西日本で唯一の存在でありました。この歴史・伝統やこれまでに輩出した四万人近い卒業生（皆さんが仲間入りするその全体組織は温山会とよばれています）の活躍ぶり等を総合すると、西日本の私立大学では一、二を争う名門校であると自負しております。皆さんには、そのことについて誇りと自信を持って社会人としての第一歩を踏み出してもらいたい。

次に、校訓三実（真実、忠実、実用）は開学当初、初代・加藤彰廉校長によって提唱され、三代・田中忠夫校長によってその内容が明確にされたもので、本学の不易の教育理念として継承されてきたものであります。

受け継がれているおおよその内容は次のとおりであります。

「真実」とは真理に対するまことである。皮相な現象にまどわされず、その奥に真理探り、たゆまず新知識を求める態度であります。

「忠実」とは人に対するまことであります。人との交わりにおいて誠意をもって接し、自分の言行に責任をもつ姿勢を説いています。

「実用」は用に対するまことで、真理を日常活動の中に生かし、進んで社会に奉仕する実践的態度の必要性を強調しています。

七十有余年間受け継がれてきただけに、簡にして要を得てなおどっしりとした重みがあります。松山大学の卒業生として、皆さんはこれをしっかりと胸に刻んでおいてくれるよう希望します。その上で、卒業する皆さんのより深い理解に役立つことを願って以下の私なりの今様解釈を披露させていただきます。

「真実」はどんな仕事をするにも必要な原理・原則、社会の基本ルールを学び理解する知力と、これらを尊重する姿勢の必要性を説いているものと考えます。

「忠実」とは人に対するやさしさ、人間に関する豊かな感性であります。これ無くして豊かな人間関係はありえないし、各人の個性は生まれ育ちません。ややズレているかもしれませんが、私から見て、キーワードは他人の痛みがわかる感性です。

「実用」は知識や情報を生かして物事を改善しようという（あるいは他人のために役に立とうという）創意工夫の精神と実行力を意味していると考えたいと思います。

繰り返します。私の解釈はともかく、皆さんは松山大学の卒業生としてこの三実の訓えをけっして忘れないで欲しいものです。

さて、卒業生の皆さん、みなさんがこれから大人としてその一員となる日本社会とそれを含む国際社会・地球社会は、いっそう多様化、複雑化、不透明化しております。たとえば、さきの国連総会は今年一九九五年を「国連寛容年"The United Nations Year For Tolerance"」と定めました（一部の新聞等では「国際」寛容年と表記されましたが、先の英文が示すとおり、正しくは「国連」寛容年であると、国連東京広報センターは言っています）。その趣旨は、東西冷戦後の一九九〇年代に入ってから、民族抗争の噴出など異質なものを排除・排斥しようとする偏狭な精神が地球を覆いはじめた。この病巣への国際社会の監視を強め、宗教・民族・国家や社会慣習の違いを乗り越えた「寛容の精神」の必要性をあらためて認識させようとするものであります。

あますところ六年という二十世紀末のわれらが地球社会は、一方における環境問題の深刻化に加えて、このような「非寛容」に汚染されているわけでありますが、その中でわが日本にとって一九九五年の課題は何でありましょうか。それはやはり、「戦後五十年」ということだと思います。五十年という大きな節目に当たり、さきの戦争の責任を含めてこの五十年をどう総括するか、それを前提に、残された二十世紀の年月を新しい世紀に向かっての助走としてどう生かすかということです。そのためには、まず、復興・独立から高度成長、二度のオイルショックを克服して経済大国となった日本という国の社会経済システムの見直しをしなければなりません。日本的企業組織ないし日本的経営の見直しはその一つです。いま一つは、アジア諸国との関係であります。けっして卑屈になることはないと思います。必要かつ重要なことは、あいまいでなく世界から理解されるような形で日本の立場を表明し、必要なケジメをつけることです。ただ、国連寛容年に関連して、ポール・ケネディ氏（エール大学教授）が次のように言っていることは重く受け止めるべきだと思います。

「日本で感じるのは、アジア人に対する批判的で非寛容な態度だ。日本が優秀でアジアが劣ると考えるなら、日本の将来を憂う。」（愛媛新聞平成七年一月三日）

みなさんの多くがとび込んでいく企業社会は否応なしに国際化しています。みなさんがビジネスで競争し、闘わなければならない相手は日本人とは限りません。たとえばアジアでは、北京、上海、香港、シンガポールなどの優秀でしたたかな中国人や華僑・華人と太刀打ちしていかなければならないのです。東西の「文明の衝突」が言われる半面、日本は東アジアの一員になれないという論者もいますが、そんなことを気に病むことはありません。異文化との接触にたじろがず、堂々としたたかに自己主張し、東アジア大、地球大での共生、棲み分けが必要です。そういう気概をもった「寛容な」国際人になる努力を続けてくれるよう期待してやみません。

最後に、卒業生のみなさんのご健闘と前途の栄光を祈って式辞といたします。

平成七年三月十七日

松山大学　学長　宮崎　満」(33)

この、宮崎学長の校訓「三実主義」は卒業生の生き方に即して現代風解釈を試みたものであるが、少しコメントすると、やはり、在学生・卒業生双方に通ずる不易の「三実主義」の定義とややずれており、定着しなかった。

三月三一日、経済学部の稲生晴（七〇歳、元、学長、マルクス経済学入門、貨幣論）、伊達功（七〇歳、社会科学入門、社会思想史）が退職した。また、野田知彦（計量経済学）が退職し、転職した。経営学部では岩国守男（六五歳、経営学、経営労務論）、真部正規（六八歳、フランス語）らが退職した。法学部では竹内正（七〇歳、刑法、刑法と現代社会）が退職した。(34)

稲生、伊達、真部の三教授は、四月一日、名誉教授となった。(35)

〔注〕

(1)『学内報』第二〇八号、一九九四年四月。
(2)同。
(3)『学内報』第二〇九号、一九九四年五月。
(4)松山大学総務課所蔵。
(5)『学内報』第二一〇号、一九九四年六月。
(6)『学内報』第二一二号、一九九四年八月。
(7)『学内報』第二一二号、一九九四年八月。同第二一三号、一九九四年九月。
(8)『学内報』第二一四号、一九九四年一〇月。
(9)『学内報』第二一五号、一九九四年一一月。
(10)同。
(11)同。
(12)同。
(13)金村毅「授業時間帯と教育理念」『学内報』第二一六号、一九九四年一二月。
(14)『学内報』第二一一号、一九九四年七月。『学内報』第二一七号、一九九五年一月。
(15)『学内報』第二一五号、一九九四年一一月。同第二一七号、一九九五年一月。
(16)『学内報』第二一六号、一九九四年一二月。同第二一七号、一九九五年一月。
(17)『学内報』第二一六号、一九九四年一二月。同第二一七号、一九九五年一月。
(18)『学内報』第二一七号、一九九五年一月。
(19)同。
(20)松山商科大学経済学部清野ゼミナール『AD二〇〇一』第一三号、一九九五年三月、清野ゼミはこの年中四ゼミには参加していないようである。

(21)『学内報』第二一七号、一九九五年一月。
(22)同。
(23)同。
(24)同。
(25)『学内報』第二一九号、一九九五年三月。
(26)『学内報』第二一一号、一九九四年七月。同第二一九号、一九九五年三月。
(27)『学内報』第二二〇号、一九九五年四月。岩橋勝「学園充実の検討について」『学内報』第二二二号、一九九五年六月。
(28)『学内報』第二一五号、一九九四年一一月、同第二一七号、一九九五年一月、同第二一九号、一九九五年三月。
(29)『学内報』第二一九号、一九九五年三月。
(30)『学内報』第二二一号、一九九五年五月。
(31)『学内報』第二二〇号、一九九五年四月。
(32)同。
(33)松山大学総務課所蔵。
(34)『学内報』第二二〇号、一九九五年四月。
(35)『学内報』第二二一号、一九九五年五月。

(五) 一九九五年（平成七）度

宮崎満学長・理事長四年目である。経済学部長は新たに宍戸邦彦が就任した（一九九五年四月〜一九九七年三月）。経営学部長は八木功治、人文学部長は横山知玄が続けた。法学部長は新たに竹宮崇が就任した（一九九五年四月〜一九九七年三月）。経済学研究科長は高橋久弥、経営学研究科長も倉田三郎が続けた。図書館長も前田繁一が続け、総合研究所長も千石好郎が続けた。教務委員長は新しく河野良太が就任した（一九九五年四月〜一九九六年三月）。入試委員長は森本三義が続け、学生委員長は新しく青木正樹が就任した（一九九五年四月～一九九九年三月）。

学校法人面では、原田満範（財務）、岩橋勝（教学）、山崎敏夫（総務）が引き続き理事を務め、宮崎理事長を補佐した。(1)

本年度も次のような新しい教員が採用された。(2)

経済学部

小西　廣司　一九五〇年九月香川県生まれ、岡山大学大学院教育学研究科修士課程修了。助教授として採用。英語。

渡辺　孝次　一九五五年六月岐阜県生まれ、一橋大学大学院社会学研究科博士課程。講師として採用。社会思想史。

掛下　達郎　一九六五年四月福岡県生まれ、九州大学大学院経済学研究科博士課程。講師として採用。金融システム論。

経営学部

松尾　博史　一九五八年七月佐賀県生まれ、上智大学大学院文学研究科博士課程。講師として採用。ドイツ語。

矢島　伸浩　一九六三年四月兵庫県生まれ、横浜市立大学大学院経営学研究科修了。講師として採用。経営労務論。

秋山　伸子　一九六六年一月岡山県生まれ、京都大学大学院文学研究科博士課程。講師として採用。フランス語。

人文学部
　方　　経民　一九五四年三月中国生まれ、中国華東師範大学大学院現代中国語学専攻修了。助
　　　　　　　教授として採用。中国語。

四月四日、午後一時より愛媛県県民文化会館にて一九九五年度の入学式が行なわれた。経済学部五三九名、経営学部五二三名、人文英語一二六名、社会一七四名、法学部三〇七名、合計一六六九名が入学した。大学院経済学研究科修士課程は三名、経営学研究科修士課程は六名が入学した。

宮崎学長は式辞において、本学の七〇有余年の歴史、私学独自の自由な学風、家族的雰囲気などについて語るとともに、自由な時間を有効活用して、積極的に異空間での経験を積み、異文化との接触を通して見聞を広めて下さい、と激励の言葉を贈った。(3)

五月一二日、経済学部では第八回経済学部学内ゼミナール大会を開き、各ゼミの三・四年生が七部門、一一会場に分かれて発表を行なった。(4)

七月三一日、宮崎学長・理事長ら大学側は、「松山大学基本政策検討委員会」を設置した。委員は学部長会選出の、岩橋勝（理事）、経済学部長宍戸邦彦、経営学部長八木功治、人文学部長横山知玄、法学部長竹宮崇、短期大学副学長森田邦夫、学部教授会選出の、舘野日出男、岡野憲治、宮沖宏、向井秀忠、理事会指名の事務職員中本賀崇の一一名であった（委員長は岩橋理事）。その中心課題は、一九九九年度で切れる「臨時定員増」（一九九二〜一九九九年度）への本学の対応、すなわち、臨時定員増の返上か、恒常定員化をはかるか、であった。(5)

八月九日、松山大学と愛媛大学（学長三木吉治）の間で単位互換協定が結ばれた。南山大、札幌学院大、甲南大、岡山商大に続いて五つめとなった。[6]

九月二〇日、一九九六年度の大学院第Ⅰ期入試（修士課程）が行なわれた。経済学研究科修士課程は五名が受験し、四名が合格した。経営学研究科修士課程は六名が受験し、五名が合格した。[7]

一一月一六日、任期満了に伴う学校法人の評議員選挙が行なわれ、教育職員では、青野勝廣、岩林彪（新）、国崎敬一（新）、倉田三郎、宍戸邦彦、千石好郎、竹宮崇（新）、田村譲、原田満範、比嘉清松、増野仁（新）、村上克美の一二名が選ばれた。事務職員では大野赳（新）、越智純展、高橋安恵（新）、田窪千古（新）、村上泰稔の五名が選ばれた。[8]

今年度の推薦入試は、文部省から推薦入試は一一月以降にするようにとの通知があり、一一月二五、二六日の連続日程で行なわれた。大きな変化は、経済学部が一般公募の定員を六〇名から四〇名に減らしたこと、経営学部が指定校制を廃止し、AO入試の定員を二〇名から七〇名に増やしたことなどである。結果は次の通りである。[9]

	募集人員	志願者	合格者
経済学部（指定校制）	九〇名	一〇七名	一〇七名
（一般公募制）	四〇名	六八六名	八二名
（特別選抜）	一〇名	一六名	一三名
経営学部（アドミッションズ・オフィス）	七〇名	一七九名	七八名
人文英語（指定校制）	一〇名	二〇名	二〇名

（特別選抜）	一〇名	一八名	一〇名
人文社会（指定校制）	一五名	一七名	一七名
（特別選抜）	若干名		
法　学　部（一般公募制）	五〇名	二四九名	一〇〇名
（特別選抜）	若干名	一名	一名

一二月一日、新理事を選ぶ学校法人の評議員会が開かれ、原田満範経営学部教授（五一歳、税務会計論）が理事に再選され、新しく新理事として、岩林彪経済学部教授（五一歳、比較経済システム論）、倉田三郎経営学部教授（五九歳、財務会計論）が選ばれ、岩橋勝、山崎敏夫理事は退任した。[10]

本年度も、学生の自主的研究活動の場である、第四二回全日ゼミ大会（一二月二三、二四日、中央大学）が開かれたが、詳細は不明である。なお、中四ゼミ大会は開かれていないようである。[11]

一九九六年一月九日、御幸キャンパスの第二期工事（体育館・武道館の建設）の地鎮祭が執り行われ、その工事が始まった。[12]

一月一三、一四日、一九九六年度の大学入試センター試験が行なわれた。センター利用入試の募集定員は経済学部四〇名（前年と同じ）、経営学部は前年の一〇〇名を一三〇名（前期一〇〇名、後期三〇名）に増やし、人文英語は二〇名（前年と同じ）で、結果は次の通りであった。[13]

	募集人員	志願者	合格者
経済学部	四〇名	一八一一名	四六一名
経営学部	一三〇名	一四八三名	六九六名

人文英語　　二〇名　　六四八名　　二七六名

二月九～一二日にかけて、一九九六年度の一般入試が行なわれた。九日が経済学部、一〇日が経営学部、一一日が人文学部、一二日が法学部の試験であった。一般入試の募集人員は経済二七〇名（前年二五〇名）、経営二五〇名（前年と同じ）、人文英語六〇名（前年四〇名）、社会一〇五名（前年と同じ）、法学部二〇〇名（前年と同じ）であった。試験会場は、本学、東京（日本私学振興財団）、名古屋（河合塾名鉄駅前キャンパス）、大阪（大阪ＹＭＣＡ会館）、岡山（代々木ゼミナール岡山校）、広島（代々木ゼミナール広島校）、福岡（水城学園）、高松（高松高等予備校）の八会場であった。検定料は三万円。志願者は経済学部二五九六名（前年二八〇三名）、経営学部二五〇七名（二八八〇名）、人文英語五三三名（前年五九五名）、人文社会一三四二名（前年一二八〇名）、法学部一七一四名（前年一七七五名）、合計八六九二名（前年度九三三三名）で、人社を除き全学で減少し、合計で前年より六・九％減少した。厳しい状況が続いた。合格発表は二月二一日。経済一〇〇六名、経営八三七名、人文英語二〇五名、同社会四八一名、法学部七八六名、合計三三七五名を発表した。(14)しかし、歩留まり予想がはずれ、その後、一般入試で経済が一九名の追加を出した。また、センター利用入試でも予想がはずれ、経済が九二名、経営が九〇名、人文英語が一七名の追加を出した。

なお、一九九六年度の学費について、入学金二〇万円（前年と同じ）、授業料五七万円（前年五六万円）、教育充実費一七万円（前年と同じ）で、一万円の値上げであった。そして、一九九六年度入学者の二年次以降のステップは二万円とした。また、一九九五年以前に入学した在学生の一九九六年度のステップ制は二万円の定めにかかわらず、一万円に縮減した。(15)長引く平成不況による父母等の家計負担を考えてのことであった。

三月八日、任期満了に伴う大学院研究科長選挙が行なわれ、経済学研究科長に村上克美（五七歳、経済政策論）、経営学研究科長に清水茂良（五一歳、財務会計論等）が選出された（就任は四月一日から）(16)。

また、三月一六日、経営学部で新たに導入したセンター利用入試後期日程（募集定員三〇名）で一八七名の志願者があり、合格者六〇名を発表した(17)。

三月一九日、午前一〇時より愛媛県県民文化会館にて、一九九五年度の卒業式が行なわれた。経済学部四七五名、経営学部四五九名、人文英語一三三名、社会一四二名、法学部三一九名、合計一五二八名が卒業し、大学院経済学研究科修士課程一名、経営学研究科修士課程七名が修了した。

宮崎学長は式辞において、現代日本の経済社会の問題（長引く不景気、オーム真理教、住専問題等）を述べ、司馬遼太郎やマーシャル、カーライルなどを紹介しながら、日本が世界で生きていくためには、品格ある経済社会をつくり上げていくこと、そのためにはわれわれ一人ひとりが品格のある経済人でなければならないこと、そして、最後に歴史の風雪にたえうるすばらしい本学の校訓三実主義を述べ、激励した(18)。その大要は次の通りである。

「さて卒業生のみなさん、みなさんがこれから大人としてその一員となる日本の社会とそれを含む国際社会・地球社会は、ますます多様化、複雑化、不透明化しております。わが国では、長びく経済不況に加えて、昨年、阪神・淡路大震災、オウム真理教事件、円高不況、大和銀行ニューヨーク支店事件と立て続けに起きた一連の災厄や事件は、国民の自信を打ち砕いてしまったかのようであります。これを日本の神話崩壊と表現した新聞もありました。今日の日本社会に蔓延しているのは、こうした自信喪失と閉塞感であると言えるかもしれません。さらに国民の意欲を萎えさせるのは、昨年来の住専問題に見られる産官政の無責任と腐敗であります。これについては、言うもさらなりでありますが、先般亡くなった作家・司馬遼太郎氏の文書を少し引用します。その日の夕刻亡くなったわけですから、絶筆と思われる二月十二日付産経新聞「風塵抄」で、この作家は、東京・銀座の中心地『三愛』の土地が昭和四十年の一坪四五〇万円から六二年には一億五千万円に高騰している例を挙げて土地転がしの必然性を指摘し、「こんなものが、資本主義であろうはずがない。資本主義はモノを作って、拡大再生産のために原価より多少利をつけて売るのが大原則である。」「資本主義はその大原則をまもってつねに筋肉質でなければならず、でなければ亡ぶか、水ぶくれになってしまう。」と言っています。そしてこの文章のしめくくっているのは、次のような言葉であります。

「住専の問題が起こっている。―中略―その始末の痛みを通じて、土地を無用にさわることがいかに悪であったかを―思想書を持たぬままながら―国民の一人一人が感じねばならない。でなければ、日本国にあすはない。」

唐突ですが私はここで、ケンブリッジ学派の創始者アルフレッド・マーシャルの「経済騎士道（エコノミック・シヴァルリー）」という言葉を思い出します。マーシャルは中世の騎士に騎士道というものがあったように、現代の実業界にも騎士道というものがあるべきだと言っています。

ある産業を進歩させたのは、全くある人の創意と努力によるものであったと評価されることがその人の喜びであり、望みであって孜々として働いている。富は事業の成功の印として得られる。富そのもののために富を目標にしているのではない。別の形で言えば、富がどのような方法で得られたかが問題なのであって、浅ましい手段や手口がもたらした富が社会の尊厳を受けるようなことがあってはならない。また、その富は、社会公共のために使われてこそ真価を発揮するものである。そして、こうした個々人の経済騎士道と社会全体としてのそれが良い刺激を与え合うような姿が望ましい。

これをさらに遡ればおなじイギリスの評論家・歴史家トーマス・カーライルの〝キャプテンズ・オブ・インダストリー〟という言葉に出会います（PAST AND PRESENT 一八四三年に同じ標題の一章が設けられています）。カーライルは、資本主義が青年期にあったその時代において、実質的には社会の指導者である産業の指導者―キャプテンズ・オブ・インダストリーは、高貴な精神を持ち、拝金主義や己の欲望を抑え、世の混沌や悪と中世の騎士のごとく雄々しく戦わなければならないと説いているのです。

それにしても、なんと苔むした話を、と思われるかもしれませんが、司馬氏のいう資本主義を「筋肉質」にするクスリを求めるとしたらこんなところに巡りつくしかないのではないでしょうか。われわれ一人ひとりが司馬氏の遺言を真剣に受けとめて、品格のある経済社会をつくり上げていく以外に、「経済大国」日本が世界で生きていく道はないのではないでしょうか。そのためには、われわれ一人ひとりが品格のある経済人でなければならないことは言うまでもありません。経済界に進まれる卒業生の皆さんには特に心して欲しいと願います。高度科学技術社会、高度情報化社会といわれる現代において、経済騎士道があるとすればそれはどのような内容になるでしょうか。マーシャルやカーライルの説くものとは全くちがった中味になるのでしょうか。それとも、殆んど変わらないものになるのでしょうか。残念ながら私にはわかりません。いや、現代の騎士道などということ自体、言葉の矛盾だということでしょうか。

ただ一つだけ言えることは、そのように考えるとき、本学伝統の三実主義の校訓は、いかなる歴史の風雪にも耐えうるすばらしいものではないかと、いうことであります。あらためてそのどっしりとした重みを感じます。卒業に当たり、そしてこの卒業式に臨み、皆さんも、是非もう一度その意味を噛みしめてみて下さい。

最後に、卒業生のみなさんのご健勝と前途の栄光を祈って式辞といたします。

平成八年三月十九日

松山大学　学長　宮崎　満」(19)

三月二八日、五〇年記念館の増築棟が竣工した。図書館の狭隘化が解消され、オープンで、良質な学習空間の提供が可能となった。(20)

三月三一日、経済学部の高橋久弥（六五歳、金融論）が退職し、四月一日から再雇用となった。また、経営学部金子武久（商学総論）が退職し、転出した。法学部では平田伊和男（商法）が退職した。(21)

なお、三月に松山大学に教員組合が結成され（委員長は清野良栄経済学部教授、委員に宮沖、伊藤、川東、北島、横山、増野ら)、給与問題や研究条件改善に取り組み、早速団体交渉が行なわれた。まず非常勤講師の交通費問題がとりあげられた。それは、本学の教員が、愛媛大学、松山東雲女子大等に非常勤講師としていくと交通費が支給されていたが、他大学の教員や勤務校を持たない教員が松山大学に講師として来ても交通費が支給されていない、という問題であった。教員組合は、この不合理性を指摘し、理事会もその非を認め、規程を作り以後支給するようになった。教員組合の最初の成果であった。

〔注〕

(1)『学内報』第二二〇号、一九九五年四月。
(2)『温山会報』第三八号、一九九五年、『学内報』第二二〇号、一九九五年四月。
(3)『学内報』第二二一号、一九九五年五月。松山大学総務課所蔵。
(4)『学内報』第二二二号、一九九五年六月。
(5)『学内報』第二二四号、一九九五年八月。岩橋勝「規模拡大か、縮小か—松山大学基本政策検討委員会の根本課題—」同第二二四号、一九九五年八月。同第二二五号、一九九五年九月。
(6)『学内報』第二二五号、一九九五年九月。
(7)『学内報』第二二七号、一九九五年一一月。
(8)『学内報』第二二八号、一九九五年一二月。
(9)『学内報』第二二九号、一九九六年一月。
(10)『学内報』第二二八号、一九九五年一二月。
(11)松山商科大学経済学部清野ゼミナール『AD2001』第一四号、一九九六年三月。清野ゼミは参加した。
(12)『学内報』第二二九号、一九九六年一月。第一期工事は一九八五年に完成していた。
(13)『学内報』第二三一号、一九九六年三月。
(14)『学内報』第二二三号、一九九五年七月。同第二三一号、一九九六年三月。同第二三二号、一九九六年四月。
(15)『学内報』第二二六号、一九九五年一〇月。
(16)『学内報』第二三二号、一九九六年四月。
(17)同。

(18) 同。
(19) 松山大学総務課所蔵。
(20) 『学内報』第二三三号、一九九六年五月。
(21) 『学内報』第二三二号、一九九六年四月。

(六) 一九九六年(平成八)度

宮崎満学長・理事長五年目である。経済学部長は宍戸邦彦、経営学部長は八木功治、人文学部長は横山知玄、法学部長は竹宮崇が続けた(一九九五年四月～一九九七年三月)。経済学研究科長は新しく村上克美(一九九六年四月～二〇〇〇年三月)、経営学研究科長は清水茂良(一九九六年四月～一九九八年三月)が就任した。図書館長は前田繁一、総合研究所長も千石好郎が続けた。教務委員長は新しく国崎敬一が就任し(一九九六年四月～一九九八年三月)、入試委員長も新しく妹尾克敏が就任した(一九九六年四月～一九九七年三月)。学生委員長は青木正樹が続けた。

学校法人面では、原田満範(財務)、岩林彪(教学)、倉田三郎(総務)が理事を務め、宮崎理事長を補佐した。(1)

本年も次のような新しい教員が採用された。(2)

経済学部

浦坂　純子　一九六九年九月大阪生まれ、大阪市立大学大学院経済学研究科前期博士課程修了。講師として採用。経済学、計量経済学。

経営学部

滝　由紀子　一九五二年一一月山口県生まれ、ニューヨーク州立大学バッファロー校修士課程修了。講師として採用。英語。

法学部

小田　敬美　一九六三年一〇月愛媛県生まれ、上智大学大学院法学研究科博士後期課程。講師として採用。法学、民事訴訟法。

神例　康博　一九六四年六月徳島県生まれ、日本大学大学院法学研究科博士後期課程。講師として採用。刑法。

宮脇　昇　一九六九年六月香川県生まれ、早稲田大学大学院政治学研究科修士課程修了。講師として採用。政治史、政治学概論。

四月四日、午前一〇時より愛媛県県民文化会館にて一九九六年度の入学式が行なわれ、経済学部四八〇名、経営学部四九八名、人文英語一四〇名、社会一五二名、法学部二八五名が入学し、大学院経済学研究科は四名、経営学研究科は五名が入学した。

宮崎学長は式辞において、本学の歴史、特質を述べ、大学四年間の『自由』な時間を使い、自分を再発見するとともに、生まれ育った地域社会に関する理解を出発点に、日本社会、国際社会との相互関係について考えてください、これが学問することの始まりです、そして、西洋史家の阿部謹也の『世間とは何か』を紹介しながら、自分は何故この問題に取り組むのかを追究するのが学問であると述べ、激励した。(3) その大要は次の通りである。

「新入生の皆さん、我が松山大学は遠く大正十二（一九二三）年旧制度下の松山高等商業学校として創設された時から数えると、すでにして七十歳を越えました。松山経済専門学校とよばれた時期を経て、第二次大戦後の学制改革と同時に大学に昇格して松山商科大学となり、平成元年松山大学と改称して現在に至っております。この歴史・伝統の面やこれまでに輩出した四万人近い卒業生の活躍ぶり等を総合すると、西日本の私立大学では一、二を争う名門校であると自負しております。本学を選ばれた皆さん方ですから、十分ご承知のこととは思いますが、皆さんにはそのことについて誇りと自信を持って大学生活を送ってもらいたいとの願いから、あえて申し上げる次第であります。

ついでながら新入生の皆さん、皆さんは伝統校という言葉から何か堅苦しい、あるいは重苦しいイメージを持たれるかもしれません。しかし、それは違います。本学では創立当初から私学独自の自由な学風が尊重され、追究されてきました。また職住近接の地方都市の私学なればこその家族的な雰囲気の中で、学生と教師の間の人間的な触れ合いが大切にされてきた伝統があり、これは現在も脈々と受け継がれています。

さて新入生の皆さん、受験勉強から解放されて晴れて大学生となった皆さんは、かつて経験したことのない大きさの自由を手に入れられることになるでしょう。それはまず、量的には大量の自由時間であり、高校時代よりうんと長い夏休みや春休みによって代表されます。

自由の質的側面の第一は、授業時間割を皆さん自身でつくるという、時間設計の自由が与えられていることです。第二の側面は、教員、職員と共に大学の構成員として、対等な人格の持ち主として認められているということであります。皆さんのほとんどは未成年ではありますが、われわれ松山大学教職員は、飲酒・喫煙など法によって定められていることを除き皆さんを大人として遇します。

そういう「自由」を得られた皆さんに、できれば大学四年間、とくにその前半にやっていただきたいことを、二つだけ挙げます。

第一は、あらためて自分を見直す、自分を再発見することに取り組んで欲しいということです。最後にたよれるのは自分です。自分のどこが頼りになり、どこが頼りにならないか判らなくてはなりません。自己を知る良い方法は、自己を対象化することだと言われます。対象化の方法はいろいろありますが、①自己を文章やその他の形で表現すること、②他人との出会いや交遊の中で自他を比較すること、③いちばん身近な、自己の分身といってもよい家族との絆を見直すことによって自分の自分たる所以を見出すこと、などが考えられます。中でも人との出会いは大切です。人間は人間と出会うことによって短い時間で大きく変わることがあります。皆さんが皆さんを変える友達に出会うことを期待します。また、松山大学には約二百五十人の教職員がいますが、先程も申しましたように、都会の大学に較べると皆さんと私達教職員との触れ合いの機会はうんと多いはずです。これを十分に活用して下さい。皆さんが教室で接する先生方の研究室や場合によっては自宅を訪問することは、それが学問や心のなやみ等に関することであるかぎり、常に歓迎されるものと確信します。

家族との絆の問題は別の形で言えば、親離れ（子離れ）の話です。三年後皆さんが就職のことを考え、そのための活動をする時期になって、親子の考え方の喰いちがいからトラブルが起こるというようなことのないよう、真の意味でしっかりと親離れしておくことが肝要です。

第二には、自分の生れ育ってきた故郷の土地を見直して下さい。善くも悪くも、そこがあなたの故郷ですから。いくつかの土地を移り住んだ人と、ずっとその土地を離れたことがない人とでは違いがあるでしょうが、存外、燈台下暗しということが多いものです。国際化時代、いや地球化時代と言われますが、自分の足許の土地に不案内では国際人とは言えません。自分自身と、自分の生れ育ってきた土地や地域社会に関する自分なりの理解を出発点に、日本の社会について、国際社会について、さらにはこれら三つの相互関係について考えていくこと、これが学問することの始まりだと考えます。

さいきん『世間とは何か』という本を書いて、日本における個人と社会の関係の特殊性を、個の概念の確立されているヨーロッパ社会との比較の中で明らかにしている著名な歴史学者は、別のところで、学問について、自分の内面に深く降りていって、自分がこの課題と何故取組まなければならないか、と問いかけることから出発しないような学問は、学問の名に値しないという趣旨のことを述べています。このような姿勢はいつの世にも要求されることでしょうが、現代のように変化が速く不確実、不透明な時代においてこそ、むしろ一層必要なものであるかもしれません。要するに私共は、皆さんが、常に遠くを望みながらも脚下照顧、足許を見失わずに、充実した大学生活を送られるよう、そのためにも自分自身とまわりの空間をあらためて見直すことから出発して欲しいと切に願う次第であります。

最後に、教育制度の改革を含むさまざまな事情によって日本の大学は今、大きな変革期にあります。松山大学も例外ではありません。皆さんのニーズに合った質のよい教育サービスを提供すべく、我々も自己改革に取り組んでいるところです。我々も勇気を奮ってこれを一層推進する決意を表明して、皆さんを歓迎する挨拶といたします。

平成八年四月四日

松山大学　学長　宮崎　満」(4)

四月一一日、宇和島の実業家で政治家の高畠亀太郎関係の資料が高畠家から松山大学に寄託された。(5)以降、経済学部教授の川東による資料の解析、亀太郎日記の復刻、刊行が行なわれることになった。

松山大学は、地域社会との親交をはかり、大学の運営に地域社会のニーズを反映すべく、松山大学懇話会を設置し、五月八日に第一回懇話会を開いた。委員は、井関和彦、一宮能和、伊藤宏太郎、大亀孝裕、立川百恵氏ら二四名で、座長は大亀孝裕が就任した。懇話会では、教育面で国際化に対応できる語学力、会話力をつけてほしいとか、工学部、理学部を設置したらどうか、産・官・学の連携を活発にしてほしいとかの意見がでた。(6)

五月一〇日には、第九回経済学部学内ゼミナール大会が開かれ、四年次生を中心に一一部門、二四ゼミが発表した。(7)

六月一八日、基本政策検討委員会（岩林理事が委員長）が開かれ、新学部設置問題（人文学部の新学部への改組）について議論されている。しかし、その後、断念した。(8)

表1　松山大学予算定員削減計画（1996〜1999年度）

	恒常定員	1995	1996	1997	1998	1999	2000
経済	350	495 （450×1.1）	484	473	462	450	438 （350×1.25）
経営	350	495 （450×1.1）	484	473	462	450	438 （350×1.25）
人英	80	125 （100×1.25）	120	115	109	103	100
人社	100	150 （120×1.25）	145	140	135	129	125
法	200	285 （250×1.15）	278	271	264	257	250
合計	1080	1550 （1370×1.13）	1511	1472	1432	1389	1351
			（1.10）	（1.07）	（1.04）	（1.01）	

注1.　臨時定員は経済・経営各100、人英・人社各20、法50、計290
290÷1080＝26.9％、290÷1370＝21.2％

注2.　1）484＝495－45／4　余りは最終年度で調整。以下、同様。
2）103＝ 80人×1.286
3）129＝100人×1.286
4）257＝200人×1.286

宮崎学長・理事長は、『学内報』第二三七号に「臨定増は何だったのか（二）」載せた。それは、臨時定員増が一九八六年（昭和六一）度から開始し（第一次）、一九九二年度に延長し（第二次）、さらに一九九三年度から経済・経営の臨時定員増をはかっていたが（第三次）、一九九九年（平成一一）度で臨時定員増の期間が切れるので、ポスト臨定増へソフトランディングすべく、一九九六年（平成八）度から「予算定員」を段階的に削減する計画を示した。[9]

それによると、本学は、文部省定員の外に、「予算定員」を設定して、入学定員を決めていたが、この予算定員を段階的に減少させるものであった。なお、経済・経営が一・一倍と低いのは、経済・経営のみ、第三次臨定を行なったため、それを考慮して予算定員を低くしたためであった。

この計画表ならびに宮崎学長・理事長の考えをみると、二〇〇〇年（平成一二）度からは、臨時定員増を廃止しようとの考えであり、また、予算定員も表では恒常定員の一・二五倍となっているが、それを一・一倍に引き下げるべく検討中であると述べていることから、実際の入学定員も引き下げる考えをもっていたことが判明する。

九月二〇日、一九九七年度の大学院第Ⅰ期入試（修士課程）が行なわれ、経済学研究科修士課程は五名が受験し、二名が合格した。経営学研究科修士課程は七名が受験し、四名が合格した。[10]

九月二七日、任期満了に伴う人文学部長選挙が行なわれ、飛騨知法（五一歳、米文学・米文学史）が選ばれた。任期は一一月一日から二年間。[11]

一一月二三、二四日、一九九七年度の推薦入試および特別選抜入試が行なわれた。大きな変化は経済学部で一般公募推薦を廃止し、指定校推薦を九〇名から一一〇名に増やしたことである。その結果は次の通りである。[12]

	募集人員	志願者	合格者
経済学部（指定校制）	一一〇名	一三六名	一三六名
（特別選抜）	一〇名	一二名	一一名
経営学部（アドミッションズ・オフィス）	七〇名	一六七名	九三名
人文英語（指定校制）	一〇名	二〇名	二〇名
（特別選抜）	一〇名	一七名	一五名
人文社会（指定校制）	一五名	一八名	一八名

（特別選抜）　　　　　　若干名　　　　一名　　　　一名
法学部（一般公募制）　　五〇名　　　二九八名　　二三一名
（特別選抜）　　　　　　若干名　　　　三名　　　　〇名

一一月二七日、八木功治経営学部長の任期満了に伴う学部長選挙が行なわれ、石田徳孝（五四歳、経営科学）が選出された。任期は一九九七年二月一日〜一九九九年一月三一日。(13)

一一月三〇日、総合研究所主催の松山大学国際フォーラム一九九六「アジアからみた日本　日本からみたアジア」がカルフールにて行なわれた。ベトナムや中国、韓国の研究者や三浦工業の海外事業部の杉本正枝氏らが、報告し、討論がなされた。(14)

一二月一二日、第一〇回経済学部学内ゼミナール大会が開催され、二四ゼミが発表した。(15)

本年度も、学生の自主的研究活動の場である、第三五回中四ゼミ（一一月九、一〇日、広島経済大学）、第四三回全日ゼミ（一二月一八、一九日、東北学院大学）が開かれ、清野ゼミは共に参加した。(16)

一九九七年一月九日、宍戸邦彦経済学部長の任期満了に伴う学部長選挙が行なわれ、光藤昇（四八歳、統計学・経済統計）が経済学部長に選出された。任期は一九九七年四月一日から二年間。(17)

一月一八、一九日、大学入試センター試験が行なわれた。センター利用入試は今回から法学部も導入した。募集定員は経済学部四〇名、経営学部一三〇名（前期一〇〇名、後期三〇名）、人文学部英語英米文学科二〇名、法学部二〇名であった。(18)

二月九〜一二日にかけて、一九九七年度の一般入試が行なわれた。九日が経済学部、一〇日が経営学部、一一日が人文学部、一二日が法学部の試験であった。一般入試の募集人員は経済二九〇名（前年二七〇名）、経営二五〇名（前年と同じ）、人文英語六〇名（前年と同じ）、社会一〇五名（前年と同じ）、法学部一八〇名（前年二〇〇名）であった。試験会場は、本学、東京（日本私学振興財団）、名古屋（河合塾名鉄駅前キャンパス）、大阪（大阪ＹＭＣＡ会館）、岡山（代々木ゼミナール岡山校）、広島（代々木ゼミナール広島校）、福岡（水城学園）、高松（高松高等予備校）の八会場。検定料は三万円。志願者は経済二三〇〇名（前年二五九六名）、経営二三六六名（前年二五〇七名）、人文英語五六八名（前年五三三名）、同社会一一九二名（前年一三四二名）、法学部一六〇三名（前年一七一四名）で、人英を除き全学で減少し、合計八〇二九名（前年八六九二名）となり、前年に比し七・七％減少した。本年も引き続き、厳しい状況が続いた。合格発表は二月二一日。経済一〇六二名、経営八四〇名、人文英語二六六名、同社会四五二名、法学部五五〇名、合計三一七〇名を発表した。しかし、その後、経営を除き、歩留まり予測がはずれ、経済二二名、人英一七名、人社一〇名、法五六名の追加を出した。センター利用入試でも、経済学部が一四五名の追加を出した（三月一〇日発表）。

なお、学費は入学金二〇万円（前年度と同じ）、授業料は五七万円（前年と同じ）、ただし、二年次以降は二万円のステップ制とする。教育充実費も一七万円で据え置きであった。なお、在学生についても、一九九七年度のステップ制を凍結した。理由は地域の所得水準は上向いておらず、父母等の負担を避けたいというものであった。(19)

二月一三日、竹宮崇法学部長の任期満了に伴う学部長選挙が行なわれ、田村譲（五四歳、法学）が選ばれた。任期は一九九七年四月一日から二年間。(20)

三月一日発行の『学内報』第二四三号に、岩林彪理事・「基本政策検討委員会」委員長が「大学間

大競争での生き残りを目指して」を発表した。そこで、一九九九年（平成一一）度で臨時定員増が切れるが、理事会で検討の結果、廃止ではなく、臨定の五割を恒常定員化することを示した。[21]

他方、同『学内報』に宮崎学長・理事長が「大学審高等教育将来構想部会『審議の概要』をどう受け止めるか、地方大学の立場から（二）」を発表し、二〇〇〇年（平成一二）度に臨定を半減させるが、さらに以降二〇〇五年（平成一七年）までに残りの半分を段階的に減少させる案を示した。宮崎学長・理事長自身は臨定段階的返上の考えであったことがわかる。[22] ただし、その後の経緯を見ると臨定返上はなさなかった。

三月三日、本学第五代学長で名誉教授の太田明二先生が肺炎のため、逝去された。享年八七歳であった。[23]

三月六、七日、一九九七年度の大学院第Ⅱ期入試（修士、博士課程）が行なわれ、経済学研究科修士課程は六名が受験し二名が合格した。経営学研究科修士課程は七名が受験し、三名が合格した。博士課程は共にいなかった。[24]

三月一二日、御幸キャンパス第二期工事（体育館と武道館）が完成し、その竣工式が行なわれた。ともに立派な施設で、武道館は彰廉館と名付けられた。[25]

また、三月一二日、理事会は事務部長の三人を退任させ、参与にすることを決めた。この人事は先の学長選挙において、宮崎学長を支持し運動し当選に貢献した事務課長らへの論功行賞と言われている。それは、本学の職員が教員と平等な一票をもつ、学長選考規程の大きな弊害であろう。

三月一五日、経営学部のセンター利用入試後期日程の合格発表がなされ、募集定員三〇名に対し、

志願者が二三六名、合格者が一〇一名であった。(26)

三月一九日、午前一〇時より愛媛県県民文化会館にて、一九九六年度の卒業式が行なわれ、経済学部四六五名、経営学部五一三名、人文英語一三一名、社会一三四名、法学部三一九名、合計一五六二名が卒業し、経済学研究科修士課程は二名、経営学研究科修士課程は五名が修了した。

宮崎学長は式辞において、日経連の「グローバル社会に貢献する人材の育成を」という報告書を紹介し、卒業生に対し、自ら主体的に考えること、多様な価値観を認め合うことを強調し、また、本校の校訓、歴史の風雪に耐える三実主義の意味をもう一度噛み締め、生きぬいてください、そして、自己の体験を述べながら「我慢」の大切さを述べ、激励した。(27)その大要は次の通りである。

「さて、卒業生のみなさん、皆さんが新たにその一員となる日本の社会とそれを含む国際社会・地球社会はますます複雑化・多様化し、その変化のテンポも早まっているように思われます。その変化の方向が一層の国際化（ボーダレス化・グローバル社会化）、高度情報化、高齢化・価値多様化などを含む成熟社会化であることも衆目の一致するところだと考えられます。

そのような社会は皆さん達ニューカマーに何を期待しているのでしょうか、新しい構成員にどのような資質を求めているでありましょうか。日本経営者団体連盟（日経連）は去る二月『グローバル社会に貢献する人材の育成を』と題する報告書を公表しましたが、その中でグローバル社会とはどんな社会かを定義した上で（その内容は省略します）、グローバル社会に貢献する人材の要件として以下の四つを挙げています。その第一は「自律性の確立」、第二に「多様性の理解と尊重」、第三は「外国人とコミュニケートできる語学力の養成」、そして第四は「専門性の修得」でありますが、そのうち最初の二つが特に重要であると述べていますので、その二つについてさらに中身を見てみましょう。

まず第一の「自律性の確立」について大略次のように言っています。「これからの社会では、自らが主体的に考え、問題を発見、解決していく能力がより一層重要となる。また、一定の倫理観に基づいて自らを律し、行動し、その行動に責任を持つことが必要である。そのためには、(1)常識、幅広い教養、倫理観を身につける、(2)物事を論理的に考え、客観的に判断する能力を養う、(3)自らの考えを、主体的に実際の行動や成果に結びつける構想力や行動力、折衝力を養う、(4)内省力、自己教育力を持ち、夢をもって生きる努力をする、ことが必要である。」

第二の「多様性の理解と尊重」については、次の三つがあげられています。「(1)他人と関わり、協調し、共生していくためには、他人に対する思いやりや、共感性・感受性を豊かにする努力が求められること。(2)多様な価値観を理解し、認め合う姿勢と、柔軟な思考力を養うことが必要である。(3)個々人の多様性を尊重するためには、その背景たる文化や歴史等を理解するとともに、他国や地域に溶け込み、相手の流儀や慣習に合わせる努力も必要である。」

以上の内容は、とくに異論を差しはさむ余地の無いものと思われますし、皆さんもまた十分に理解されていることと思いますので、就職・進学によって、四月からはじまる新しいライフステージでの自己啓発に当たって参考にして下さい。私ども皆さんを送り出す側としては、第三のコミュニケーション能力、第四の専門性の修得をふくめてこれらの四つの要件を皆さんが在学中に身につけていただくのを支援するという役目を十分に果たせたかどうかという点では、内心忸怩たるものがあることを認めざるをえません。

ところで、ここまで私はほとんど他人の言葉を借りて皆さんに話しかけてきました。

そこで、以下ではできるだけ私自身の言葉を使って皆さんにもう一つのことをお話させていただきたいと思います。

本学には創立以来の校訓・三実（真実・忠実・実用）があります。いかなる歴史の風雪にも耐えうる、どっしりとした重みを感じさせる、すばらしい教育理念だと思います。卒業に当り、そしてこの卒業式に臨み是非もう一度その意味を噛みしめ、旧校歌の一部にあるように、「校訓三実をわが身に体して」卒業していって下さい。

さて、その三実ですが、数年前ある卒業生が訪ねて来て、ビジネスの世界で三実主義に忠実に生きて行くのはなかなか難しいというようなことを話し、その後暫くして会社を辞めてしまいました。このケースについては何があったのか判りませんが、皆さん、そう簡単に会社を辞めてはいけません。私が言いたいのは、このことです。辞めることを考える前に、わが身をふり返って下さい。まず我慢です。いや、徳川家康の言葉を借りるまでもなく、人生は我慢です。私は忍耐とか辛抱という言葉より我慢という言葉が好きです。

我慢という言葉は面白い言葉です。辞書によると(1)仏語で「七慢」の一つ。我をより所として心が高慢なこと。自分をえらいと思い、他人をあなどること。うぬぼれ。(2)我意を張るさま。強情であるさま。(3)じっと耐え忍ぶこと。辛抱すること、と出ています。三番目の意味は、わが国独自の意味です。このように我慢という言葉は全く反対の二つの意味をもっているのです。仏と鬼が背中合わせになっているのです。

こういう言葉を他には知りません。

私自身のことを言うのは気が引けますが、大学の学長の仕事も我慢そのものです。大学は会社などとちがいますし、とくに松山大学は民主的に運営されていますから、事を為すためには我慢の連続です。それでも、私は一応組織のトップですから、気を抜くと、つい内なる慢心だとか他人に対する傲慢さに落ち入る危険があります。これとの闘いもまた我慢です。私の短気、短慮は一向に直りませんが、我慢の大切さだけは、この五年間で身にしみました。

皆さん、もう一度言います。人生は我慢です。そして、我慢をするには、我慢する心（謙虚さ）、我慢する気力（忍耐力）、我慢する体力が必要です。日頃から体力を養って下さい。精神訓話のようなことをしてしまいましたが、日本という国にとっても、今が我慢の時ではないかとも考えました。我慢という面白い言葉のことを記憶のどこかに残しておいてくれれば幸です。

最後に、卒業生のみなさんのご健勝と前途の栄光を祈って式辞といたします。

平成九年三月十九日

松山大学　学長　宮崎　満」(28)

三月二六日、教員組合と理事会の間で人事院の給与切り替え問題について、適用の誤りについて団体交渉が行われた。

三月三一日、経済学部の河野良太（経済理論）が退職し、姫路獨協大学に転出した。また、田辺勝也（社会保障論）、望月清人（社会政策論）が定年退職し（六五歳）、再雇用（七〇歳まで）となった。経営学部では高沢貞三（経営史）が定年退職し（六五歳）、再雇用となった。人文学部では渡部孝（英語）が定年退職し（六五歳）、再雇用となった。小池春江（英語、六八歳）も退職し、国際交流推進室勤務（事務）となった（小池教授は不満で、後に訴訟となった）。また、奥山達（国際事情）が退職した。法学部では石倉文雄（税法）が定年退職し（六五歳）、再雇用となった。また、野間礼二（法学）、前田繁一（政治学）が退職した。[29]

この年度の終わりに、人事院の給与表について変更があった。本学は公務員の給与表を使用しているので、それに準じて切り替えがなされたが、複雑であった。その切り替えに伴い、理事会・総務課による本学の教員への切り替え・適用にあたり、ミスがあり、教員組合がその適用ミスを指摘し、対立が起きている。

〔注〕

（1）『学内報』第二三二号、一九九六年四月。
（2）同。
（3）『学内報』第二三三号、一九九六年五月。
（4）松山大学総務課所蔵。
（5）『学内報』第二三三号、一九九六年五月。
（6）『学内報』第二三三号、一九九六年五月。同第二三五号、一九九六年七月。
（7）『学内報』第二三四号、一九九六年六月。
（8）『学内報』第二三五号、一九九六年七月。同二四三号、一九九七年三月。
（9）『学内報』第二三七号、一九九六年九月。

(10)『学内報』第二三九号、一九九六年一一月一日。
(11)『学内報』第二三九号、一九九六年一一月。
(12)『学内報』第二四一号、一九九七年一月。
(13)同。
(14)同。
(15)同。
(16)松山商科大学経済学部清野ゼミナール『AD2001』第一五号、一九九七年三月。
(17)『学内報』第二四二号、一九九七年二月。
(18)同。
(19)『学内報』第二三七号、一九九六年九月、同第二四三号、一九九七年三月、同第二四四号、一九九七年四月。
(20)『学内報』第二四三号、一九九七年三月。
(21)同。
(22)同。
(23)『学内報』第二四四号、一九九七年四月。
(24)同。
(25)同。
(26)同。
(27)同。
(28)松山大学総務課所蔵。
(29)『学内報』第二四四号、一九九七年四月。

(七) 一九九七年（平成九）度

宮崎満学長・理事長六年目、最終年度である。経済学部長は新しく光藤昇が就任した（一九九七年四月〜一九九九年三月）、経営学部長は石田徳孝（一九九七年二月一日〜一九九九年一月三一日）、人文学部長は飛騨知法（一九九六年一一月一日〜二〇〇〇年一〇月三一日）が続けた。法学部長は新しく田村譲が就任した（一九九七年四月～一九九九年三月）。経済学研究科長は村上克美（一九九六年四月～二〇〇〇年三月）、経営学研究科長は清水茂良（一九九六年四月～一九九八年三月）が続けた。図書館長は新しく比嘉清松が就任した（一九九七年四月～一九九七年一二月）、総合研究所長は千石好郎が続けた。教務委員長は国崎敬一が続けた（一九九六年四月～一九九八年三月）。入試委員長は新しく久保進が就任した（一九九七年四月～一九九八年三月）。学生委員長は青木正樹（一九九五年四月～一九九九年三月）が続けた。事務局長は山崎敏夫に代って、新しく村上泰稔が就任した（一九九七年四月一日～）。

学校法人面では、原田満範（財務）、岩林彪（教学）、倉田三郎（総務）が理事を続け、宮崎理事長を補佐した。(1)

本年度、事務組織で新しい組織変更があった。事務部長の参与制度の導入であった。三人の部長が退任し、総務部長付参与、財務部長付参与、教務部長付参与とされた。(2) しかし、この人事政策は大いに疑義のあるもので、後廃止された。

本年度も次のような新しい教員が採用された。(3)

経済学部

道下　仁朗　一九六七年九月生まれ、神戸大学大学院経済学研究科博士課程後期。講師として採用。近代経済学入門。

経営学部

小野けい子　一九四八年一二月生まれ、京都大学大学院文学研究科博士課程。助教授として採用。心理学。

刈谷　寿夫　一九六七年一二月生まれ、神戸大学大学院経営学研究科博士課程後期。講師として採用。経営組織論。

小木　紀親　一九六八年四月生まれ、慶應義塾大学大学院経営学研究科博士課程。講師として採用。流通論。

人文学部

辻　祥子　一九六六年一二月生まれ、お茶の水女子大学大学院人間文化研究科博士課程。講師として採用。英作文、アメリカ研究。

法学部

柳川　重規　一九六二年一二月生まれ、中央大学大学院法学研究科博士課程。講師として採用。刑事訴訟法。

木下　崇　一九六九年一一月生まれ、中央大学大学院法学研究科博士課程。講師として採用。商法。

四月三日、午前一〇時より愛媛県県民文化会館にて一九九七年度の入学式が行なわれ、経済学部五〇三名、経営学部五一〇名、人文学部英語英米文学科一〇九名、同社会学科一三〇名、法学部二六三名、計一五一五名が入学し、また、大学院経済学研究科修士課程六名、経営学研究科修士課程七名が入学した。

宮崎学長は式辞において、松山大学の歴史、特質、校訓三実主義を述べ、大学の四年間が勉強しなくてもよい時間という意味のモラトリアムであった時代は過ぎ去った、目標をもって勉強してください。大学はその実現を精一杯支援します、と励ましの言葉を贈った。(4) その大要は次の通りである。

「新入生の皆さん、我が松山大学は遠く大正十二（一九二三）年旧制度下の松山高等商業学校として創設された時から数えると、すでにして七十歳を越えました。松山経済専門学校とよばれた時期を経て、第二次大戦後の学制改革と同時に大学に昇格して松山商科大学となり、平成元年松山大学と改称して現在に至っております。この歴史・伝統の面やこれまでに輩出した四万人を越える卒業生の活躍ぶり等を総合すると、西日本の私立大学では一、二を争う名門校であると自負しております。本学を選ばれた皆さん方ですから、十分ご承知のこととは思いますが、皆さんにはそのことについて誇りと自信を持って大学生活を送ってもらいたいとの願いから、あえて申し上げる次第であります。

ついでながら新入生の皆さん、皆さんは伝統校という言葉から何か堅苦しい、あるいは重苦しいイメージを持たれるかもしれません。しかし、それは違います。本学では創立当初から私学独自の自由な学風が尊重され、追究されてきました。また、職住近接の地方都市の私学なればこその家族的な雰囲気の中で、学生と教師の間の人間的な触れ合いが大切にされてきた伝統があり、これは現在も脈々と受け継がれています。

いまひとつ、松山大学には創立以来受け継がれている「三実主義」とよばれる校訓があります。「実」という字を含む三つの言葉、すなわち真実、忠実、実用を指すものであって、真実は真理に対するまこと、忠実は人に対するまこと、実用は用に対するまこと、すなわち、真理を真理のままに終わらせないで、必ずこれを生活の中に生かし社会に奉仕する実践的態度を説くものであります。よりくわしい内容については、後日皆さんにお渡しする『学生便覧』の四ページを参照して確認し、理解を深めて下さい。

さて、新入生の皆さん。皆さんは、受験勉強から解放された安心感からまだ解放されていないかも知れませんが、今日からは新しい出発です。気持ちを切り替えて前進しましょう。

加えて、皆さん方、日本の大学生にはいまだ曽てなかったような大きな期待が社会から寄せられていると私は考えます。いわゆるバブル経済の崩壊後、日本はその取り柄ある経済の面でも世界における相対的地位を大きく低下させてしまいました。回復の見込みについては容易ならぬものがありますが、そのための有力な方法の一つが教育の質を高めて優秀な人材を育てることであり、即戦力に一番近い大学生と大学教育にいちばん熱い目が注がれているというわけです。

私は皆さんに、祖国日本のために頑張って勉強しなさいという心算はありません。しかし、否が応でも皆さんは、こうした大きな環境（枠組）の中で大学生活を過ごし、職を得て社会の一員とならざるをえないわけであります。他方、大学進学率はなお上昇傾向にあって、日本の大学はエリート、マスの段階を経て今やユニバーサル化の時代に入ったといわれており、景気回復の足取りが思わしくないこともあって、就職戦線の先行きは依然厳しいものがあります。大学の四年間が、勉強をしなくてもよい時間という意味のモラトリアムであった時代は過ぎ去ったと、私は思います。要するに皆さん、目標を目指してしっかり勉強してください。大学はその実現を精一杯支援させてもらいます。

何をどう勉強してもらいたいということについては、学部ごとの相違もあり、時間の都合上割愛しますが、学習機会や学習のための資源の利用に関して以下のことを述べて、新入生の皆さんへのアドバイスとします。それは、学習に当って大学の中だけにとらわれず、キャンパスの内と外の学習機会や資源を、共に十分に活用しなさいということです。まず、学外のことに関しては、松山大学では遠くは札幌学院大学から近くは隣接愛媛大学と単位互換協定を結んでおります。とくに愛媛大学との協定は、履修単位数の制限はありますが実質上二つのキャンパスでの学習を可能にするものであり、その意義はきわめて大きいと考えます。高校までとちがい、大学ではこうした学外資源ないし学習機会の利用が、制度的に認められ、むしろ奨励されているわけですから、皆さんも精々これを活用して下さい。海外ではアメリカ、カナダをはじめ六カ国の諸大学と教育交流協定があり、年間二〇〇人近い学生が短期・長期の研修に出掛けています。単位も認定されます。皆さんも参加して下さい。いまひとつは、オフキャンパス・プログラムと称するもので、学外でのボランティア活動や企業での実習を評価して、単位を認定するものです。現在行っているのは経営学部だけですが、そのうち他の学部でも導入されるものと期待しています。こうした学外での学習機会を利用することは、学習内容を深め、人間形成に貢献することによって大学生活の中味を充実させるものであると確信しております。

一方、学内の学習機会、人的、物的資源についても、これを積極的に利用してもらいたいものであります。正規の授業以外に資格取得につながる各種の講座も開設しています。昨年増築したばかりの図書館をはじめとする諸施設およびその所蔵資料や人的資源としての教職員の経費は、そのほとんどがあなた達の授業料で賄われているわけですから、遠慮なくこれを利用し、学習に役立てて欲しいものです。

最後に、教育制度の改革を含むさまざまな事情によって日本の大学は今、大きな変革期にあります。松山大学も例外ではありません。皆さんのニーズに合った質のよい教育サービスを提供すべく、我々も自己改革に取り組んでいるところです。我々も勇気を奮ってこれを一層推進する決意を表明して、皆さんを歓迎する挨拶といたします。

平成九年四月三日

松山大学　学長　宮崎　満」(5)

本年四月採用の新入教員の給与の格付けについて、理事会・総務課の格付けのミスがあり、教員組合がそれをただし、対立が続いた。また、中国人教師の格付けについても、ミスがあった。四月三日、理事会で宮崎理事長と倉田理事が対立し、倉田理事が辞表を提出する事件が起きた。それは、倉田総務担当理事が組合の意見に耳を傾けていることに対する理事長の反発が一因であったようだ。

本年度、宮崎学長・理事長ら大学当局は「自己点検・評価準備委員会」を設置した。委員は教学担当理事の岩林彪、四学部長、短大副学長、研究科長、各種委員長、そして事務局長、事務局部長らであった。[6]

四月三〇日、倉田理事の退任に伴う理事補充の評議員会があり、新しく宍戸邦彦経済学部教授（五五歳）が選出された（次点は村上事務局長）。宍戸教授は再登場となった（総務担当）。

五月一五日、合同教授会が開催され、総合研究所（所長千石好郎）の機構改革である地域研究と言語・情報研究の二つのセンターを設置することが決められた。[7]

五月二一日、第三回松山大学懇話会を開いた。そこで、シルバー大学の開設、東南アジア系語学教育、地方での公開講演会の開催などの要望が出された。[8]

六月三〇日、教員組合と理事会の団体交渉があり、教員の一一名の切り替えが間違っていたことが判明し、次年度改善することになった。

九月一九日、一九九八年度の大学院第Ⅰ期入試（修士課程）が行なわれた。経済学研究科修士課程は六名が受験し、四名が合格した。経営学研究科修士課程は一二名が受験し、二名が合格した。[9]

一一月二二日、二三日の両日、一九九八年度の推薦入試および特別選抜入試が行なわれた。募集人員と前年と変化はなかった。結果は次の通りであった。[10]

	募集人員	志願者	合格者
経済学部（指定校制）	一一〇名	一三六名	一三六名
（特別選抜）	一〇名	一二名	一二名
経営学部（アドミッションズ・オフィス）	七〇名	一六三名	一六一名
人文英語（指定校制）	一〇名	一五名	一五名

	（特別選抜）	一〇名	一四名	一四名
人文社会	（指定校制）	一五名	一四名	一四名
	（特別選抜）	若干名	二名	二名
法 学 部	（一般公募制）	五〇名	三一一名	一一一名
	（特別選抜）	若干名	〇名	〇名

一一月二九日、総合研究所主催の「日本の眼、韓国の眼　松山大学国際フォーラム一九九七」がカルフールで行なわれた。韓国の学生や本学の学生も参加した。[11]

一二月末で宮崎満学長の任期が満了するので、新しい松山大学学長選考規程（一九九三年五月制定、立候補制、一〇名連記の推薦制、温山会の推薦権等）にもとづき、選挙管理委員が選出され、学長選考に関する公示がなされた。

立候補者はなく、経済学部の比嘉清松教授（六一歳）一人だけが推薦された。新制度の学長選考規程の欠陥が早くも見られた。

一一月二六日、比嘉教授への信任投票が行なわれた。結果は、選挙権者二〇四名、投票総数一七九票、棄権二五票、有効投票一六六票、無効一三票で、比嘉候補賛成が一五四票、反対が一二票で、比嘉教授が選出された。

一二月三一日、二期六年にわたり、学長・理事長を務めた宮崎満学長が退任した。

◇　◇　◇

六年間にわたる宮崎満学長時代（在任：一九九二年一月一日～一九九七年一二月三一日）の歴史について、特記すべきことについてまとめておこう。

第一に、神森学長・理事長時代から学内で対立が続き、懸案であった新しい学長選考規程を紆余曲折しながら制定したことである（一九九三年五月）。ただし、それは、温山会に推薦権を拡大する等問題多い学長選考規程であった。

第二に、第二次臨時定員増（期間の延長）を実施し（一九九二年四月）、さらに、第三次臨時定員増を申請（一九九三年度から一九九九年度、経済学部・経営学部各五〇名増）し、実施したことである。しかし、経済学部・経営学部の定員はこれにより各四五〇名となり、ピークに達し、マスプロ化が一層進行したことである。

第三に、松山大学創立七〇周年記念事業を遂行したことである（一九九三年一一月）。

第四に、大学入試センター試験利用入試の導入に踏み切ったことである（一九九三年度経営学部、一九九四年度経済学部、一九九五年度人文英語、一九九七年度法学部）。

第五に、施設面の充実・拡大をはかったことである。

①東本館竣工（一九九三年八月）

②厚生会館カルフール竣工（一九九四年八月）

③五十年記念館（図書館）の増築竣工（一九九六年三月）

④御幸キャンパス第二期工事（体育館・武道館＝彰廉館）竣工（一九九七年三月）

第六に、松山大学懇話会を設けたことである（一九九六年五月）。

第七に、校訓「三実主義」の現代的解釈を試みたが、定着しなかった。

第八に、宮崎学長時代はバブル崩壊期にあたり、当初は学費はステップ方式をつづけていたが、受験生の経済的負担を考え、学費のステップ方式の凍結に踏み切ったことである（一九九五年度〜）。

第九に、臨定が一九九九年（平成一一）度を以て終了するが、それに対し、臨定の半分を恒常定員化することを決めたことである。

第一〇に、人事院の給与表の切り替えに伴う格付けの変更・適用に関し、理事会・総務課のミスがみられ、教員組合と理事会との間で対立が続いたことである。最終的には教員組合側の主張が不十分ながら認められたことである。

〔注〕
(1)『学内報』第二四四号、一九九七年四月。同第二四六号、一九九七年六月。
(2)『学内報』第二四四号、一九九七年四月。
(3)同。
(4)『学内報』第二四五号、一九九七年五月。
(5)松山大学総務課所蔵。
(6)『学内報』第二四七号、一九九七年七月。
(7)『学内報』第二四八・二四九号、一九九七年八・九月。
(8)『学内報』第二四七号、一九九七年七月。
(9)『学内報』第二五一号、一九九七年一一月。
(10)『学内報』第二五三号、一九九八年一月。
(11)『学内報』第二五一号、一九九七年一一月。

第二章　比嘉清松学長時代

（一九九八年一月一日～二〇〇〇年一二月三一日）

一九九八年（平成一〇）一月一日、宮崎満学長の後を継いで、比嘉清松教授が第一一代松山大学学長兼理事長に就任した。また松山短期大学学長も兼務した。この時六一歳であった。

一一代学長　比嘉清松

比嘉教授の主な経歴は次の通りである。

一九三六年五月沖縄県生まれ。沖縄戦で辛酸を体験。米軍占領下・本土への特別留学生として、一九五六年四月大分大学経済学部入学、一九六〇年三月同大学卒業、同年四月神戸大学大学院経済学研究科修士課程入学、一九六二年三月同課程修了、同年四月同博士課程入学、一九六五年三月同博士課程単位取得、同年四月尾道市立短期大学講師に就任。一九六八年四月松山商科大学経済学部助教授として赴任、一九七四年四月同教授に昇格。担当は西洋経済史、経済史概論。一九七八年七月〜一九七九年九月までドイツに留学。一九八五年四月から一九八九年三月まで経済学部長。一九八九年一月一日から神森理事長の下で法人理事（財務担当）となり、一九九四年一二月三一日まで務めた。一九九七年四月一日からは図書館長を務めていた。[1] 比嘉教授は温厚で人格円満、バランス感覚があり、気配りもし、人の意見によく耳を傾ける人であった。

比嘉学長の三年間の時期は、国際面では、ソ連が崩壊し、冷戦体制が終わり、アメリカの一強支配、一人勝ちの時代。特に民主党のクリントン政権（一九九三年一月～二〇〇〇年一月）のもとでアメリカ資本主義は好景気を続け、繁栄の時代であった。それとは対照的に、日本は橋本龍太郎（一九九六年一月～一九九八年七月）、小渕恵三（一九九八年七月三〇日～二〇〇〇年四月）内閣下、バブル崩壊後の平成不況が一段と進行し、一九九七年の金融危機を契機に、バブルに踊った企業・不動産会社や銀行・証券会社・保険会社等が次々に倒産した平成大不況の時代にあたる（一九九七年一一月北海道拓殖銀行、三洋証券・山一証券、一九九八年一〇月日本長期信用銀行、一二月日本債券信用銀行、二〇〇〇年七月そごう等々）。また、橋本内閣下消費税増税があり（一九九七年四月、三％から五％に）、消費が落ち込み、国内総生産も一九九八年、一九九九年には連続マイナスとなり、失業者、失業率も増大した苦難の時代である。

大学をみると、一八歳人口が減少し続け、「私学冬の時代」の真っ只中にあり、時期的にも「世紀末」であり、そのような厳しい環境の中、大学・法人の舵取りがなされた。

〔注〕

（1）比嘉清松退職記念号より。

(一) 一九九八年（平成一〇）一月〜三月

一九九八年一月一日、比嘉清松新学長・理事長の就任の挨拶は次の通りである。

「このたび、私は、浅学非才をかえりみず、宮崎満前学長の後を引き継ぎ、理事長・学長に就任致しました。今更のようにその職責の重さを噛み締めているところであります。私の任期は丁度二〇世紀最後の三年ということになり、従って、これからの三年間を、一言で言えば「総括と展望の時期」と位置付けております。すなわち、二〇世紀の松山大学を総括し、二一世紀を展望し、次の第一歩を踏み出す時ということであります。

大正一二年に本学が高商としてスタートしたときの教員スタッフは総数七人、学生数は僅かに六〇名でありましたから、敗戦時には学生数が六八〇名とおよそ一一倍、そして、今日、六五〇〇名と一〇〇倍以上の学生数の増加であります。要するに、この七五年は曲折を経つつも、規模の拡大の歴史であったのであり、この間の日本の人口の増加はおよそ二倍でありますから、大学の大衆化は一目瞭然、本学もまたその例外ではなかった訳であります。

大学改革が叫ばれていながら、それが遅々として進まないのは、大衆化への対応がうまくいかず、学生の多様化を直視していないことに起因しているのではないでしょうか。今日、全体的に見て学部教育において、かっての大衆化以前の時代のような真の専門教育は成立しているのでしょうか。かっての専門教育は大学院に移行しつつあるのではないでしょうか。二一世紀は大学院の時代—二一世紀の始めか、中頃かはともかくとして—になるものと思いますが、だとすれば、学部教育はどうあるべきでしょうか。この問題は各現場で論議すべき大事な課題でありますが、いずれにしても、大学の危機が『教育現場の危機』であるとすれば、改革のすべては『教育現場の深刻な状況』を直視するところから始まります。松山大学自己点検・評価準備委員会の報告書は改革の一つの方向を示していると受け止めています。例えば『入口管理のさらなる改善と過程管理、出口管理の重視』という事であります。ともあれ、『現場』は今どうなっているのか、いかにすれば『現場』は活性化され得るか—常に『現場』との対話の中から将来への活路が見い出され得るものと信ずるものであります。

大学が教育・研究事業を使命としていることは論を待つまでもありません。大学にあっては教育と研究は不即不離『教育なき研究がないように、研究なき教育もない』ものと考えています。本学がこれまで研究に対して他大学に比して遜色のない相当の手当をしてきたのもこのような理由によるものと思うのであります。

大学の今一つの危機は財政の危機であります。現時点での本学の財務状況は悪くありません。問題は平成一五年以降であり、状況は危機的であります。当然ながらどのようにして必要な経費を捻出するかが、最大の課題となります。まだ、先行き不透明な部分はありますが、ただ、今言える事は、危機に備えて財務体質の改善を図っていくことが求められているという事であります。(中略)

私ごとを申し上げて恐縮でありますが、私は、少しばかりヨーロッパの歴史をやってきたということから、過去を振り返る習い性ができてしまったことを自覚致しております。従ってこれからも折りに触れて松山大学の過去を語ります。しかし、それは回顧趣味からではなく、できる限り過去を通して未来を語りたいと考えているからであります。これを私の思考の縦軸であるとすれば、横軸は元「留学生」としての目であります。これまたプライバシーをさらけ出して恐縮ですが、私は、戦後の米占領下の沖縄出身ということで、法学部の石原善幸教授とともに、文部省の特別措置―留学制度―によって大学および大学院で学ぶ機会に恵まれました。つまり、パスポートを申請し、ビザを取得し、『日本』に入国した『留学生』としての生活体験を有しています。昨年末、本学の総合研究所主催で開催されました国際フォーラム〝日本の目、韓国の目、『在日』の目〟は、複眼で見ること、多元的に見ることの意義を個別具体的に教えてくれたものとして、成功であったと評価していますが、これをもじって言えば、『日本の目、沖縄の目、ヨーロッパの目』で見ることを大事にしたいということであります。（中略）

私は『所信』の中で現場主義を行動・思考の指針とすることを申し上げましたが、大学には学生の現場、教育の現場、研究の現場、事務の現場、と様々な現場が存します。従って、勿論、現場間の相互の矛盾は確実に起きてくるでしょうが、その際大切なことは相互理解を深めるということに尽きるとおもいます。私は調整に力を尽くすつもりでいます。そして、現場主義が、結局のところ、現場の士気をたかめることにつながり、危機克服の条件であると考えています。従って、これは私自身に対する戒めとして肝に銘じておきたいと思います。（中略）

どうか教職員の皆様をはじめ、関係各位におかれましては、健康に十分お気をつけになり、まずは今年もお元気で持場を乗り切られますことをお祈りし、ご挨拶に代えさせて頂きます」。[1]

このように、比嘉新学長は沖縄出身のドイツの中世史家であり、歴史を複眼的に見ることの大事さを重視され、また大学の大衆化を踏まえ、改革の必要性・現場主義を唱え、現場との対話の中で大学運営を行っていくことを表明した。

比嘉学長就任時の大学の校務体制は次の通りであった。経済学部長は光藤昇（一九九七年四月～一九九九年三月）、経営学部長は石田徳孝（一九九七年二月一日～一九九九年一月三一日）、人文学部長は飛騨知法（一九九六年一一月一日～二〇〇〇年一〇月三一日）、法学部長は田村譲（一九九七年四月～一九九九年三月）、経済学研究科長は村上克美（一九九六年四月～二〇〇〇年三月）、経営学研究科長は清水茂良（一九九六年四月～一九九八年三月）が務めていた。図書館長は新しく倉田三郎（一九九八年一月一日～二〇〇〇年一二月三一日）、総合研究所長も新しく中山勝己（一九九八年一月一日～一九九九年一月三一日）が就任した。教務委員長は国崎敬一（一九九六年四月～一九九八年三月）、入試委員長は久保進（一九九七年四月～一九九八年三月）、学生委員長は青木正樹（一九九五年四月～一九九九年三月）が務めていた。事務局長は村上泰稔が務めていた（一九九七年四月一日～）。

学校法人面では、原田満範（一九九五年一月一日～一九九八年一一月三〇日、財務）、岩林彪（一九九五年一二月一日～二〇〇〇年一二月三一日、教学）、宍戸邦彦（一九九七年五月一日～二〇〇一年一月三一日、総務）が理事を務めていた。(2)

一月一日、「学校法人松山大学法人業務自己点検・評価規程」が制定・施行された。

一月一七、一八日の両日、一九九八年度の大学入試センター試験が行なわれ、センター利用入試（募集人員は前年と同じ）の結果は次の通りであった。(3)

	募集人員	志願者	合格者
経済学部	四〇名	一四六三名	四〇四名
経営学部	一〇〇名（前期）	一二六五名	七二五名
人文英語	二〇名	三七五名	二六四名
法学部	二〇名	六七八名	四〇七名
計	一八〇名	三七八一名	一八〇〇名

二月九～一二日にかけて、一九九八年度の一般入試が行なわれた。九日が経済学部、一〇日が経営学部、一一日が人文学部、一二日が法学部の試験であった。一般入試の募集人員は各学部、学科とも前年と同様で、経済学部二九〇名、経営学部二五〇名、人文学部英語英米文学科六〇名、同社会学科一〇五名、法学部一八〇名であった。試験会場は、本学、東京（日本私学振興財団）、大阪（大阪YMCA会館）、岡山（代々木ゼミナール岡山校）、広島（代々木ゼミナール広島校）、小郡（北九州予備校山口校）、福岡（水城学園）、大分（大分府内学園）、高松（高松高等予備校）の九会場。検定料は三万円。志願者は経済二二七二名（前年二三〇〇名）、経営二〇一三名（前年二三六六名）、人文英語五〇五名（前年五六八名）、同社会一一二〇名（前年一一九二名）、法学部一三五六名（前年一六〇三名）、合計七二六六名（前年度八〇二九名）で、すべての学部で志願者が減少し、全体では前年度に比し、七六三名、九・五％の減少となり、厳しい状況が続いた。合格発表は二月二〇日。経済一〇三〇名、経営八四七名、人文英語二六一名、同社会四七一名、法学部六四六名、合計三二五五名（前年三一七〇名）を発表した。実質競争率を見ると、経済二・一、経営二・三、人英一・九、人社二・

三、法二・〇、計二・二倍で、人英は二倍を切った。なお、経済学部は歩留り予想が外れ、三月一一日二七一名の追加合格を出し、実質競争率は下がり、危機感が広がった。

学費は前年と同一の据え置きで、入学金二〇万円、授業料五七万円で（ただし、二年次以降は二万円のステップ制とする）、教育充実費も一七万円であった。学費据え置きは消費税の引上げ（一九九七年四月、三％から五％）もあり、家庭の可処分所得は上向いていないためであった。(4)

二月二六日、本学の教育研究活動、大学運営の現状を把握し、改善すべき点、今後の改革の方向を明らかにするために、「松山大学自己点検・評価規程」を制定した。(5)

三月六日、本学と愛媛大学は、一九九五年以来単位互換協定を締結していたが、文部省の通知により、来年度から授業料相互不徴収とする「愛媛大学と松山大学との単位互換に関する協定書」を締結した。(6)

三月六日、一九九八年度の大学院第Ⅱ期入試（修士・博士）が行なわれた。経済学研究科修士課程は一人が受験し、合格者はいなかった。経営学研究科修士課程は一一人が受験し、四名が合格した。博士課程は共に志願者がいなかった。(7)

三月六日、任期満了に伴う大学院の研究科長選挙が行なわれ、経済学研究科長は村上克美教授（五九歳、経済政策総論）が再任された。経営学研究科長は笠原俊彦教授（五六歳、経営学原理・経営学史）が選出された。(8)

三月二〇日、午前一〇時より愛媛県県民文化会館にて一九九七年度の卒業式が行なわれ、経済学部四六九名、経営学部四五八名、人文英語一一五名、社会一四四名、法学部二八〇名が卒業し、経済学研究科修士課程二名、経営学研究科修士課程五名が修了した。経済学研究科博士後期課程では一名が修了し、本学博士号第一号であった。

比嘉学長は式辞で、博士号第一号誕生の慶びを報告し、ついで本学の歴史、校訓三実主義を簡潔に述べ、そして、今日は明治維新、敗戦につぐ第三の転換期にあたる激動の時代であるが、努力してそれを乗り切り、幸福な人生を目指して下さい、と卒業生を激励した。(9) それは次の通りである。

「ひと雨ごとに、木々の若芽がめぶき桜の開花も間近い今日この頃、本日、ここに平成九年度松山大学大学院学位記・卒業証書・学位記授与式を挙行するにあたり、ご多用の中、お足もとの悪い中、多数のご来賓並びにご父母の皆様のご臨席を賜り、新卒業生と教職員の出席のもとに目出度く盛大に挙行できますことは、わが大学の最も光栄とするところであり、謹んで関係各位に対しまして厚く御礼を申し上げます。

本日晴れの卒業を迎えた者は、大学院博士課程一名、修士課程八名、四学部一千四百六十六名、以上合せて一千四百七十五名であります。とりわけ、今年度記念すべきことは松山大学七十五年の歴史の中で博士号第一号の誕生であります。本学大学院は、昭和四十七年四月、経済学研究科修士課程設置に始まり、昭和四十九年四月同博士後期課程設置と続き、そして、昭和五十四年四月、経営学研究科修士課程設置、続いて昭和五十六年、同博士後期課程の設置となって今日に至っております。本日、博士課程開設から二十四年にして、ようやく博士（経済学）を送り出すに至りましたことは、今般、珠玉の学位論文を提出されて、博士号第一号の栄誉に輝いた越智良二氏お一人の慶びに止まらず、わが大学にとりましても慶びであり、また、大いなる誇りであり、ここに博士誕生に尽力されました関係各位に御礼を申上げます。なかんずく、本大学院設置に尽くされ、礎石を築かれた、今は故人となられた先生方そして事務職員を含め、わが大学の先輩諸先生方のご貢献に対しまして、この場を借りて謝意を表しますことをお許し頂きたいと思うものであります。

卒業生の皆さん、ご卒業おめでとうございます。皆さんは、今、学生生活に別れを告げ、社会に羽ばたこうとしています。勿論、中にはさらに進学される方もおいでのことと思いますが、多くの皆さんは実社会へ第一歩を踏み出す方かと受け止めます。いずれにしましても、卒業という事は人生の中の大きな節目であり、これまでの試練に満ちた幾多の関門を通過し、晴れて栄えある卒業の日を迎えられた皆さんに対して心から祝意を表したいと思います。

ご父母の皆さん、お子様のご卒業おめでとうございます。これまで手塩にかけてお育てになり、支えて来られ、本日、このようにお子様の栄えある日を迎えられたことに対しまして、心からお慶びを申し上げますと共に、皆様方のこれまでのご労苦に思いを致し、あらためて敬意を表する次第であります。

さて、卒業生の皆さん、卒業という人生の大きな節目に当たり、皆さんが学び、後にされようとする松山大学とは何であったのか、何を如何に学んだのか、そして、長い人生の中で、今、どのような位置にあるのかということ、つまり、皆さん自身のこれまでの歩みを顧みて、これから展望してみるということは、世紀末の激動する社会に出て行く上で大切なことだと考え、二、三

のことを申し上げ、以下贈る言葉とさせて頂きます

まず、皆さんにとって自明のこと、二つの確認から始めましょう。その一つ、それは皆さんが学んだ松山大学についてであります。わが大学は大正十二年（一九二三年）設立の旧制の松山高等商業学校に遡り、今年創立七十五年、これまで送り出した卒業生はおよそ四万五千名にのぼり、皆さんがこれから仲間入りする同窓会、温山会員は全国各地で活躍しており、本学は実に多くの優れた人材を世に送り出している歴史と伝統を誇る大学であることを改めて再確認して頂きたいと思います。

次に、もう一つ大事なことを申し上げておきます。それはわが大学の校訓、真実、忠実、実用の三つの「実」をとった三実主義のことであります。この精神は、かみくだいて申しますと、一に真摯に積極的に奥深い真理を探究する態度であり、二に謙虚で誠実に人に接し、節操を重んじ、自らの言動に対してあくまでも責任を負う態度であり、三に真理を生活の中に生かし、社会に奉仕する積極進取の実践的態度のことであります。この三実主義の精神は、バブルのように一時流行して消え去るようなものではなく、たえず変転し、流動する人間社会の中で変わらざる人間に関する真理、万古不易の人間のあるべき生き方を指し示しているものであります。したがって、皆さんがこれから社会へ出て行くにあたり、この三実精神をしっかりと我が身に体して巣立って頂きたいと強く願っています。

さて皆さんは大学で何を学んできたでしょうか。勿論、人文科学、社会科学を中心に、各自の専門分野の勉強は当然してきたものと思います。それはそれで立派な成果です。だが、皆さんが

大学で学んだ知識の量というものは、学ぶべき知識の量からみると、本当に微々たるものであります。まだまだ学ぶべきことが沢山あるということです。ですから、社会へ出てから学ばなければなりません。それなら、大学とは何だったのか?何の意味があったのか?一言でいえば、それは学び方を学んだということになります。比喩的に申しますと、「辞書の引き方」を学んだということもできます。社会に出て、人生の歩みの中で、皆さんは必ず知らない事、解決の困難な問題にぶつかると思います。人生はいつも順風満帆という訳にはいきません。加えて、人間社会は往々にして相矛盾することが併存する複雑なものであり、解答も解決も単純でない場合が多いと言ってよいでしょう。その際、誰も解答や解決の方法を教えてくれません。解答は自分で見つけ、問題は自分で解決しなければならないのであります。したがって、難問に遭遇した時、皆さんはひとに甘えることなく、自分で判断し、自立した精神をもってことに立向っていかなければならないのであって、その時こそ大学で学んだ真価が問われるのであります。もとより、言うは易く行うは難し、社会で経験を積み、失敗を教訓にしていく姿勢を終世忘れてはなりません。

ところで、皆さんがこれから出ていく社会はどうでしょう。今日、世紀末のイメージは、十九世紀末の世界がそうであったように、我々の心を重くしている観がないでもありません。また、世界は、そして、日本は大きな転換期にあるものと思われます。近代日本史に限定して言えば、今、日本は明治維新、第二次世界大戦による敗戦に続く、第三の転換期にあるのではないかと思われます。先行き不透明な激動の中、二十一世紀がどのような社会になるにせよ、二十一世紀前半をその肩に担うのは皆さんであります。

したがいまして、これから社会に出ていく皆さんに対して、最後に紹介したいことは、百歳近く生きたある古老の人生訓についてであります。その人によると、人生をマラソンに喩え、次のように三つの時期に区分しています。すなわち「人生八十歳～九十歳をゴールとして、無事完走するには、その人のもって生まれた素質、努力、健康が大切である。個人差はあるが、大体、十五歳から二十歳頃までは、素質―その人のもって生まれたもの―の勝負の時期であり、二十歳を越して五十歳頃までは努力の勝負の時期であり、五十歳頃から後は健康の勝負の時期である」という事であります。人生をマラソンに喩える、この人生三段階説に従うと、皆さんは今第二段階の「努力の勝負の時期」にさしかかっていることになります。ご承知の通り、マラソンは四二・一九五キロでありますから、人生に当てはめますと、皆さんは今およそ十キロ地点を走っていることになりますでしょうか。皆さんはあのマラソンを実際にご覧になってお分かりになると思いますが、十キロ地点のトップ走者が、必ずしもゴールにトップでテープを切っているのではないということであり、むしろそうでない場合が多いということであります。人生もまた同様であります。ということは、まだ十キロにも達していない皆さんが、これから人生というマラソンの幸福な完走のためには、体調を整え、ペースを守り、たゆまぬ努力が求められるということであります。皆さんのマラソン人生は始まったばかりであり、これからなのであります。皆さんのこれからの二十年、三十年は第二段階の「努力の勝負の時期」でありますし、人生マラソンの勝敗を決定的にするのは実はこの第二段階ではないかと思っています。しかし、どんなに素晴らしい才能があり、どんなに努力をしても、健康でなければ人生マラソンを完走することはできません。五十歳代になりますと、人によって前後しますが、第三段階の「健康の勝負の時期」に移っていくものと思われます。どうか卒業生の皆さん、本学でめぐり合った学友を二度と得難き生涯の友として大切にし、これからの第二段階の「努力の勝負の時期」を乗り切り、続く「健康の勝負の時期」を迎えられて、幸せな人生の完走を目指してください。

　戻れない　時の中を　人は生きている
　いくつもの想い出を　抱きしめながら
　君よ　青春の翼広げ　あしたの空へ羽ばたこう

　　平成十年三月二十日
　　　　　　　　　　　松山大学　学長　比嘉　清松」。[10]

この式辞中、校訓「三実主義」については、星野通学長の簡明な定義に沿ったオーソドックスな理解であった。

三月三一日、経済学部では浦坂純子（計量経済学）が退職、転出した。経営学部では湊晋平（経営工学）が六五歳で定年退職し、再雇用となり、吉田友之（保険論）が退職し、転出した。人文学部では渡辺良彦（英語）が退職し、転出した。法学部では城戸正彦（国際法）が退職した。[11]

〔注〕
（1）『学内報』第二五三号、一九九八年一月。
（2）『学内報』第二四四号、一九九七年四月。同第二五四号、一九九八年二月。

（3）『学内報』第二四七号、一九九七年七月。同第二五五号、一九九八年三月。
（4）『学内報』第二四七号、一九九七年七月。同第二五〇号、一九九七年一〇月。同第二五五号、一九九八年三月。同第二五六号、一九九八年四月。
（5）『学内報』第二五六号、一九九八年四月。
（6）同。
（7）同。
（8）同。
（9）同。
（10）松山大学総務課所蔵。
（11）『学内報』第二五六号、一九九八年四月。

(二) 一九九八年（平成一〇）度

比嘉学長・理事長の一年目である。本年度の校務体制は、経済学部長は光藤昇、経営学部長は石田徳孝（一九九七年二月一日～一九九九年一月三一日）、人文学部長は飛驒知法、法学部長は田村譲が続けた。経済学研究科長は村上克美が再任され、経営学研究科長は新たに笠原俊彦が就任した（一九九八年四月～二〇〇〇年三月）。図書館長は倉田三郎、総合研究所長も中山勝己が続けた。教務委員長は新たに舘野日出男が就任した（一九九八年四月一日～一九九九年四月三〇日）、入試委員長は新たに高橋紀夫が就任した（一九九八年四月～一九九九年三月）。学生委員長は青木正樹が続けた。事務局長は村上泰稔が続けた。

学校法人面では、原田満範（財務）、岩林彪（教学）、宍戸邦彦（総務）が理事を続けた。[1]

本年度も次のような新しい教員が採用された。[2]

経済学部
新規なし。
経営学部
鳥居鉱太郎　一九六〇年三月生まれ、北陸先端科学技術大学院博士後期課程。講師として採用。コンピューター通論。
中村　雅人　一九六九年三月生まれ、一橋大学大学院商学研究科博士後期課程。講師として採用。保険論。
南　　学　一九六七年一二月生まれ、広島大学大学院教育学研究科博士後期課程。講師として採用。教育心理学、心理学。
人文学部
尾崎　恒　一九六七年生まれ、早稲田大学第一文学部卒。教授として採用。時事英語、国際事情。
大内　裕和　一九六七年生まれ、東京大学大学院教育学研究科博士課程。講師として採用。教育社会学、コンピューター概論。
法学部
廣澤　孝之　九州大学大学院法学研究科博士後期課程。講師として採用。政治学、政治課程論。
四月三日、午前一〇時より愛媛県県民文化会館にて一九九八年度の入学式が行なわれ、経済学部四

六八名、経営学部五一一名、人文学部英語英米文学科一二〇名、同社会学科一五七名、法学部三二七名が入学し、大学院経済学研究科修士課程は四名、経営学研究科修士課程は五名が入学した。

比嘉学長は式辞で、本学の歴史、校訓三実主義や卒業生の活躍ぶりを紹介し、大学は、人間とは何かを探究し、また、人間社会がどうなっているのかを探究するところであり、勉強の仕方をアドバイスし、本学の国際化のプログラム等を紹介し、キャンパスで素晴らしい青春のドラマを演じて下さいと、歓迎と期待の言葉を贈った。(3) その大要は次の通りである。

「新入生の皆さん！　今、皆さんを迎え入れるに当たり、入学の心構えや大学とはどういうものであるのかを中心に、以下いくつかの事をお話申し上げ、歓迎の言葉とさせて頂きます。

まず、皆さんが入学された松山大学とはどのような大学か、そこから話を始めましょう。わが松山大学は、松山を中心とした地域の熱い期待をにない、近代日本の工業化の担い手として明治から昭和にかけて活躍した愛媛出身の実業家、新田長次郎―雅号温山と号しております。今、大学正門入ってすぐ右手にある温山翁の胸像が本学を見護っていますが―温山翁の巨額の浄財（寄付）を基にして、大正十二年（一九二三年）に創設された旧制の松山高等商業学校に遡ります。第二次大戦前後の一時期、松山経済専門学校と呼ばれた時期を経て、戦後、学制改革と同時にいち早く、大学に昇格して松山商科大学となり、平成元年、松山大学と改称して今日に至っています。私立の高商では西日本で最も古く、今年で創立七十五年の歴史と伝統を誇る、西日本で一、二を争う名門校であると自負しており、これまで送り出した卒業生はおよそ四万五千名を数え、実業界を中心に全国各地で活躍しています。とくに、愛媛について見ますと、主要企業トップ陣は、ほとんどと言ってもいい程に、わが大学の卒業生であります。ですから、皆さんはこの輝かしい歴史と伝統に裏付けられた松山大学で誇りをもって学んで欲しいと強く願っています。

もう一つ大事な伝統について申し上げておきましょう。それは本学の創立以来、今日にいたるまで、確乎として受け継がれている三実主義と呼ばれるわが松山大学の校訓についてでありま す。真実、忠実、実用の三つの「実」をとって三実主義と呼んでいるのでありますが、この精神をかみくだいて申しますと、真実とは真摯に積極的に奥深い真理を探究する態度であり、忠実とは謙虚で誠実に人に接し、節操を重んじ、自らの言動に対してあくまでも責任を負う態度であり、実用とは真理を生活の中に生かし、社会に奉仕する積極進取の実践的態度のことでありま す。この三実主義の精神は、バブルのように一時流行して消え去るようなものではなく、たえず変転し、流動する人間社会の中で変わらざる人間に関する真理、万古不易の人間のあるべき生き方を指し示しているものであります。

皆さんは、経済学部、経営学部、人文学部、法学部とそれぞれの所属する学部は異なり、したがって専攻も異なるのでありますが、しかし、学部や専門は異なっていても、根底において共通して学ぶこと、学ぶべきことがあります。それは人間の研究、人間社会の研究という事でありま す。つまり、経済という側面から、経営という側面から、法律の側面から、文学の側面から、そして、言語という側面から、人間、および人間社会を研究するのでありますから、皆さんの勉強は、結局のところ、「人間とは何か」という問題に行き着くことになるのであります。そうだとしますと、研究の対象は、自分自身であり、自分を取り巻く周辺の人間であり、広く人間によって構成された社会であり、世界であります。したがって、机上の本を読むだけが勉強ではありません。勿論書物は読まなければなりませんが、同時に、現実の人間の動き、人間社会の動きを注意深く観察すべきであります。具体的に申しますと、現に社会で起きているあらゆる出来事や状況を新聞などのメディアを通して丹念にフォローすることが大切な勉強になりますし、また、我が身を顧みながら、他人との付き合いのなかから人間を学ぶという姿勢が求められるのでありま す。そして、その際発すべき疑問は「なぜ」ということ、常に「なぜそうなのか」という疑問を執拗に持ち続けて頂きたいと強く願っています。そして、この姿勢こそ三実主義でもあります。新入生の皆さん、どうか最前紹介しました、「人間のあるべき生き方を指し示す」三実主義という松明を高く掲げ、冷厳な事実を直視する姿勢を堅持しつつ、貪欲に人間なるもの、そして、人間社会を探検して頂きたいと思います。

さてここで、大学での勉学の仕方について一言申し上げておきます。大学での勉強は高校までのそれとは根本的に異なります。何といっても、勉学は自分で主体的にやらなければなりません。何か分からないことがあれば、高校まででしたら、先生が解答を教えてくれたかもしれません。しかし、大学では基本的に自分で解答を見つけなければなりません。大学の勉学とは自分で問題を見つけ、自分で解答を発見する訓練であると言ってもいいでしょう。比喩的な言い方をすれば、大学は「辞書の引き方」の勉強の場という事もできます。松山大学の図書館は人文・社会科学関係を中心に六〇万冊を越える蔵書を誇り、また、インターネットを通じて学外の学術情報センターにアクセスできますが、その中から自分に必要な情報や知識を自在に引き出す訓練であるということです。これは簡単なようで簡単ではありません。それが出来るようになった時、皆さんは真に大学卒業資格ができた、と明言しておきます。図書館は皆さんを待っています。

さて、皆さんは、もうお気付きだと思いますが、松山大学の誇るべきものの一つはキャンパスの素晴らしさです。図書館、情報機器が集まっている八号館、カルフール（厚生会館）、さらには新しく建てられたメインアリーナをはじめとする御幸キャンパスのスポーツ総合施設等素晴らしく、我々は西日本一だと自負しています。しかし、それも十分活用されてこそのことであります。

どうか諸施設を存分に活用して勉学は勿論、心身の鍛錬に励んでください。

誇れるのは施設だけではありません。わが大学は、教職員スタッフやカリキュラムの充実は言うに及ばず、国際化の一環としてのアメリカ、カナダ、イギリス、ドイツ、ニュージーランドや中国の海外短期語学研修プログラムや他大学―愛媛大学、札幌学院大学、南山大学、甲南大学―との単位互換制度等、時代に合った教育サービスの充実に努めて来ています。この様に、本学は、皆さんが勉学や課外活動―本学には百を越すサークルがあります―に青春を謳歌できる内容豊かなプログラムと舞台を用意しています。大学生活に大切なことは、皆さんが何か一つの事に打ち込もうとする意志の力を信じ、何か一つのことに没頭出来たら、それは素晴らしい学生生活であり、素晴らしい青春なのです。そして没頭出来た人と出来なかった人との間には四年間の学生生活の充実度に天と地程の開きが出来てしまうことは間違いありません。

これから学生生活を送る皆さんに対しまして、最後に申し上げたいことは、学友に巡り合うことの大切さについてであります。学友というものは、大学卒業後、社会に出てから得られる友人とは異なり、掛け値なしに心の許せる、二度と得難い生涯の友となるものであり、皆さんの人生を左右する程の無形の財産になります。学友は座して待っては得られません。サークルなり、ゼミなり、人の輪に積極的に参加してこそ得られるチャンスは膨らむものなのであります。皆さんが四年後の卒業時に、これこそわが真の知己と言える学友に巡り合っていることを祈っています。

皆さんは今青春の真っただ中にあり、若さの頂点にあります。恵まれた環境と舞台は与えられました。あとはやる気だけです。キャンパスで皆さんが素晴らしい青春のドラマを演じることを大いに期待して式辞といたします。

平成十年四月三日

松山大学　学長　比嘉　清松」(4)

四月一六日、評議員の辞任（学長に就任した比嘉清松教授の後任）に伴う補欠選挙があり、石田徳孝経営学部教授が選ばれた。任期は残任期間で一九九八年四月一七日より一一月三〇日まで。

五月八日、経済学部は、現代の一連のアジアの通貨危機・金融危機からアジアの金融危機の原因と問題点を究明すべく、タイからタマサート大学のスイナイ・ポンナワライ准教授、韓国から建国大学の任先錫教授、法政大学から靏見誠良教授を迎え、ミニ・シンポジウム「アジアの通貨危機と今日の経済問題」を行なった。(5)

六月一一日、松山大学は、第四回松山大学懇話会（座長大亀孝裕）を開催した。委員からは出前公開講座の増設や社会人の受け入れ体制の整備等の意見が出された。(6)

七月九日、温山会館新築工事（五〇年記念館の東側の地）の地鎮祭が行なわれた。温山会館はすでに解体された旧本館（一九二四年竣工）を彷彿させる設計であった。(7)

九月一八日、一九九九年度の大学院の第Ⅰ期入試が行なわれた。経済学研究科は村上克美研究科長の下で大学院の種々の入試改革を行なわれ、今回から「学内進学者特別選抜制度」を導入し、四名が受験し、四名が合格した。外国人特別選抜では二名が受験し、二名が合格した。また、通常の入試では今回から試験科目を変更した。従来は外国語、経済学および専門科目を全て必須としていたが、今回より外国語と経済学をあわせて創設した基礎科目からいずれか一科目を、そして一五の専門選択科目から一科目を選択するように変更した。そして、五名が受験し、四名が合格した。いずれも大学院生を増やす方策で改革の成果が見られた。なお、経営学研究科修士課程は八名が受験し、二名が合格した。(8)

九月二四日、飛驒人文学部長の任期満了に伴う学部長選挙が行なわれ、飛驒知法（五六歳、米文学史）が再選された。一九九八年一一月一日より二年間。(9)

一一月一一日、石田経営学部長の任期満了に伴う学部長選挙が行なわれ、中山勝己（五一歳、消費者行動論・広告論）が選出された。任期は一九九九年二月一日から二年間。(10)

一一月一九日、任期満了に伴う学校法人の評議員選挙が行なわれ、投票の結果、青野勝廣、岩林彪、岡山勇一（新）、国崎敬一、宍戸邦彦、妹尾克敏（新）、竹宮崇、舘野日出男（新）、中山勝己

（新）、三好登（新）、村上克美、森本三義（新）が選出された。理事の原田満範はなぜか選ばれなかった。事務職員では猪野道夫（新）、越智純展、高橋安恵、田窪千古、村上泰稔が選出された。任期は一九九八年一二月一日から三年間。[11] なお、この時の評議員選挙は水面下で組織的に行なわれ、激しい選挙戦であった。

一一月二一、二二日の両日、一九九九年度の推薦・特別選抜入試が行なわれた。変化は、経済が指定校を一一〇名→一一五名に、特別選抜を一〇名→二〇名に増やした。他は変化なかった。結果は次の通りであった。[12]

	募集人員	志願者	合格者
経済学部（指定校制）	一一五名	一一九名	一一八名
（特別選抜）	二〇名	一三名	一二名
経営学部（アドミッションズ・オフィス）	七〇名	一五四名	一〇二名
人文英語（指定校制）	一〇名	一二名	一二名
（特別選抜）	一〇名	一七名	一四名
人文社会（指定校制）	一五名	一九名	一九名
（特別選抜）	若干名	〇名	〇名
法　学　部（一般公募制）	五〇名	一三二名	八一名
（特別選抜）	若干名	〇名	〇名

一一月二八日、総合研究所（所長は中山勝已）主催の三回目となる「アジアの転機とその未来　松

山大学国際フォーラム一九九八」）がカルフールで開催された。アジアに始まった通貨危機がロシア、中南米におよびさらにアメリカに迫りつつある現状が報告、討議された。講師として、法政大学の靍見誠良教授、タイのタマサート大学のスイウナイ・ポンナワライ准教授、ハンガリーの科学アカデミー経済研究所エヴァ・オジュヴァルド研究員、中国・復旦大学日本研究センター童適平副教授、韓国の韓南大学校金照年教授らが報告した。(13)

一一月二八、二九日の両日、第三七回中国四国学生政治・経済ゼミナール大会が松山大学で開催され、六大学、四一ゼミ、四〇〇名が参加した。(14)

一二月一日、理事を選任する評議員会が開かれ、岩林彪、宍戸邦彦が再任され、原田満範に代わって新たに森本三義経営学部教授（四六歳、工業会計・管理会計論）が選任された。任期は一九九九年一月一日から三年間。(15)

一二月一七日、光藤経済学部長の任期満了に伴う学部長選挙が行なわれ、新たに清野良栄（四八歳、現代資本主義論）が選出された。任期は一九九九年四月から二年間。(16)

一九九九年一月一六、一七日の両日、一九九九年度の大学入試センター試験が行なわれた。変化は、経済が募集人員を一〇名増やしたが、他はかわらなかった。センター利用入試の結果は次の通りであった。(17)

	募集人員	志願者	合格者
経済学部	五〇名	七一二名	六一四名
経営学部	一〇〇名（前期）	八六七名	六六八名

人文英語	二〇名	二六八名	二四八名
法学部	二〇名	五八〇名	二三四名
計	一九〇名	二四五七名	一八一四名

二月一日、総合研究所の所長が経営学部長に就任する中山勝己に代わって、新たに岡山勇一が任命され、就任した。任期は一九九九年二月一日から二年間[18]。

二月九〜一二日にかけて、一九九九年度の一般入試が行なわれた。九日が経済学部、一〇日が経営学部、一一日が人文学部、一二日が法学部の試験であった。一般入試の募集人員は経済二六五名（前年二九〇名）、経営二五〇名（前年と同じ）、人文英語六〇名（前年と同じ）、社会一〇五名（前年と同じ）、法学部一八〇名（前年と同じ）であった。試験会場は本年から高知が新会場に加わり、本学、東京（日本私学振興財団）、大阪（大阪ＹＭＣＡ会館）、岡山（代々木ゼミナール岡山校）、広島（代々木ゼミナール広島校）、小郡（北九州予備校山口校）、福岡（水城学園）、大分（大分府内学園）、高松（高松高等予備校）、高知（土佐塾予備校）の一〇会場。検定料は三万円。志願者は経済一九六九名（前年二二七二名）、経営一七〇四名（前年二〇一三名）、人文英語四五二名（前年五〇五名）、同社会九七五名（前年一一二〇名）、法学部一二七六名（一三五六名）、合計六三七六名（前年七二六六名）で、前年より八九〇名、一二・二%の減少となり、一層厳しい状況が続いた。合格発表は二月一九日。経済一一三九名、経営八八五名、人文英語二六九名、同社会四七一名、法学部六四一名、合計三四〇五名（前年三二五五名）を発表した。実質競争率は、経済一・七倍、経営一・九倍、人英一・六倍、人社二・〇倍、法一・九倍、全学は一・八倍で、二倍を切ることになった。その後、経済学部で、歩留り予測が外れ、後、四〇名の追加合格を出した。学費は前年と同一の据え置きで、入学金二〇万円、授業料五七万円（ただし、二年次以降は二万円のステップ制とする）、教育充実費も一七万円であった。長引く不況のため、家庭の可処分所得は上向いていないためであった。[19]

二月一六日、田村法学部長の任期満了に伴う学部長選挙が行なわれ、竹宮崇教授（五七歳、憲法）が選出された。任期は一九九九年四月から二年間。[20]

三月一日、昨年度全学をあげて自己点検・評価作業が実施され、その報告書『松山大学の現状と課題―一九九八年度自己点検・評価報告書』が出来上がった。[21]

三月五日、一九九九年度の大学院第Ⅱ期入試が行なわれ、経済学研究科修士課程は二名が受験し、合格者はいなかった。経営学研究科修士課程は五名が受験し、二名が合格した。[22]

三月一六日、経営学部の大学入試センター利用入試（後期日程）の合格発表がなされ、募集定員二〇名に対し、志願者一四四名、合格者一一一名を出した。[23]

三月一九日、午前一〇時より愛媛県県民文化会館にて卒業式が行なわれ、経済学部四七五名、経営学部四五七名、人文学部英語英米文学科一一六名、同社会学科一五八名、法学部二七二名が卒業し、経済学研究科修士課程は八名、経営学研究科修士課程は六名が修了した。

比嘉学長は式辞で、本学の歴史、校訓三実主義を振り返り、現在は世紀末、長引く平成大不況の厳しい現実を論じ、フランスの文豪デュマやドイツの詩人ヘルティの言葉を紹介し、常に背水の陣を敷いて職場に立ち向かえば、皆さんの未来は大いに希望あるものになると信じますと、激励した。[24] その大要は次の通りである。

「卒業生の皆さん、皆さんの門出にあたり、皆さんが学び、後にされようとしている松山大学とはどのような大学であったのか、そして長い人生の中で、今、どのような位置にあるかということ、つまり、皆さんのこれまでの歩みを顧みて、これからを展望してみるということは、世紀末の激動する社会に出ていく上で、大切なことだと考え、いくつかのことを申し上げ、以下送る言葉とさせて頂きます。

まず、皆さんにとって自明のこと、二つの確認からはじめましょう。その一つ、それは皆さんが学んだ松山大学についてであります。わが大学は大正十二年（一九二三年）創設の旧制松山高等商業学校に遡り、今年創立七十六年、これまでに送り出した卒業生総数は、本日皆さん方、一四九三名が温山会員として同窓会に加わる事により、およそ四万八千四百名に達することとなります。皆さんが同窓生として仲間入りする温山会員は今日全国各地で活躍しており、本学は実に多くの優れた人材を世に送り出している歴史と伝統を誇る大学であることを改めて再確認して頂きたいと思います。

次にもう一つ大事なこと申し上げておきます。それはわが大学の校訓、真実、忠実、実用の三つの「実」をとった三実主義のことであります。この精神は、かみくだいて申しますと、一に真摯に積極的に奥深い真理を探求する態度であり、二に謙虚で誠実に人に接し、節操を重んじ、自らの言動に対してあくまでも責任を負う態度であり、三に真理を生活の中に生かし、社会に奉仕する積極進取の実践的態度のことであります。この三実主義の精神は、一時流行して泡沫のように消え去るようなものではなく、たえず変転して流動する人間社会の中で変わらざる人間に関する真理であり、人間のあるべき生き方を指し示しているのであります。皆さんは卒業されて社会に出ていくにあたり、この三実主義の精神をしっかりと我が身に体して巣立って頂きたいと強く願っています。

ところで、皆さんがこれから出ていく社会はどうでしょう。

世紀末の日本は今、閉塞感に覆われている感があります。依然、先の見えない不況の泥沼から脱し切れないでいます。皆さんの中にはこの一年厳しい就職戦線に直面された方も多々おいでの事と思います。皆さんはこの意味で厳しい試練を乗り越えて本日を迎えられた事になりますが、しかし、これまでの試練は、混沌として低迷する今日の社会状況のもとで、皆さんがこれから社会に出て直面する試練の厳しさに比べればものの数ではないと断言致します。ただし、皆さんは、例えばバブルの頃のような、好況期に卒業した先輩とは異なって、就職に際して厳しい試練をくぐり抜けてきたという、言わば無形の財産をもって卒業することになるものと思っています。この点に関して、経験則から一般に次のようなことが言われています。すなわち、好況期の卒業生は、就職時にうまくいった代わりに、卒業後社会に出てからは、必ずしも順調に行くとは限らず、逆に、不況期の卒業生は、就職時に苦労した代わりに、卒業後、就職してから比較的順調であるというものであります。前者は、リクルートされたものの、飛び込んだ職場の厳しさとのギャップの大きさに戸惑い、乗り越える事ができず、時に挫折してしまうケースが多いということであり、後者は厳しい就職戦線をようやくにして突破し、背水の陣で職場に立ち向かい、その結果として、試練を乗り越えることができるというものであります。要するに、そこから教訓として汲み取るべきことは、社会に出ていくに当たって、最初の心構えが大切であるという事なのであります。

最前、温山会員は今日全国各地で活躍していると申し上げましたが、今社会の第一線で活躍する先輩の多くは、ことに戦後すぐの学生時代、諸施設も整備されていないキャンパスで、乏しく、貧しく、恵まれていず、皆さんと同様、厳しい就職難を乗り越えて、今日の地歩を築き上げてきたことに思いを致す時、厳しかった時代こそが、恵まれていなかった環境こそが先輩を鍛え上げたのだ、ということに学ばなければならないのであります。

卒業生の皆さん！　皆さんは今大学を巣立ち社会に飛び立っていくにあたり、初心を忘れること無く、常に背水の陣を敷いて職場に立ち向かえば、皆さんの未来は、大いに希望のあるものと信じます。

卒業生の皆さん！　皆さんは若い。若さを持つと言う事は積極果敢にチャレンジする精神をもつということでもあります。十九世紀フランスの文豪、アレキサンドル・デュマは、波乱万丈の「モンテ・クリスト伯」に「人生は待っているうちに過ぎてしまうものだ」と言わしめ、だから今日やるべきことを、明日に延ばしてはならないとし、絶望を乗り越えてチャレンジする精神を謳いあげる一大ロマンを展開しているのでありますが、困難を物ともせず生きる勇気を与えてくれるモンテ・クリスト伯のように、皆さんの前途に待ち受ける幾多の試練が皆さんの中に秘める若さで突破されますことを祈っています。

最後に、十八世紀ドイツの詩人ルートウィッヒ・ハインリッヒ・クリストフ・ヘルティの詩を紹介し、送る言葉とします。二八才の若さで夭折したヘルティは、その短い生涯で自らの死を予感しつつ、だからこそ限りある命を精一杯燃焼させ、生きていることの素晴らしさ、その生を受け止める大地と生きとし生けるものをはぐくむ自然の神秘を賛美しているのでありまして、現に生きている我々を鼓舞しているように思うのであります。

青春の花咲く日々に　誰がふさぎの虫に悩もう
花かおる若い額に　誰が憂いのしわを寄せよう
美しいかな　目出度いかな　神の大地は
命ある限り　心ゆくまで　美しい大地を楽しもう

平成十一年三月十九日
松山大学　学長　比嘉　清松」(25)

三月二五日、温山会と大学の連携の拠点として、永年の懸案であり、待望であった温山会館が完成し、今井琉璃男温山会長、加戸守行愛媛県知事ら多数の来賓の出席の下で竣工式が行なわれた。(26)

三月三一日、経済学部の出雲雅志（経済学史）が退職し、神奈川大学に転出した。法学部の青野覚（労働法）が退職し、転出した。また、国際交流室・学長特別補佐の小池春江が退職した。(27)

〔注〕

（1）『学内報』第二五六号、一九九八年四月。同第二五七号、一九九八年五月。
（2）『学内報』第二五六号、一九九八年四月。

（3）『学内報』第二五七号、一九九八年五月。
（4）松山大学総務課所蔵。
（5）『学内報』第二五八号、一九九八年六月。
（6）『学内報』第二五九号、一九九八年七月。
（7）『学内報』第二六〇・二六一号、一九九八年八・九月。
（8）『学内報』第二六〇・二六一号、一九九八年八・九月。同第二六三号、一九九八年一一月。
（9）『学内報』第二六三号、一九九八年一一月。
（10）『学内報』第二六四号、一九九八年一二月。
（11）同。
（12）『学内報』第二五九号、一九九八年七月。同第二六五号、一九九九年一月。経済の特別選抜は、スポーツが一〇名、その他が一〇名。人英は資格取得が三名、その他が七名。
（13）『学内報』第二六三号、一九九八年一一月。同第二六五号、一九九九年一月。
（14）『学内報』第二六五号、一九九九年一月。
（15）同。
（16）同。
（17）『学内報』第二六七号、一九九九年三月。
（18）同。
（19）『学内報』第二五九号、一九九八年七月、同第二六二号、一九九八年一〇月、同二六六号、一九九九年四月。
（20）『学内報』第二六七号、一九九九年三月。
（21）『松山大学九十年の略史』七九頁。
（22）『学内報』第二六八号、一九九九年四月。
（23）同。
（24）同。
（25）松山大学総務課所蔵。
（26）『学内報』第二六八号、一九九九年四月、『学内報』第二六九号、一九九九年五月。
（27）『学内報』第二六八号、一九九九年四月。

(三) 一九九九年（平成一一）度

比嘉学長・理事長の二年目である。本年度の校務体制は、経済学部長は新しく清野良栄が就任した（一九九九年四月〜二〇〇三年三月）、経営学部長は中山勝己が続けた（一九九九年二月一日〜二〇〇一年一月三一日）、人文学部長は飛驒知法が続け、法学部長は新しく竹宮崇が就任した（一九九九年四月〜二〇〇一年三月）。経済学研究科長は村上克美、経営学研究科長は笠原俊彦が続けた。図書館長は倉田三郎、総合研究所長は岡山勇一が続けた。教務委員長は舘野日出男が四月三〇日まで続けたが（一九九八年四月一日〜一九九九年四月三〇日）、病気のため、五月一日から久保進に代わった（一九九九年五月一日〜二〇〇一年三月三一日）。入試委員長は新たに宮沖宏が就任した（一九九九年四月〜二〇〇〇年三月）。学生委員長は新たに藤井泰が就任した（一九九九年四月〜二〇〇一年三月）。事務局長は村上泰稔が続けた。

学校法人面では、森本三義（財務）、岩林彪（教学）、宍戸邦彦（総務）が理事を続けた。(1)

本年度も次のような新しい教員が採用された。(2)

経済学部

上田　雅弘　一九六五年五月生まれ、神戸大学大学院経済学研究科博士後期課程。講師として採用。計量経済学、近代経済学入門。

黒田　晴之　一九六一年一一月生まれ、早稲田大学大学院文学研究科博士後期課程。講師として採用。ドイツ語。

松井　名津　一九六〇年一月生まれ、大阪市立大学大学院経済学研究科後期博士課程。講師と

して採用。経済学史、マルクス経済学入門。

人文学部

赤羽　仁志　一九六八年一月生まれ、McGill University ph.D. 講師として採用。英文法・英作文。

四月一日、「松山大学各学部教授会規則施行細則」が制定・施行された。同細則は教員の資格審査並びに任免及び懲戒にかかる手続きを定めたものであった。(3)

四月二日、午前一〇時より一九九九年度の入学式が行なわれ、経済学部四六六名、経営学部五一二名、人文英語一〇八名、社会一四八名、法学部二五〇名、大学院経済学研究科修士課程八名、大学院経営学研究科修士課程三名が入学した。

比嘉学長は式辞で本学設立の三恩人、歴史、卒業生の活躍ぶり、完成したばかりの温山会館を紹介し、また三実主義を語り、大学において、人間と人間社会の探究をしていただきたい、と述べ、皆さんは今青春の真っただ中にあり、キャンパスで素晴らしい青春のドラマを演じることを大いに期待していると、祝福の言葉を贈った。(4) その大要は次の通りである。

「新入生の皆さん！　今　皆さんを迎え入れるに当たり、入学に際しての心構えやわが松山大学とはどのような大学であるのかといった事柄を中心に以下いくつのことをお話し申し上げ、皆さんに対する歓迎の言葉と致します。まず、皆さんが入学した松山大学とはどのような大学か、その創立から今日に至るまでのわが大学の歴史を簡単に纏めてみましょう。

わが松山大学は、大正中期、松山を中心に澎湃として沸き上がった高等商業学校設立の熱い期待を背景に、正岡子規の後見人で叔父の加藤拓川・松山市長―明治期の外交官として活躍し、子規の短い生涯に決定的な影響を与えた拓川につきましては、司馬遼太郎の傑作「坂の上の雲」に詳しく描かれているところでありますが―、その拓川を中心に設立が押し進められ、拓川の設立要請に応えたのが、近代日本の工業化の担い手で、明治から昭和にかけて活躍した郷土出身の実業家、新田長次郎（雅号温山）であります。こうして温山によって提供された巨額の浄財（寄付）を基にして、大正十二年（一九二三年）、旧制の松山高等商業学校が創立されたのであります。第二次大戦前後の一時期、松山経済専門学校と呼ばれた時期を経て、戦後学制改革と同時にいちはやく大学に昇格して松山商科大学となり、平成元年、松山大学と改称して今日に至っています。

今本学キャンパス内に立つ加藤拓川、新田温山、そして初代校長として本学の礎石を築いた加藤彰廉の三人の胸像が本学の行く末を見守っているのでありますが、こうして設立された本学は、私立の高商では西日本で最も古く、今年で創立七十六年の歴史と伝統を誇る西日本随一の私学の雄であり、これまで送り出した卒業生は四万八千人を越え、全国各地で活躍しているのでありまして、とくに、愛媛について見ますと、主要企業のトップ陣は、ほとんどと言ってもよい程に、わが大学の卒業生なのであります。でありますから、皆さんはこの輝かしい歴史と伝統に裏付けられた松山大学で誇りをもって学んで欲しいと強く願っています。本学の歴史と伝統を象徴するものとして、本学キャンパス正門を入って左手すぐの所に、本学同窓会の名を冠した温山会館が先月完成したばかりでありますが、その二階は歴史資料展示室となっています。完成したばかりの温山会館は自由に参観出来ます。どうか皆さん松山大学の歴史と伝統を示す展示物を是非早めに御覧頂きたく、ここにご案内申し上げる次第であります。

もう一つ大事なことを申し上げておきましょう。それは初代加藤校長によって提唱され、今日まで確乎として受け継がれている三実主義と呼ばれるわが大学の校訓であります。真実、忠実、実用の三つの「実」をとって三実主義とよんでいるのでありますが、この精神は、かみくだいて申しますと、真実とは、真摯に積極的に奥深い真理を探究する態度であり、忠実とは、謙虚で誠実に人に接し節操を重んじ、自らの言動に対してあくまでも責任を負う態度であり、実用とは、真理を生活や社会に役立て、社会に奉仕する積極進取の実践的態度のことであります。この三実主義の精神は、バブルのように一時流行して消え去るようなものではなく、たえず変転し、流動する人間社会の中で変わらざる人間に関する真理、万古不易の人間のあるべき生き方を指し示しているものであります。

申し上げるまでもなく、松山大学は文科系総合大学であります。それゆえ、皆さんの所属する学部や専攻は異なっても、根底において共通して学ぶべきことがあります。それは人間の研究、人間社会の研究という事であります。人間および人間の集団、小は家族から大は国家に至るまで、さらに今日では国家を越えて、国際的な組織に至るまで、人間によって構成される社会の研究という事になるのでありますから、皆さんの勉強は結局のところ「人間とは何か」という問題に行き着く事になります。とすれば、皆さんは常に我が身を顧みながら、他人との付き合いの中から人間を学ぶ姿勢が求められますし、二十世紀が終わろうとしている今日、現実に社会で起きている様々な出来事や状況を新聞等を通して注意深く追跡することが大切な勉強になります。

新入生の皆さん　どうか人間に関する事実を冷静に観察し、人間なるもの、そして人間社会を大胆に探検して頂きたいと思います。

つぎに大学での勉強とはどういうものかについて一言申し上げておきます。大学での勉強は高校までのそれとは根本的に異なります。勉学は自分で主体的にやらなければなりません。何か分からないことがあれば、高校まででしたら、先生が解答を教えてくれたかもしれません。しかし、大学では基本的に自分で解答を見つけなければなりません。大学の勉強とは自分で問題を見つけ、自分で解答を発見する訓練であると言ってもいいでしょう。とくに、皆さんはこれまで入試問題のようにマーク式の問題、つまり、与えられた選択肢の中から一つの解答を選び、それが正解であるかどうかが問われる、という様な勉強を積んできたものと思います。しかし、大学での勉強はそのようなものではないのであります。というのは、皆さんがこれから主として学ぶ対象となる人間および人間社会に絶対唯一の正解は無いと言ってよく、往々にして相矛盾する複数の解答が存立し得るのであります。したがって、問題は複数の解答の中から最終的に自分は何を選択するか、なぜそれを選択するかを皆さん自身が主体的に説得的に説明できるかどうかという問題に帰着します、換言しますと、皆さんは、これから卒業するまでの四年間の勉強を通して、他人を説得できる確乎とした意見を持てる人間になれるかどうかが問われているのであります。

わが大学はそれに応えるべく、カリキュラムを始めとして、ハード・ソフト両面にわたって充実に努めて参りました。例えば、図書館は人文・社会科学関係を中心に七十万冊になんなんとする蔵書を誇り、また、インターネットを通じて学外の学術情報センターにアクセスできるのでありまして、その中から自分に必要な情報や知識を自在に引き出すことができるようになっています。図書館はみなさんを待っています。皆さんには勉学上の様々なチャンスが与えられています。例えば、国際化の一貫としてのアメリカ、カナダ、イギリス、ドイツ、ニュージーランドや中国への海外短期語学研修プログラムや他大学ー愛媛大学、札幌学院大学、南山大学、甲南大学ーとの単位互換制度等もその一つでありましょう。また、本学は勉学だけでなく、皆さんがクラブ活動ー本学には百を越すサークルがありますーに青春を謳歌できるよう、内容豊かな舞台を用意しています。

皆さんは今青春の真っただ中にあり、若さの頂点にあります。本学の校歌にある「緑が萌える」キャンパスで素晴らしい青春のドラマを演じることを大いに期待して式辞とします。

平成十一年四月二日

松山大学　学長　比嘉　清松」。(5)

五月二〇日、天野郁夫（東大名誉教授、大学審議会議委員、本学評議員）による「二一世紀の大学増と今後の改革方策ー大学審議会答申を巡ってー」と題した講演会が行なわれた。その中で、天野教授は「今、大学は規制緩和の名のもと、競争と選択の意思決定を迫られている。規制緩和が生むものは、個性化と多様化であり、どこが生き残るかのサバイバルゲームである」と述べ、そして、「大学は学生へのサービスの提出度合いにより選別される流れが見えてきた。これからは様々な教育の提供がなされ、伝統的な大学を危機に追いやる状況になるだろう、大学とは何を与えることになるのか、大学が自発的にならない限り、二一世紀に本当の変化の中で生き残れる姿が見出せない」と危機感を述べた。(6)

五月三一日、比嘉学長・理事長ら大学側は、一九八六年度以来続けてきた臨時定員増が一九九九年度（二〇〇〇年三月三一日）で終了するので、臨定の半分を恒常定員化することを文部省に申請した。それは次の通りである。(7)

	臨定前の定員	臨定後の定員	新しい入学定員	収容定員
経済学部	三五〇名	四五〇名	三九〇名	一五六〇名
経営学部	三五〇名	四五〇名	三九〇名	一五六〇名
人文英語	八〇名	一〇〇名	一〇〇名	四〇〇名
人文社会	一〇〇名	一二〇名	一二〇名	四八〇名
法　学　部	二〇〇名	二五〇名	二二五名	九〇〇名

経済、経営は臨定の半分を恒常定員化すると、本来四〇〇名であるが、第三次定員増を経済、経営のみ行なったので、配慮し各一〇名少なくした。他方人文は第三次臨時定員増のとき人文が否決したため、それを考慮して各一〇名を人文に振り向けたためであった。

七月七日、経済学部講演会が、法政大学の金子勝教授を招いて行なわれた。演題は「セイフティ

ネットの経済学―不況克服の経済学」で、公的年金について現在の保険方式から税方式に改めることを提案した。(8)

九月一七日、二〇〇〇年度の大学院第Ⅰ期入試が行なわれ、学内進学者特別選抜入試では経済学研究科では四名が受験し、四名が合格した。経営学研究科でも四名が受験し、四名が合格した。また、一般入試では経済学研究科では七名が受験し、四名が合格した。経営各研究科では九名が受験し、二名が合格した。(9)いずれも改革の成果がみられた。

一〇月一六日、総合研究所主催の「市民フォーラム一九九九」が開催された。テーマは中四国地方の都市づくりで、基調講演を中村時広松山市長が「日本一のまちづくり」と題して行なった。(10)

一一月一九日、経済学部講演会が京都大学名誉教授の伊東光晴教授を招き、「経済政策はこれでよいか」と題し、行なわれた。伊東教授は「経済政策を考える人間は出来る事をやり抜く勇気と共に、出来ない事を出来ないと見ぬく英知が必要である。これが経済政策四〇年間の結論である」と述べた。(11)

一一月二〇日、二一日の両日、二〇〇〇年度の推薦・特別選抜入試が行なわれた。変化は経済が特別選抜を二〇名から一五名に減らし、経営がアドミッションズ・オフィス入試を七〇名から七八名に少し増やした、他は変化なかった。結果は次の通りであった。特徴としては、指定校推薦で、経済、人英、人社で志願者数が募集人員を下回ったことで、課題を残した。(12)

	募集人員	志願者	合格者
経済学部（指定校制）	一一五名	一〇一名	一〇一名
（特別選抜）	一五名	一四名	一二名

経営学部	（アドミッションズ・オフィス）	七八名	二三六名	一八七名
人文英語	（指定校制）	一〇名	八名	八名
	（特別選抜）	一〇名	一四名	一三名
人文社会	（指定校制）	一五名	一〇名	一〇名
	（特別選抜）	若干名	〇名	〇名
法　学　部	（一般公募制）	五〇名	一八六名	一〇三名
	（特別選抜）	若干名	〇名	〇名

一二月二日、第一三回経済学部学内ゼミナール大会が開催され、一三のゼミが一二の部門で発表、討論がなされた。(13)

二〇〇〇年一月一四日、一五日、二〇〇〇年度の大学入試センター試験が行なわれた。変化は、経営が募集人員を二〇名減らしたが、他はかわらなかった。センター利用入試の結果は次の通りであった。(14)

	募集人員	志願者	合格者
経済学部	五〇名	一〇九九名	七七九名
経営学部	八〇名（前期）	一一一八名	六〇七名
人文英語	二〇名	四二五名	三三三名
法学部	二〇名	五八九名	三一七名
計	一七〇名	三二三一名	二〇三六名

二月九～一二日にかけて、二〇〇〇年度の一般入試が行なわれた。九日が経済学部、一〇日が経営学部、一一日が人文学部、一二日が法学部の試験であった。一般入試の募集人員は経済二五八名（前年二六五名）、経営二五〇名（前年一八〇名）、人文英語六〇名（前年と同じ）、社会一〇五名（前年と同じ）、法学部一七五名（前年と同じ）であった。試験会場は、大分を廃止し、新たに徳島会場を新設し、本学、東京（代々木ゼミナール代々木校）、大阪（大阪ＹＭＣＡ会館）、岡山（代々木ゼミナール岡山校）、広島（代々木ゼミナール広島校）、小郡（北九州予備校山口校）、福岡（公務員ビジネス専門学校）、高松（高松高等予備校）、徳島（高川予備校佐古本校）、高知（土佐塾予備校）の一〇会場。検定料は三万円。志願者は経済一六〇〇名（前年一九六九名）、経営一五二一名（前年一七〇四名）、人文英語三六六名（前年四五二名）、同社会七八二名（前年九七五名）、法学部一〇二九名（前年一二七六名）、合計五二九八名（前年六三七六名）で、すべての学部で減少し、全体では前年より一〇七六名、一六・九％も減少し、過去最高の減少となり、厳しい「冬の時代」が続いた。合格発表は二月一八日。経済一一三〇名、経営七四六名、人文英語二五四名、同社会四四〇名、法学部五二一名、合計三〇九一名（前年三四〇五名）を発表した。実質競争率は、経済一・四、経営二・〇、人英一・四、人社一・八、法一・九、全体一・七となり、二年連続二倍を割り、深刻な事態となった。

学費は前年と同一の据え置きで、入学金二〇万円、授業料五七万円（ただし、二年次以降は二万円のステップ制とする）、教育充実費も一七万円であった。長引く平成大不況のため、完全失業者は五％に及び、リストラが進み、家計の可処分所得は減少の方向にあるためであった[15]。

この入試結果についてコメントしよう。①一般入試の志願者の減少はとくに深刻であった。志願者数は一九九一年度がピークで一万一四九五名であったが、一九九五年度に九三三三名と一万名を割り込んで以降、毎年平均一〇%前後の減少を続け、本年遂に五二九八名となり、ピーク時の半分以下に落ち込んだ。②また、実質競争率が二倍を二年連続して割り込み、その低下も深刻であった、といえる。(16)

三月二、三日の両日、二〇〇〇年度の大学院第Ⅱ期入試が行なわれた。経済学研究科修士課程は八名が受験し、六名が合格した。経営学研究科修士課程は四名が受験し、一名が合格した。(17)

三月一六日、経営学部のセンター試験利用入試の後期日程の発表があり、募集定員三〇名（前年は二〇名）に対し志願者が二一二名、合格者を六九名発表した。

三月一七日、午前一〇時より愛媛県県民文化会館にて卒業式が行なわれ、経済学部四二八名、経営学部四二一名、人文英語一一二名、社会一三四名、法学部二六九名が卒業し、経済学研究科修士課程は四名、経営学修士課程は五名が修了した。

比嘉学長は式辞で「卒業生の皆さん！皆さんは今大学を巣立って社会に飛び立っていくにあたって、初心を忘れることなく、常に背水の陣を敷いて職場に立ち向かえば、皆さんの未来は大いに希望あるものと信じます」と激励した。(18)

三月三一日、経済学部では専任教員の退職者はいなかったが、経営学部では高沢貞三（経営史）が退職した。また、小木紀親（流通論）が退職し、転出した。人文学部では渡部孝（英語）が退職した。(19)

〔注〕
（1）『学内報』第二六八号、一九九九年四月。同第二六九号、一九九九年五月。

（2）『学内報』第二六八号、一九九九年四月。
（3）『学内報』第二六九号、一九九九年五月。
（4）同。
（5）松山大学総務課所蔵。
（6）『学内報』第二七一号、一九九九年七月。
（7）『学内報』第二七四号、一九九九年一〇月。
（8）『学内報』第二七二・二七三号、一九九九年八・九月。
（9）『学内報』第二七二・二七三号、一九九九年八・九月。同第二七五号、一九九九年一一月。
（10）『学内報』第二七四号、一九九九年一〇月、同第二七六号、一九九九年一二月。
（11）『学内報』第二七七号、二〇〇〇年一月。
（12）『学内報』第二七七号、二〇〇〇年一月。経済学部の特別選抜はスポーツが一〇名、その他が五名。人英の特別選抜は資格取得が三名、その他が七名。
（13）『学内報』第二七七号、二〇〇〇年一月。
（14）『学内報』第二七九号、二〇〇〇年三月。
（15）『学内報』第二七一号、一九九九年七月、同、第二七四号、一九九九年一〇月、同、第二七七号、二〇〇〇年一月。同、第二七九号、二〇〇〇年三月。
（16）『学内報』第二七七号、二〇〇〇年一月。宮沖宏「二〇〇〇年度入試結果報告」『学内報』第二七九号、二〇〇〇年三月。
（17）『学内報』第二八〇号、二〇〇〇年四月。
（18）同。式辞は、総務課になぜか残っていない。
（19）『学内報』第二八〇号、二〇〇〇年四月。

(四) 二〇〇〇年（平成一二）度

比嘉学長・理事長の三年目である。本年度の校務体制は、経済学部長は清野良栄、経営学部長は中山勝己、人文学部長は飛騨知法、法学部長は竹宮崇が続けた。経済学研究科長は新しく岩橋勝が就任し、経営学研究科長も新しく岡野憲治が就任した。図書館長は倉田三郎、総合研究所長は岡山勇一が続けた。教務委員長は久保進が続けた（一九九九年五月一日〜二〇〇一年三月三一日）。入試委員長は新たに小田敬美が就任した（二〇〇〇年四月〜二〇〇一年三月）。学生委員長は藤井泰が続けた（一九九九年四月〜二〇〇一年三月）。事務局長は村上泰稔が続けた。

学校法人面では、森本三義（財務）、岩林彪（教学）、宍戸邦彦（総務）が理事を続けた。(1)

本年も次のような新しい教員が採用された。(2)

経済学部

新規教員なし。

経営学部

溝上　達也　一九七四年五月生まれ、一橋大学大学院商学研究科修士課程修了。講師として採用。簿記原理。

人文学部

中村　太一　一九六〇年一〇月生まれ、上智大学大学院文学研究科博士前期課程修了。講師として採用。英語講読。

法学部

安藤　　律　一九六五年一〇月生まれ、State University of NewYorkat Baffarow, Doctor of Philosophy。講師として採用。英語。

村田　毅之　一九五七年四月生まれ、明治大学大学院法学研究科博士後期課程。講師として採用。社会保障法、労働法。

四月四日、午前一〇時より愛媛県県民文化会館にて二〇〇〇年度の入学式が行なわれ、経済学部五四〇名、経営学部五四六名、人文学部英語英米文学科一五六名、同社会学科一六一名、法学部二八六名、経済学研究科修士課程一三名、経営学研究科修士課程六名が入学した。

比嘉学長は式辞において「学友というものは社会に出てから得られる友人とは異なり、無条件に掛け値なしに心の許せる二度と得難い生涯の友となるものです。真の知己といえる学友に巡り会うことを祈っています。本学の校歌にある『緑が萌え、弾み、歌う』キャンパスで素晴らしい青春のドラマを演じることを大いに期待しています」と歓迎の励ましの言葉を贈った。(3) なお、大学院経済学研究科の修士が定員の一〇名を超えたのは開設以来はじめてのことであった。学内進学者特別選抜等入試改革の成果であった。

四月一〇日、比嘉理事長・学長より去る一月に「本学の国際化度を検証しつつ、本学国際化の方向に関するある程度の予測の下にそのための教学体制事務機構を整備する」方策についての諮問を受け、「国際交流機関検討委員会」（委員長岩林彪教学担当理事）は、四回会議を行ない、その報告書（答申）を出した。それは国際センターの設置、具体的には国際センター運営委員会、国際センター

事務機構の設置であった。(4)

五月一〇日、松山大学温山会総会・松山支部総会が開かれ、会長が今井琉璃男氏（大学一回卒）に代って、麻生俊介氏（大学七回卒）が選出された。(5)

六月一六日、大学院（経済・経営）「学内進学者特別選抜入試」が行なわれ、経済学研究科修士課程は四名が受験し、四名が合格した。経営学研究科修士課程は三名が受験し、三名が合格した。(6)

六月二二日、第六回松山大学懇話会が全日空ホテルで開催され、大亀会長ら一四名が出席して、個性ある専門家と社会のため、人のため行動力のある人材の育成、等の提言が寄せられた。(7)

九月一八日、二〇〇一年度の大学院第Ⅰ期入試（博士前期課程＝修士課程）が行なわれた。経済学研究科修士課程は四名が受験し、三名が合格した。経営学研究科修士課程は九名が受験し、四名が合格した。(8)

九月二一日、飛騨知法人文学部長の任期満了に伴う学部長選挙が行なわれ、国崎敬一（五〇歳、社会学概説）が選出された。任期は一一月一日から二年間。(9)

九月末、松温会（温山会松山支部）があり、青野勝廣教授（本学卒業生）が講演をした。そこで、青野教授が松山大学の惨憺たる状況を述べ、現体制を批判し、温山会の支援のもとに次の学長選挙に出る意欲を示したという。

九月二九日、二〇〇〇年度前期卒業式が挙行された。前期卒業式が正式に行われるのはこれが最初であった。比嘉学長は式辞において、本学のOBであるカネボウの会長兼社長の帆足隆の苦労の人生を紹介し、また、本学の歴史、三実主義を述べ、そして、現代の厳しい時代状況を説明し、最後に詩人坂村真民の「念ずれば花ひらく」の一節を紹介し、激励した。[10]

一〇月六日、国際化の中で、留学生を受け入れるための施設ならびに交流の場として、「交流学生ハウス」「学生交流室」が有師寮一階に完成した。[11]

一〇月七日、総合研究所主催の「市民フォーラム二〇〇〇　地方分権時代の福祉とまちづくりNPOと『地域通貨』」がカルフールにて開催され、丸山真人東京大学大学院総合文化研究科教授により『地域通貨の諸類型』と題する基調講演が行なわれ、貨幣の歴史や地域通貨の様々なタイプについて話され、あと、事例報告、討論がなされた。[12]

一〇月一二日、上海の復旦大学と本学経済学部との学術交流協定の調印式が行なわれた。そして、一三日に調印を記念して「経済学部国際シンポジウム二〇〇〇」が行なわれた。テーマは「二一世紀のアジア・アジアの経済発展と愛媛経済のグローバル化」で、上海復旦大学の陸徳明学院長や建国大学の任線錫助教授、ジエトロの石川幸一氏、今治の越智逸宏一広タオル工業社長らが報告した。[13]

一一月一日発行の『学内報』二八七号に、人文学部長に就任した国崎敬一学部長が就任の辞として、松山大学の生き残り、人文学部の生き残り戦略を記している。そのうち松山大学についてみてみると、松山大学の現状について強烈な危機意識を挙げた。すなわち、一般入試の競争倍率が急速に低下し、全学で二・一〇→一・七九→一・六八と低下した。特に経済と人英は一・四となり、F化（フリー化）の恐れがある。また、偏差値もこの一〇年で一〇ポイントも下がっている、として大要次のような戦略を述べている。(1)不人気学部を人気学部に変える（専門資格志向への積極対応、IT革命への積極対応、文理統合、カリフォルニア州立大学との提携、国際化・グローバル化、実学志向、就職重視等）、⑵ダウンサイジング（学生定員の削減）、⑶脱一八歳事業（三年次編入の制度化、エクステンション講座、昼夜開講、夜間土日に社会人スクール、通信教育、大学院等）を示した。定員削減は人件費削減、学費引き上げにつながるため、中々困難で決断が必要であるが、その他は、妥当な戦略を示した。

一一月八日、中山勝己経営学部長の任期満了に伴う学部長選挙が行なわれ、村上宏之（四四歳、会計学）が選出された。任期は二〇〇一年二月一日より二年間。[14]

一一月一八、一九日、二〇〇一年度の推薦・特別選抜特別入試が行なわれた。今年度の入試の新しい特徴は、一般入試の競争倍率の低下への対応として経済が指定校を前年の一一五名から一三〇名に増やし、また一般公募制（募集人員二〇名）を導入したこと、経営がアドミッションズ・オフィス入試の募集定員を前年の七八名から一二六名に大幅に増やしたこと、人英が指定校を前年の一〇名から二〇名に増やしたことなどである。結果は次の通りであった。[15]

	募集人員	志願者	合格者
経済学部（指定校制）	一三〇名	一四一名	一四一名
（一般公募制）	二〇名	一六四名	八四名
（特別選抜）	一七名	一三名	一三名
経営学部（アドミッションズ・オフィス）	一二六名	二〇四名	一七八名
人文英語（指定校制）	二〇名	一八名	一八名
（特別選抜）	一〇名	一二名	一一名

人文社会（指定校制）	一五名	一二名	一二名
（特別選抜）	若干名	○名	○名
法　学　部（一般公募制）	七○名	一八三名	一二名
（特別選抜）	若干名	一名	一名

一二月末で比嘉学長の任期が終了するので、松山大学学長選考規程に基づき、選挙管理委員が選出され、そして、候補者の立候補、推薦が行なわれた。立候補者はなく、また、現職の比嘉教授の推薦の動きがあったが、比嘉教授が断った。

一一月一六日、岩林彪経済学部教授（推薦代表比嘉清松）と青野勝廣経済学部教授（推薦代表妹尾克敏）が推薦された。その後、激しい選挙戦が行なわれた。

一一月二七日、一七時三〇分より八二〇番教室にて、国崎人文学部長主催による候補者二人に政策・戦略を聞く会が催された。

一一月二八日、投票が行なわれた。有権者は教員一一七名、職員八七名の合計二〇四名で、結果は、棄権が二名、無効が九名、有効投票が一九三名で、青野教授一〇七名、岩林教授八六名で、青野教授（五六歳、都市経済学、公共経済学）が当選した(16)。事務職員は多数が青野教授に投票し、教員は青野教授が少数で、多数が岩林教授に投票した。

一二月二〇日、岩林彪理事の辞任にともなう理事を選出する評議員会があり、妹尾克敏（四七歳、憲法、行政法）が新理事に選出された(17)。

一二月三一日付けで、法人監事の神森智名誉教授が辞任した。[18]
一二月三一日、比嘉清松学長・理事長が退任した。

◇　◇　◇

三年間にわたる比嘉清松学長時代（在任：一九九八年一月一日～二〇〇〇年一二月三一日）の歴史にかんし、特記すべきことについてまとめておこう。

第一に、比嘉学長時代は、私学冬の時代をひしひしと感じた時代であった。志願者数は宮崎学長時代から減少し続けていたが、その減少が一層激しくなった。一般入試の志願者数は一九九一年度がピークで一万一四九五名であったが、二〇〇〇年度には五二九八名となり、ピーク時の半分以下に落ち込んだ。また、実質競争率は二倍を割り込み、危機的となった。そして、そのために種々の入試改革が各学部で取り組まれた（一般入試の募集人数を減らし、指定校やアドミッションズ・オフィス入試の拡大等）。また、大学院でも院生確保のために改革がなされた。

第二に、松山大学の自己点検・自己評価作業を行い、「松山大学の現状と課題―一九九八年度自己点検・評価報告書」が刊行された（一九九九年三月）。

第三に、臨時定員が一九九九年度（二〇〇〇年三月三一日）で終了するにあたり、対応を協議し、臨定の半分を恒常定員化することを決定し、文部省に申請し、認可されたことである（一九九九年七月認可）。

第四に、施設の充実がはかられた。
①温山会館の竣工（一九九九年二月）。
②国際化の中で、留学生を受け入れるための施設ならびに交流の場として、有師寮の一階に学生交流ハウス、学生交流室をつくった（二〇〇〇年一〇月）。
③国際センターを設置することを決めた（二〇〇一年四月施行）。
第五に、校訓「三実主義」については、星野通学長の定義のオーソドックスな理解に基づいていた。

第六に、「愛媛大学と松山大学との単位互換に関する協定書」を締結し（一九九八年三月）。また、上海の復旦大学と本学経済学部との学術交流協定が締結された（二〇〇〇年一〇月）。

第七に、長引く平成大不況、金融危機の現状を背景に、各学部、総合研究所がよく学術講演会を開き、学生や社会のために その社会的責任を果たしたことである。

〔注〕
（1）『学内報』第二八〇号、二〇〇〇年四月。同第二八一号、二〇〇〇年五月。
（2）『学内報』第二八一号、二〇〇〇年五月。
（3）『学内報』第二八一号、二〇〇〇年五月。同第二八二号、二〇〇〇年六月。
（4）『学内報』第二八〇号、二〇〇〇年四月。
（5）『学内報』第二八二号、二〇〇〇年六月。
（6）『学内報』第二八四・二八五号、二〇〇〇年八・九月。
（7）同。
（8）『学内報』第二八七号、二〇〇〇年一一月。
（9）『学内報』第二八六号、二〇〇〇年一〇月。
（10）松山大学総務課所蔵。

(11)『学内報』第二八七号、二〇〇〇年一一月。
(12)『学内報』第二八六号、二〇〇〇年一〇月号。同、第二八七号、二〇〇〇年一一月。
(13)同。
(14)『学内報』第二八八号、二〇〇〇年一二月。
(15)『学内報』第二八三号、二〇〇〇年七月。同第二八九号、二〇〇一年一月。
(16)『学内報』第二八九号、二〇〇一年一月。
(17)同。
(18)『学内報』第二九一号、二〇〇一年二月。

第三章　青野勝廣学長時代

（二〇〇一年一月一日〜二〇〇三年一二月三一日）

二〇〇一年（平成一三）一月一日、青野勝廣教授が第一二代松山大学学長兼理事長に就任した。また、松山短期大学学長も兼務した。この時、五六歳であった。

一二代学長
青野勝廣

青野教授の経歴は次の通りである。

一九四四年二月愛媛県生まれ、一九六六年三月松山商科大学経済学部卒業、同年四月神戸大学大学院経済学研究科修士課程入学、一九六八年三月同大学院修了、同年四月同大学院博士課程入学、一九七一年三月同博士課程単位取得、一九七一年四月松山商科大学経済学部講師、一九七三年四月同助教授、一九八〇年四月同教授。一九八四年一月から一九八八年一二月三一日まで経済経営研究所所長、一九九二年四月から一九九四年三月まで松山大学短期大学副学長。専門は都市経済学、公共経済学。(1)

青野学長・理事長三年間の時代は、世界政治面では東西冷戦体制が終焉し、米ブッシュ（共和党）政権の下で、アメリカ帝国一人勝の時代が続いたが、アメリカとイスラム原理主義が対立し、戦争にまで発展した時代であった（二〇〇一年九月一一日の同時多発テロ、一〇月からアフガン戦争、二〇〇三年三月からイラク戦争)。他方、日本国内をみると、政治面では自民の森喜朗政権(二〇〇〇年四月~二〇〇一年四月)が行き詰まり、自民の小泉純一郎が「自民党をぶっ壊す」と叫び、政権(二〇〇一年四月~二〇〇六年九月)を取ったが、実態は米(ブッシュ)に追随する対米従属外交を推進し、経済面では平成大不況は続き、さらに小泉政権下、構造改革・新自由主義、弱肉強食路線が推進され、二極分化、格差拡大がもたらされた時代であった。

大学をみると、一八歳人口の減少が続き、「私学冬の時代」の真っ只中にあり、厳しい状況が続いた。そして、教員の支持少数のもと、青野学長・理事長の大学運営・法人経営の舵取りがなされた。

〔注〕

(1)『学内報』第二八九号、二〇〇一年一月。

(一) 二〇〇一年(平成一三)一月~三月

二〇〇一年一月一日、青野学長・理事長の就任の挨拶は次の通りである。

「このたび、私を理事長・学長に選んでいただいたのは、私個人の能力や資質よりも、松山大学の現状を憂い、その改革・再生を求める想いを私に託していただいたものと理解しています。その想いを私の想いとし、万難を排し、不退転の決意で臨む所存であることを最初に述べさせていただきます。

松山大学を活性化し、再生させるためには、まず、大学は研究・教育機関であるということを再認識していただきたいと思います。大学における研究とは、研究者自らが新しいものを創り出し、付け加えることであり、教育とは、後世代の人に教育者以上のものを創り出す能力を与えることだと思います。どのような大学であれ、研究・教育機関として認められて初めて大学としての社会的評価を受けるのであり、すべての教職員の方々には、社会的に評価される大学人としての誇りと気概を持っていただきたいと思います。

松山大学の目標についていえば、「所信表明」でも述べましたように、私は、達成可能な目標として、一〇年以内に愛媛で最も評価の高い文系総合大学にすること掲げています。（中略）すでに多くの大学では、大学改革が実行されています。四国でも、愛媛大学を始めとして多くの大学で地域に密着した大学づくりを目指した大学改革が行われ、その成果が現われています。本学は、残念ながらかなりの遅れとっています。（中略）

今後、すべての政策提案は「一〇年以内に地域で最も評価される文系総合大学になるために何が必要か」という観点から提案され、評価されることを希望します。ここで「地域で最も評価される」というのは、就職でいえば、学生が就職する企業や官公庁の評価、各種の資格試験の合格者数、入学試験でいえば、偏差値や高等学校の評価、研究でいえば、論文の学界や地域社会での評価、研究者に対する地域社会の評価など具体的に指標化できる形で本学に対する社会的評価が地域で最も高いという意味です。

提案された政策を評価する重要な観点として、費用・便益分析の視点を導入することを考えています。具体的な政策を事業として実施するためには、ほとんどの場合、費用、つまり、お金が必要です。限られた予算の中で費用を負担するからには、そこから生じると予想される便益が多いものからその事業を実施すべきです。費用が具体的な金額で示されている以上は、少なくとも予想される便益は、具体的に評価される指標で示されることが必要です。（中略）

今後、大学間競争が一層激化し、受験生の国公立志向が高まることが予想される中で、本学を「地域で最も評価される文系総合大学」という目標は、必ずしも容易に達成される目標でないことは、十分承知しているつもりです。私は、研究・教育条件を高めると共に、大学経営が可能なかぎり、学生定員の減少をはかることによって学生の質を向上させることが、長期的な観点からは本学が生き残れる道であると考えています。しかし、この選択は、短期的には、多くの教職員の既得権益を損なうこととなり、不人気な政策になる可能性が高いことも事実です。教職員の方々には、ぜひ長期的な観点から本学が大学として存続し、発展するためには何が必要かという議論をし、政策提言をしていただきたいと思います。その場合のキーワード（鍵になる言葉）は地域社会の評価と費用・便益分析の考え方です。学生定員問題と実行可能な政策提言については早急に「政策委員会」（仮称）を設置し、検討したいと考えています。（中略）

大学の改革と再生には、単なる対症療法ではなく、原因療法が必要であり、そのためには、まず、現実を直視することが求められます。松山大学の改革と再生・発展の第一歩は、本学に対する厳しい社会的評価を直視し、その現状を改革することを恐れない勇気を持つことから始まると思います。すべての教職員が力を合わせて、後世に誇れる大学づくりを目指して、松山大学の伝統に新たな輝きを与えることができることを願っています」。[1]

このように、青野勝廣新学長・理事長は、松山大学の現状を憂い、改革・再生を掲げ、「一〇年以内に地域で最も評価の高い文系総合大学」を目指すことをスローガンに、不退転の決意で大学改革に取り組むことを表明した。そして、地域とは愛媛を指していたようだ。

青野学長・理事長就任時の校務体制は、経済学部長は清野良栄（一九九九年四月～二〇〇三年三月）、経営学部長は中山勝己（一九九九年二月一日～二〇〇一年一月三一日）、人文学部長は国崎敬一（二〇〇〇年一一月一日～二〇〇四年一〇月三〇日）、法学部長は竹宮崇（一九九九年四月～二〇〇一年三月）、経済学研究科長は岩橋勝（二〇〇〇年四月～二〇〇四年三月）、経営学研究科長は岡野憲治（二〇〇〇年四月～二〇〇二年三月）、図書館長は増田豊（二〇〇一年一月一日～二〇〇三年一二月三一日）、総合研究所長は岡山勇一（一九九九年二月一日～二〇〇一年三月三一日）、入試委員長は小田敬美（二〇〇〇年四月～二〇〇二年一月三一日）、教務委員長は久保進（一九九九年五月一日～二〇〇一年三月三一日）、学生委員長は藤井泰（一九九九年四月～二〇〇一年三月）、事務局長は村上泰稔であった。

学校法人面では、森本三義（一九九九年一月一日～、財務）、宍戸邦彦（一九九七年五月一日～、教学）が理事を続け、前年一二月末岩林彪理事の辞任に伴い、二〇〇一年一月一日から新たに妹尾克敏（四七歳、憲法、行政法）が理事に就任し、青野理事長を支えることになった。

一月一一日、任期満了に伴う経済学部長選挙が行なわれ、清野良栄（五〇歳、現代資本主義論）が再選され、また、一八日に任期満了に伴う法学部長選挙が行なわれ、竹宮崇（五九歳、憲法）が再選された。(2)

一月二〇、二一日、二〇〇一年度の大学入試センター試験が行なわれた。本年のセンター利用入試では、募集人員を経済学部が前年の五〇名から三〇名に、また経営学部（前期）も前年の八〇名から六〇名に減らした。結果は次の通りで、経済を除き、志願者は減少した。[3]

	募集人員	志願者	（前年）	合格者
経済学部	三〇名	一二七八名	（一〇九九名）	四〇五名
経営学部	六〇名（前期）	九五二名	（一一一八名）	五一七名
人文英語	二〇名	四一一名	（四二五名）	二一六名
法学部	二〇名	五三三名	（五八九名）	二四〇名
計	一三〇名	三一七四名	（三二三一名）	一三七八名

一月二六日、理事会が開かれ、学校法人の監事として、中山紘治郎（愛媛銀行代表取締役、温山会）が選出され就任した。[4]前年末の神森智名誉教授の辞任に伴う後任であった（二〇〇一年一二月三一日まで、残任期間）。学校法人松山大学寄附行為の第一〇条（監事の選任）は「監事はこの法人の設立者又は縁故者及びこの法人に功労のあった者のうちから理事会において選任する者各一人とする」であり、したがって、監事は、①法人の設立者又は縁故者から一人、②法人の功労者から一人である。神森名誉教授は、②の法人の功労者枠で選出されていたので、後任は②の功労者枠から選ばれるべきであった。しかし、中山氏は地域の名士であっても本法人の理事をしておらず、功労者とはいえない。だから、中山氏の監事選出は明らかに寄附行為第一〇条違反であろう。

一月末で、前年末の岩林理事の辞任に続いて、宍戸邦彦理事も辞任し、代って二月一日岡山勇一人文学部教授（五四歳、総合研究所所長）が新たな理事に就任した。

また、一月末で岡山勇一総合研究所所長が辞任し、代って二月一日東渕則之経営学部教授が所長に任命され、就任した。次長には柳川重規法学部助教授が任命された。(5)

二月九～一二日にかけて、二〇〇一年度の一般入試が行なわれた。九日が経済学部、一〇日が経営学部、一一日が人文学部、一二日が法学部の試験であった。一般入試の募集人員は経済二二九名（前年二五八名）、経営二二〇名（前年二五〇名）、人文英語五〇名（前年六〇名）、人文社会一〇五名（前年と同じ）、法学部一五〇名（前年一七五名）で、人社を除き、募集人員をすべて減らした（なお、増やしたのは、指定校やアドミッション・オフィスなど）。試験会場は、本学、東京（代々木ゼミナール代々木校）、大阪（大阪ＹＭＣＡ会館）、岡山（代々木ゼミナール岡山校）、広島（代々木ゼミナール広島校）、小郡（北九州予備校山口校）、福岡（公務員ビジネス専門学校）、高松（高松高等予備校）、徳島（高川予備校佐古本校）、高知（土佐塾予備校）の一〇会場。検定料は三万円。志願者は経済一七六八名（前年一六〇〇名）、経営一五五七名（前年一五二一名）、人文英語四一一名（前年三六六名）、同社会八三一名（前年七八二名）、法学部一〇二三名（前年一〇二九名）、合計五六〇六名（前年五二九八名）で、それまで志願者の減少が続いていたが、本年は前年を三〇八名、五・八％上まわった。合格発表は二月一九日。経済七六七名（前年一一三〇名）、経営六八七名（前年七四六名）、人文英語二二七名（前年二五四名）、同社会三九三名（前年四四〇名）、法学部四九七名（前年五二一名）、合計二五七一名（前年三〇九一名）を発表した。なお、追加合格は全学でなかった。実質競争率は経済二・二倍（前年一・四倍）、経営二・二倍（前年二・二倍）、人英一・七倍（前年一・

四倍)、人社二・〇倍(前年一・八倍)、法二・〇倍(前年一・九倍)、全体二・一倍(前年一・七倍)で、前年より回復した。

青野学長にとっては、幸先の良い門出となった。

なお、学費は前年と同一の据え置きで、入学金二〇万円、授業料五七万円(ただし、二年次以降は二万円のステップ制とする)、教育充実費も一七万円であった。地域の経済状態は依然として厳しく、家計状態も厳しく、父母の学費負担を避けたいためであった。(6)

三月八、九日、二〇〇一年度の大学院第Ⅱ期入試が行なわれた。経済学研究科修士課程では四名が受験し二名が合格した。同博士課程は二名が受験し、二名が合格した。経営学研究科修士課程では四名が受験し、二名が合格した。同博士課程の受験者はいなかった。(7)

三月二二日、午前一〇時より愛媛県県民文化会館にて二〇〇〇年度の卒業式が行なわれた。経済学部四五二名、経営学部四三八名、人文英語九五名、同社会一二一名、法学部二四〇名が卒業し、経済学研究科修士課程は六名、経営学研究科修士課程は三名が修了した。

青野学長は式辞において、松山大学の歴史、卒業生の活躍を述べ、現在は平成不況の真っ直中にあり、同時に変革の時代であり、社会に役立ちたいという気概を持ち、失敗を恐れず、挑戦してくださいと、激励した。(8)その大要は次の通りである。

「卒業生の皆さん、皆さんは、本学の記念すべき二一世紀最初の卒業生であります。松山大学は大正一二年(一九二三年)『四国に冠たる高等商業学校を!』という地元愛媛の熱い要望とそれに応えた新田長次郎氏の浄財によって創立された松山高等商業学校以来、七八年の歴史を有します。その間、関係各位の高い志によって少なくとも四〇年以上にわたって文系大学としては地域で最も高い評価を得てきた大学であり、関西以西に立地する私立大学としては、三本の指に数えられてきた伝統ある大学です。

約五万人の卒業生は、地元愛媛県内の主要企業の経営陣をはじめとして全国各地で活躍しています。また、学術面でも地方の小規模大学ながら、大学教授を数多く輩出しております。皆さんは、この様な歴史と伝統を持つ松山大学で学んだことに対して誇りを持って巣立っていっていただきたいと思います。

本学の卒業は、皆さんにとって新たな出発であり、旅立ちでもあります。新たな出発にあたって、大学で何を学んだか、また、それを今後の人生にどのように生かしていくのかを考えていただきたいと思います。

今、日本は平成不況と呼ばれる長期的な不況の真っ直中にあり、大きな変革の時期にあります。皆さんも実感されているように、就職すること自体が大変難しい上に、従来のように一つの企業に就職したからといって生涯その企業にとどまれるとは限りません。従来型の終身雇傭制や年功序列制は、もはや過去のものと言っても過言ではありません。

企業からは、大学に対して即戦力として役立つ様な技術や知識を持った人材を養成することが求められています。これからの情報化・グローバル化の時代には、情報処理能力や語学力、法律や、経済・経営の知識がますます大切になってきます。

私は、これらの能力や知識の大切さを認めた上で、変革の時代であるからこそ、大学で学ぶことの最も重要な意義は、学ぶことに対する憧れと自己の利害を超えて社会に役立ちたいという気概をもつことであると思います。

孔子の言葉をお弟子さん達が書き残した『論語』という書物の最後に『命を知らざれば以て君子たること無し』という言葉があります。孔子は、若くして学問を志し、礼を以て国を治めようとしましたが、存命中は必ずしも受け入れられず、ある意味で志半ばにして世を去った人です。『命を知らざれば以て君子たること無し』の命とは、運命とも、天命とも、使命とも解釈できます。私は、人は生まれてきたからには、どんな人でも、果たすべき何らかの使命、役割があり、社会に役立つことができると確信しています。

失敗のない人生、挫折のない人生はありません。競争社会においては、成功者がいれば、必ず失敗者がいます。人生のすべてにおいてうまくいくということはあり得ません。人は、失敗と挫折を通じて他人の心の痛みを知り、人生の深い意味を知り、そして生涯の友を得るのです。

これからの変革の時代は危険や失敗も多いかわりに、チャンスも多い時代です。皆さんが自らの使命を知り、学ぶことへの憧れと社会に役立ちたいという気概を持ち、失敗を恐れず、具体的な目標を立てて挑戦し続けるという勇気を持つかぎり、道は開け、進むべき方向は見えて来るとおもいます。

いま、松山大学は、建学の精神を思い起こし、七八年の歴史と伝統を生かして、一〇年以内に地域で最も評価の高い文系総合大学たらんとして大学改革に取り組んでいます。本学の評価は、卒業生の皆さんが社会でどのように評価されるかにかかっています。皆さんによって、二一世紀の本学の歴史に新たな輝きが与えられんことを願ってやみません。

何よりも、皆さんにとって松山大学での学生生活が青春時代の香しい思い出としてこころに深く刻まれ、失意のとき、明日の灯りが見えないときに心をいやし、新たなる挑戦への勇気を与えてくれる心のふるさととして生き続けることを願って式辞といたします。

平成一三年三月二二日

松山大学　学長　青野　勝廣」(9)

式辞中、「四国に冠たる高等商業学校を！」との表現があり、その後の式辞でも多用されているが、松山高商の創立についての史料を調べたが、見当たらなかった。出所を御教示していただきたい。

三月二四日、午後三時二八分、芸予地震が発生した。松山は震度五強で、揺れは激しく、松山大学も大きな被害を受けた。一号館屋上高架水槽の破壊、本館西渡り廊下建物接合部コンクリートの剝落、東本館一階天井の落下、建物の内壁、外壁コンクリート亀裂、トイレ、空調関係の破損、パソコンの破損、研究室の書架の破損、書物の落下、等々。(10)

三月三一日、経済学部の高橋久弥（金融論、七〇歳、再雇用期間満了）、経営学部の小野けい子（心理学）、笠原俊彦（経営学総論）、倉田三郎（会計学）、湊晋平（経営工学）、秋山伸子（フランス語）、法学部の三好昌文（日本史）、人文学部の本宮健次郎（地理）らが退職した。(11)

〔注〕

（1）青野勝廣「理事長・学長就任の挨拶―地域社会の評価と費用・便益の視点を―」『学内報』第二八九号、二〇〇一年一月。
（2）『学内報』第二九〇号、二〇〇一年二月。
（3）『学内報』第二九一号、二〇〇一年三月。
（4）『学内報』第二八九号、二〇〇一年一月。
（5）『学内報』第二九一号、二〇〇一年三月。
（6）『学内報』第二八六号、二〇〇〇年一〇月。同第二八九号、二〇〇一年一月。同第二九一号、二〇〇一年三月。
（7）『学内報』第二九二号、二〇〇一年四月。
（8）同。
（9）松山大学総務課所蔵。
（10）『学内報』第二九三号、二〇〇一年五月。
（11）『学内報』第二九二号、二〇〇一年四月。

(二)二〇〇一年（平成一三）度

青野学長・理事長一年目である。本年度の校務体制は、経済学部長は清野良栄（一九九九年四月～二〇〇三年三月）、経営学部長は村上宏之（二〇〇一年二月一日～二〇〇五年一月三一日）、人文学部長は国崎敬一（二〇〇〇年一一月一日～二〇〇四年一〇月三〇日）、法学部長は竹宮崇（一九九九年四月～二〇〇三年三月）、経済学研究科長は岩橋勝（二〇〇〇年四月～二〇〇四年三月）、経営学研究科長は岡野憲治（二〇〇〇年四月～二〇〇二年三月）、図書館長は増田豊（二〇〇一年一月一日～二〇〇三年一二月三一日）、総合研究所長は東渕則之（二〇〇一年二月一日～二〇〇三年三月三一日）、教務委員長は中嶋慎治（二〇〇一年四月～二〇〇四年三月）、入試委員長は伊藤浩（二〇〇一年四月～二〇〇二年三月）、学生委員長は松浦一悦（二〇〇一年四月～二〇〇三年三月）、事務局長は村上泰稔であった。

学校法人面では、理事は八人で、学内から学長の青野勝廣、評議員から森本三義（一九九九年一月一日～、財務）、妹尾克敏（二〇〇一年一月一日～、総務）、岡山勇一（二〇〇一年二月一日～、教学）の三人、設立者又は縁故者から新田長夫、功労者から稲生晴、卒業生（温山会）から麻生俊介、今井琉璃男の二人が理事を務め、監事は雑賀英彦、中山紘治郎であった。(1)

本年度も次のような教員が採用された。(2)

経済学部

張　貞旭　一九五五年七月生まれ、京都大学大学院経済学研究科博士後期課程。助教授として採用。環境経済論。

経営学部

安積みづの　一九六三年五月生まれ、カン大学人間科学部フランス現代文学第三期課程（博士課程）。助教授として採用。フランス語。

上杉　志朗　一九六五年一一月生まれ、大阪大学大学院国際公共政策研究科博士後期課程。講師として採用。経営情報システム論。

菊池　一夫　一九七一年一二月生まれ、明治大学大学院商学研究科博士後期課程。講師として採用。マーケティング論。

法学部

甲斐　朋香　一九七〇年一〇月生まれ、九州大学大学院法学研究科博士後期課程。講師として採用。政治学概論。

四月三日、午前一〇時から愛媛県県民文化会館にて二〇〇一年度の松山大学入学式が行なわれ、経済学部四四六名、経営学部五九〇名、人文英語一三九名、同社会一三三名、法学部二九〇名、合計一五九八名、大学院経済学研究科修士課程八名、同博士課程二名、経営学研究科修士課程九名、合計一九名が入学した。(3)

青野学長は式辞において、松山大学の歴史、卒業生の活躍、校訓三実主義の精神を簡潔に述べ、今日は平成不況の真っ只中にあり、既存のものが変わる変革の時代であり、過去の固定した知識ではなく、未来を切り拓く知識を身につけ、充実したキャンパスライフを送って下さいと、歓迎の辞を述べた。その大要は次の通りである。

「まず最初に、新入生及びご父母の皆様に対しまして、私達、松山大学の教職員は、大学人としての誇りにかけて全力を尽くして教育活動を行うことを明言いたします。

松山大学は、大正一二年（一九二三年）「四国に冠たる高等商業学校を！」という地元愛媛の熱い要望とそれに応えた新田長次郎氏の浄財によって創立された松山高等商業学校以来、七八年の歴史を有します。その間、関係各位の高い志によって少なくとも四〇年以上にわたって、文系大学としては地域で最も高い評価を得てきた大学であり、西日本に立地する私立大学としては、三本の指に数えられてきた伝統ある大学です。

すでに五万人を超える卒業生は、実業界だけでなく、教育界を含む各界で活躍しています。特に愛媛県内においては、主要な企業の経営人の多くは、本学の卒業生で占められています。このように松山大学は、歴史と伝統を持つ大学であり、皆さんは誇りを持って学生生活を送っていただきたいと思います。

本学には、創立以来、真実、忠実、実用の三実主義という校訓があります。三実主義の真実とは、既存の知識にとらわれないで真理を学ぶことに憧れを持つことであり、忠実とは、人に対して誠実に接すると共に自分の言ったこと、行ったことに対して強い責任感を持つことであり、実用とは、学んだことを日々の生活の中で生かし、社会に役立てようとする気概と志を持つことであります。

この三実主義の精神は、正岡子規、秋山好古、秋山真之といった明治期の松山人が持っていた『青雲の志』、『潔さ』といった精神を受け継ぎ、本学の校訓に昇華させたものであり、二一世紀初めの今こそ、その輝きを増すものであると思います。

今、日本は、平成不況と呼ばれる長期不況の真只中にあります。社会からは、大学に対して、個性を持ち、専門知識を身につけた上で即戦力として役立つ人材、何よりも変革の時代を切り拓いていく気概を持った人材を養成することが求められています。

松山大学は、このような時代の要請に応えて、皆さんの個性と適性に合った目標を達成でき、各種の資格試験にも対応できるカリキュラムやコースを組んでいるつもりです。しかし、選ぶのは皆さん一人一人です。新入生の皆さんは、ぜひ一年生か二年生のうちに今後一〇年以内で達成可能な目標を定めて下さい。その目標は自己の利害を超えて社会に役立つものであって欲しいと思います。目標に到達するために何をどのように学べばよいかについては、積極的に先生方を尋ねて下さい。大学では、自ら学ぶという姿勢が大切です。皆さんがそれぞれの目標を持ち、学ぶことへの憧れを持ち続けるかぎり、必ず、それに応えてくれる人を見いだすことができます。志を同じくし、ともに学び合える先生、先輩、友人を得ることは、学生生活の最も大きな喜びの一つであり、終生の宝となります。(中略)

大切なのは、過去の固定化した知識ではなく、未来を切り拓く知識です。そして、未来を切り拓く知識は、皆さんが挑戦し、行動することによってのみ手に入れることができるのです。自らの可能性を信じて充実したキャンパスライフを送ってください。大学生活を通じて一人一人の本来の個性が発揮され、花開くことによって二一世紀の本学の歴史に新たな輝きが与えられることを願ってやみません。何よりもこれから始まる本学での学生生活が青春時代の香しい思い出として皆さんの心に深く刻まれることを願って式辞といたします。

平成一三年四月三日

松山大学　学長　青野　勝廣」(4)

この式辞中、校訓「三実主義」について、「創立以来、真実、忠実、実用の三実主義という校訓がありますと述べているが、厳密にいえば正しくない。加藤彰廉初代校長が校訓を述べたのは一九二六年三月八日の第一回卒業式であり、その順序は実用・忠実・真実であったからである。また、「三実主義」の精神について、「正岡子規、秋山好古、秋山真之といった明治期の松山人が持っていた『青雲の志』、『潔さ』といった精神を受け継ぎ、本学の校訓に昇華させたもの」と述べているが、これまでの校史ではそのような説明はなされておらず、青野学長の独自の解釈であろう。

四月一日、「学校法人松山大学資格・能力取得奨励金規程」が制定された（司法試験、公認会計士合格者三〇万円、税理士、司法書士合格、国家公務員I種合格者二〇万円等）。本学の資格重視のあらわれである。

四月二六日、青野理事長は理事長の諮問機関として「松山大学政策委員会」を設置した。それは「本学の発展に資する政策の企画・立案にあたり、本学構成員の意見を反映させるため」（第一条）に設置したものであった。委員は岡山勇一（理事）、妹尾克敏（理事）、森本三義（理事）、経営学部から藤井泰、人文学部から小松洋、法学部から柳川重規、短大から正岡啓、事務から高尾義信、高原敬明、そして、理事長委嘱として小田敬美、東渕則之、紅谷淳美が委員となった。委員長は青野理事長の指名により岡山理事が就任した。なお、経済学部からは、この政策委員会に異論が出て、四月二六日時点では委員を出していないが、後に、光藤昇が委員に入った。(5)

そして、青野理事長が「松山大学政策委員会」に諮問した事項は次のごとくであった。

1．教学に関する事項として

⑴適正な学生定員

(2)学部学科の構成（短大の改組問題を含む）
(3)大学院問題
(4)その他関連する事項

2．教育研究活動の改善と改革として

(1)入学者選抜方法の見直しと学生募集戦略
(2)各学部のカリキュラムの個性化と履修形態の弾力化
(3)国際化および情報化に対応できる語学・情報教育
(4)成績管理、進級、卒業判定の厳格化（社会の信頼と評価が得られる卒業生）
(5)学生による授業評価、ＦＤの組織的推進、教育に関する第三者評価の導入
(6)高大連携、大学間連携の在り方
(7)高度専門教育（プロフェッショナル・スクール）
(8)インターンシップ制度
(9)就職問題（温山会との連携）
(10)研究・教育面での地域との連携
(11)研究活動の活性化
(12)地域研究、言語、情報研究センター問題
(13)その他関連する事項（学生指導体制など）。

この「松山大学政策委員会」について、少しコメントしておきたい。

①理事長の諮問機関であるが、諮問事項をみると、教学に関するものであり、理事長ではなく、学長の諮問機関とすべきであっただろう。

②諮問事項は余りに膨大で多岐にわたりすぎており、絞るべきであろう。

③諮問事項の1の教学に関する事項の三つは、いずれも松山大学の今後の在り方・根幹にかかわる重要問題である。もし、定員問題や短大の改組を含む学部学科の構成、大学院問題を議題とするならば、当然、各学部長、各研究科長、短大副学長らが委員に入るべきであろう。

④諮問事項2の教育研究活動の改善と改革は、入学者選抜方法から始まって、学部教育や全学の教育活動全般に関することであり、また教員の研究活動に関わるものである。これらの諸課題を議題とするなら、当然既存の諸委員会との関係が問題とされるわけであるから、入試委員長、教務委員長、学生委員長、就職常任委員長や学部長らが入るべきであろう。また、各学部のカリキュラムの個性化と履修形態の弾力化については各学部教授会の議題であり、政策委員会で議題することではないだろう。

⑤「本学の発展に資する政策の企画・立案」「本学構成員の意見を反映させるため」と述べているが、委員長は理事長指名の岡山理事であり、理事三名が入り、また、理事長委嘱委員もいて、理事会主導型の委員会となっており、これでは、たとえ答申が出たとしても、各学部教授会での了解、そして、全学的な合意形成は難しいであろう。

⑥松山大学の改革を本当に押し進めるのであれば、議題を精選し、それを既存の委員会や各学部教

授会、合同教授会に提案し、合意のうえで行なう手法、すなわち通常の方法をとるべきであった。

⑦大学は学園協同体であり、企業とは異なる。民主的手続と合意形成が大学の運営方法である。だからこの青野理事長、理事会主導型の「政策委員会」の設置は、失敗が眼に見えており、青野理事長は最初からボタンをかけ間違えたといえよう。

四月二六日、青野理事長は「理事会試案」として、A．二〇〇二年（平成一四）度入試の恒常定員についてと、B．スカラーシップ入試の導入についてを示した。それは次の如くであった。

A．二〇〇二年（平成一四）度入試の恒常定員について（理事会試案）

	二〇〇二年度恒常定員	（予算定員）	二〇〇四年度（恒常、予算）
経済	三五〇名	（三八五名）	三九〇名
経営	三五〇名	（三八五名）	三九〇名
人文英語	八〇名	（八八名）	一〇〇名
人文社会	一〇〇名	（一一〇名）	一二〇名
法	二〇〇名	（二二〇名）	二二五名
計	一〇八〇名	（一一八八名）	一二二五名

この「試案」は、前比嘉学長時代に申請・認可された臨時定員増の半分を恒常定員とした決定を廃止し、臨時定員増前の恒常定員に復帰するものであった。なお、予算定員は恒常定員の一・一倍としていた。

B．スカラーシップ入試の導入について（理事会試案）
1．二〇〇二年度入試に「スカラーシップ入試（仮称）」を導入する
2．募集人員は全学で五〇名（各学部の募集定員の枠内）
経済　一五名
経営　一五名
人文　一〇名（英五／社五）
法　　一〇名
3．選抜要領
(1)大学入試センター試験の五教科五科目を受験すること（二次試験は行わない）
①国語：
②地理・歴史、公民：
③数学：
④理科：
⑤外国語：英語
(2)上記の教科のうち一科目以上を受験し、その高得点の五教科五科目の合計により合否を判定する（各学部共通の合格基準点を設定する）
4．特典
(1)この入試による入学した者については学納金（入学金＋授業料＋教育充実費）の二分の一を

減免する（成績不振の者については減免を取り消すことがある）。

(2)入学後は一年次から四年次まで各学部のカリキュラムの中で指定されたクラス、演習の履修を義務づける。

(3)入念な履修・学習指導および就職活動を行い、就職先確保を支援する。

この「理事会試案」について、少しコメントしよう。

①「理事会試案」とあるが、理事会には正式理事会と学内理事会があり、正式理事会で了承された試案ではないだろう。

②恒常定員について、二〇〇二年（平成一四）度入試から削減を行なうとしている。だが、定員変更は文部省への申請・認可事項であり、学則変更は教授会の審議事項であり、そして、二〇〇一年六月に二〇〇二年度の入試要綱を高校側に説明しなければならないのに、日程からみて大変窮屈であり、拙速・非現実的な提案となっていよう。

③恒常定員の削減を提案しているが、予算定員はその一・一倍を予定しており、入学予定学生数は余り変わらない（一二二五名を一一八八名に三七名減らすだけ）。定員削減というが、実際とは乖離しているといえよう。

④スカラーシップ入試の導入について、人数について、経済・経営学部は人文・法に比べて極めて少なく、アンバランスがあり、この人数割合では学内合意は困難であろう。また、五教科で優秀な学生が入学したとしても、(2)のごとく拘束したり、(3)のごとく特別扱いするのは、学生指導上

公平とは言えず、これまた異論がでよう。

要するに、この「試案」は拙速、非現実的、学内合意の見込みのない問題の多い提案であった、といえよう。

そして、五月一日に第二回政策委員会が開かれた。この委員会に青野理事長自らが出席し、「二〇〇二年（平成一四）度の入学定員の削減とスカラーシップの導入について」の提案の趣旨・内容、提案理由、提案に至る経緯を述べた。その提案内容は、四月二六日の「理事会試案」とほぼ同じだが、「スカラーシップ入試」の導入について、募集人員を五〇名から四五名に、社会学科は二〇〇三年度からと修正・変更した。おそらく、人社から批判が出て、受け入れたのであろう。そして、青野理事長は、提案理由として、①近年における偏差値の著しい低下、就職状況の悪化、本学学生の学力低下、愛媛大学における大学改革の着実な進展―松山大学の危機、②二〇〇一年度入試の志願者増の下における大学改革の意思表明と社会へのデモンストレーション効果、③二〇〇二年度に定員削減とスカラーシップ入試を行なわないことによる遺失利益の大きさ、④予算定員の確保、をあげていた。

この第二回政策委員会の会議について、少しコメントすると、諮問事項について議論をはじめようとする時に、青野理事長が出席し、早くも具体的原案を提起するというのは異例であり、委員会を青野理事長の下請け機関、追認機関化するもので、それは委員会及び委員を軽視しているといえよう。さすがに、委員会では、委員会に出席している理事長の発言への取扱、定員が削減されれば、教員の削減につながるのではないか、シミユレーションでは、二〇〇二年度から二〇〇八年度までに教員一〇名減となっている、等の種々の意見や疑義が出て、この二つの議案については、ともに継続審議になった。

五月七日、学部長会で、「理事会提案」の、①二〇〇二年度の恒常定員について、②スカラーシップ入試の導入について、が議題とされたが、何も決まらなかった。

五月九日、午前一〇時から正式理事会が開かれた。青野理事長は、議題として、①二〇〇二年度入学定員の削減について、②二〇〇二年度入試においてスカラーシップ入試を導入することを提案している。そして、③当日議題ではなかった学校法人松山大学寄附行為の変更について、急遽出した。(6) ③はあらかじめ議題を提案するという規程に反するものであった。

また、五月九日、松山大学温山会総会・松山支部総会が愛媛県県民文化会館にて開催された。そこで挨拶をした青野学長は「大学発展のためには現状を改革することを恐れない勇気が必要です。一八歳人口の減少、インターネット教育・専門学校の普及に伴い、付加価値のない大学は生き残れない、四国に冠たる文系大学を築きあげるため、学外に情報発信し、温山会や地域社会の評価を反映する組織づくりを進め、更にパイプを強める必要がある」と述べ、大学改革の推進とともに温山会・地域社会の声を大学運営に反映させる方向（寄附行為改正）を打ち出した。(7) 学内の声よりも学外の声を優先させる言明であった。

五月中旬以降、教授会、合同教授会で、ようやく理事会提案が審議された。

五月一〇日、各学部で教授会があり、理事会提案の二〇〇二年度の恒常定員削減が議題となったが、各学部では反対意見が多く出た。経営学部教授会ではこの日に否決した。

五月一一日、午後一六時より評議員会が開かれ、①二〇〇二年度入学定員を削減する件、②二〇〇二年度入試において「スカラシップ入試」を導入する件が議題に出されている。

五月一七日、合同教授会があり、青野学長は、①二〇〇二年度定員削減案と②二〇〇二年度スカラーシップ入試の導入案を提案したが、反対意見が続出し、採決されずに見送られた。これにより、二〇〇二年度実施の定員削減とスカラーシップ入試の導入案は頓挫した。

教学面で頓挫した青野理事長は、今度は本格的に寄附行為変更に向かっていった。

五月二一日、青野理事長、妹尾理事、越智企画広報部長が文部省を訪問、私学行政課から寄附行為変更についてヒアリングを受けた。

五月二三日、午前正式理事会があり、二〇〇〇年度決算と寄附行為の変更案について審議したが（五月九日に示された案と異なる）、寄附行為変更については、簡単に決めるな、学内の意見が聞こえてこない、などの意見が出て、先送りとなった。また、午後の評議員会では、決算のみ審議し、寄附行為変更議案には入らなかった。

六月一四日、午後評議員会があり、寄附行為の変更については、皆の意見を聞いていない、との発言が出て、先送りとなった。

六月一四日、二〇〇二年度大学院修士課程学内進学者特別選抜入試があり、経済学研究科修士課程は学内選抜入試で四名が受験し、四名が合格、社会人特別選抜では一名が受験し、一名が合格した。経営学研究科修士課程は二名が受験し、二名が合格した。(8)

六月一五日、妹尾理事が学校法人立命館を訪れ、甲賀光秀専務理事よりヒアリングを受けた。

六月二一日、岡山理事が「松山大学の復活再生へ向けて―今こそ、地域社会から評価される大学づくりを！」というビラを、教職員に配布した。しかし、このビラは五月一七日の合同教授会での発言や評議員会での委員の批判的発言を個人が特定できる形で、しかも正確に引用せず、問題の多いビラであった。後、合同教授会で、守秘義務違反で問題とされることになった。

六月二六日、青野理事長、妹尾理事が立命館を訪れ、甲賀光秀専務理事より寄附行為のヒアリングを受けた。

六月二九日、青野理事長は、「去る五月九日の正式理事会にて発議し、五月二三日の正式理事会、正式評議員会及び、六月一四日の正式評議員会で審議継続中の『学校法人松山大学寄附行為の改正素案』」を全教職員に七月二日のシンポジウム用資料として配布した。

その「改正素案」の大要は次の通りであった。

現行規程

①第5条（役員）

理事八人及び監事二人

②第6条（理事会）

③第9条（理事の選任）

(1)松山大学長

(2)評議員のうちから三人

改正素案

①第5条（役員）

理事一五人以上一七人以内、及び監事二人ないし三人

②第6条（理事会及び常任理事会）

③第9条（理事の選任）

(1)松山大学学長

(2)評議員のうちから三人

(3)法人の設立者又は縁故者及び功労者のうちから各一人
(4)温山会から二人
④第10条（監事）
法人の設立者又は縁故者及び功労者のうちから各一人
⑤第12条（評議員会）
評議員は二七人
⑥第15条（評議員の選任）
(1)教員から一二人
(2)事務職員から五人
(3)温山会から二人
(4)学識経験者八人

(3)教職員のうちから学長の推薦する者四人
(4)法人の設立者又は縁故者一人
(5)温山会長
(6)温山会から二人
(7)学識経験者から三人以上五人以内
④第10条（監事）
(1)法人の設立者又縁故者から一人
(2)理事長の指名する学識経験者一人ないし二人
⑤第13条（評議員会）
評議員は三四人以上四二人以内
⑥第16条（評議員の選任）
(1)教員から一二人
(2)事務職員から五人
(3)温山会から五人以上八人以内
(4)学識経験者一二人以上一七人以内

この「寄附行為改正素案」の変更点をまとめれば、次の如くである。

(1)理事について、
①理事の数を約二倍に増やす（八名→一五～一七名）。
②理事のうち功労者を廃止する。
③教職員から学長が推薦する理事四名を新設する。
④温山会の理事を増やす（二名→三名）。
⑤学識経験者の理事を新設する（三～五名）。
(2)監事について
①監事を増やす（二名→二～三名）。
②監事から功労者を廃止する。
③理事長の指名する学識経験者を新設する（一～二名）。
(3)評議員について
①評議員の数を大幅に増やす（二七名→三四～四二名）。
②温山会を大幅に増やす（二名→五～八名）。
③学識経験者を大幅に増やす（八名→一二～一七名）。
(4)常任理事会について
①常任理事会は理事長及び常任理事三名で組織し、常任理事は寄附行為第九条第一項(2)(3)の理事から理事長が推薦する。
②常任理事会は理事会の包括的授権に基づいて法人の業務を決定する。

この寄附行為改正の目的・ねらいについて、コメントしておこう。

(1)理事について

①教職員のうち学長推薦の理事四名を新設することにより、理事長主導型の法人経営をしていく。学長推薦とあるが、理事長を兼務しているので、理事長推薦と同じである。

②理事から本学の功労者を外し、功労者の干渉を除き、理事長主導型の法人経営をしていく。なお、現在功労者は、元理事長の稲生晴がしている。

③温山会出身の理事を増やし、支援者を増やす。

④学識経験者の理事を新設し、支援者を増やす。

(2)監事について

①監事から本学の功労者を外し、功労者の干渉を除き、理事長主導型の法人経営をしていく。なお、功労者は、元理事長の神森智がしていた。

②理事長指名の学識経験者を新設し、支援者を増やす。

しかし、監事について理事長指名というのは大問題であろう。監事は財産状況の監査と理事の業務執行の監査が任務であり、理事長指名だと、監査を受ける者（理事長）が監査するものを選ぶことになるからである。チェック機能の崩壊である。

(3)評議員について

①温山会の評議員を増やし、支援者を増やす。

②学識経験者の評議員を増やし、支援者を増やす。

(4)常任理事会について

①理事会の中に常任理事会を設け、包括的授権を付与する。

②常任理事三名は理事長が推薦し、理事長主導下キャビネット型の組織とする。

これら寄附行為の改正は、青野学長・理事長が教授会での支持が少数であることにかんがみ、法人体制において外部からの支援者(特に温山会)を増やすことにより、法人主導型の大学改革を押し進めようと考えたものであろう。また、自己が推薦する常任理事とともに、自己の考える大学改革、法人改革を自由に進めようと考えたものであろう。

七月二日、午後六時半より、松山大学と松温会(温山会松山支部内)の主催による松山大学シンポジウム「松山大学の社会的評価をめざして—定員問題と大学運営体制—」がカルフールにて行なわれた。

その際、資料①から⑬が配られた。資料①は一八歳人口の推移予測と大学進学率、資料②は過去一〇年間の就職状況(全体、公務員・教員及び一部上場企業採用状況)、資料③は研究業績の実情(愛媛大学法文学部との比較)、資料④は学部別偏差値推移、資料⑤は松山大学の復活再生に向けて(六月二一日付けの理事会文書、文責理事岡山勇一)、資料⑥はグローバル化時代に求められる高等教育の在り方について(答申)、資料⑦は大学(国立大学)の構造改革の方針、資料⑧は大学運営の改善について—寄附行為の変更(改正)を中心に(六月二七日付けの理事会文書)、等々であった。

その資料の中で、県内一八歳人口・大学進学者は減少し、就職率は二〇〇〇年度に七割を下回り、一部上場企業への就職率は一一・七％に低下、公務員・教員の採用状況は一〇年前の六分の一で目を覆いたくなる状況にあり、研究業績は愛媛大学法文学部と比較し、単行本、論文数、科学研究費、博士号取得が立ち遅れており、学部別偏差値推移で、二〇〇〇年度に経済四八・〇、経営五〇・四、人文五二・六、法五一・八となっており、一〇年間で経済一〇・一、経営七・三、人文八・一、法八・六のマイナスで、その低下が著しい、等々を示している。要するに、松山大学がいかに酷い大学であるかを学外に表明した資料であった。

シンポでは、岡山理事が司会し、妹尾理事が基調報告を行ない、本学の偏差値、就職状況、研究成果のデータ等を示し、理事会が取り組んでいる定員削減、スカラシップ入試、寄附行為の変更等について説明を行なった。パネラーとして学外からは愛媛県立松山中央高等学校教諭、愛媛銀行代表取締役中山紘治郎（監事）、学内からは廣澤孝之（教職員会推薦）、鈴木茂（教員組合推薦）、妹尾克敏（理事）が出席した。

しかし、このシンポは極めて問題があった。パネラーの発言については、発言の自由があるので、批判しても問題はないが、理事者側の取り組み、①定員削減、スカラシップ入試はすでに教授会で否決された問題であり、また、寄附行為は理事会、評議員会で審議中の問題である。学内で否決され、また審議中の議題を外部に出すのは不適切である。②また、六月二一日付けの理事会文書「松山大学の復活再生に向けて―今こそ地域社会から評価される大学づくりを！」を外部に配布したのも不適切であった。③さらに、監事がパネラーとして出席したのも不適切である。監事は理事会の業務が適切かどうかを監査する立場にあり、支援者・応援団ではないからである。

七月一二日、合同教授会があり、六月二一日付けの岡山理事のビラ「松山大学の復活再生に向けて―今こそ地域社会から評価される大学づくりを！」が問題として取り上げられた。そのビラの中で合同教授会での個人の発言が引用され、個人名が特定できえたからである。それは、発言内容を構成員以外に漏らしてはならないという合同教授会第一四条違反だとして理事会への批判があいつぎ、抗議決議が合同教授会で採択された。

七月一七日、経済学部教授会があり、そこで、寄附行為変更についてが議題となり、理事会の寄附行為変更に対し、反対が議決された。

同日、経済学部長（清野良栄）、経営学部長（村上宏之）、人文学部長（国崎敬一）の三学部長より、①新寄附行為改正案について、②松山大学シンポジウム（七月二日）について、合同教授会開催請求がなされた。

同日、政策委員会（第七回）があり、各委員から大学改革、大学院改革の案が出されている。大学院では英語教育系の大学院、社会学科の大学院、法科大学院、経済・経営の高度職業人の養成への特化、ビジネススクールの設置、学部では臨床心理学科の設置、政策総合学部の設置、人間環境学部の設置、等々、多岐にわたる案が出された。人文学部の改組は出ていないようである。文科系総合大学の充実を目指すなら、人文を改組して社会学部と文学部に発展、独立化が妥当であろう。

七月二六日、教職員会からも「寄附行為の改正素案」についての開催説明会の要求が出された。

七月二七日、午前正式理事会があり、六月二九日の寄附行為改正案（第一次改正案）の変更案（第二次修正案）が出された。修正点は、功労者理事を外した箇所で、批判が出たのであろう。「本法人の功労者又は学識経験者のうち理事長の推薦する理事三人〜五人」と修正していた。功労者の表現が残っているが、現行の功労者一人枠が除かれている本質に変わりはない。その他の①理事を一五人〜一七人に増やす、②教職員のうち学長推薦の理事四人を新設する、③温山会出身者を増やす、④監事から法人の功労者枠を外す、などは変わらない。この寄附行為改正案について、学内の合意が取れていないのにどうするつもりか、との発言が出て、議決はなされなかった。

同日、七月二日のシンポジュウムに参加したパネラーの教員が、理事会より、教員組合通信の記事の件（愛媛新聞社から抗議があった）およびパネラーに参加した高校教諭の校長に電話をかけたことについて、「事情聴取」されている。

八月三日、青野理事長は「松山大学戦略会議」を開催した。この会議は「松山大学の改革と再生並びに発展を目指すに当たり、本学の建学の精神を踏まえながら、有効なる戦略や施策につき、広く地域社会の意見を反映させるために」設置したものであった。委員は学外から一三名、うち本学の卒業生（温山会）が九名を占めていた。学内からは青野理事長・学長はじめ理事、各学部長、各研究科長、短大副学長、事務局長、企画広報部長、教務部長らが出席した。座長は温山会の宮内薫愛媛県出納長がなった。この日の会議では、岡山、妹尾理事が入学状況、就職状況、入学定員の削減、スカラシップ入試の説明、大学運営の改善（寄附行為の改正）等の説明を行なった。委員に卒業生が多いことから、大学の現状に対し、特に授業の在り方や危機意識等について厳しい意見が表明された、という。(9)

八月二一日、松山大学文京会、父母の会が開かれ、法人側は大学改革への取り組みに対する説明を報告し、その中で寄附行為変更の趣旨を説明している。

九月一一日、午後四時半より本館六階ホールにて、理事会より教職員向けの「松山大学寄附行為（改正案）」の説明会がなされた（七月二七日の第二次修正案と異なり、第三次修正案と名付けておく）。改正案の大要は次のようになっていた。

六月二九日の「改正素案」（第一次）

①第5条（役員）

理事一五人以上一七人以内、及び監事二人ないし三人

②第6条（理事会及び常任理事会）

理事会の下に常任理事会を置く

③第9条（理事の選任）

(1)松山大学学長

(2)評議員のうちから三人

(3)教職員のうちから学長の推薦する者四人

(4)法人の設立者又は縁故者一人

(5)温山会長

九月一一日の「改正素案」（第三次）

①第5条（役員）

理事一五人以上一七人以内、及び監事三人

②第6条（理事会及び常任理事会）

理事会の決定した業務を処理するために理事会の下に常任理事会を置く

③第9条（理事の選任）

(1)松山大学学長

(2)評議員のうちから三人

(3)教職員のうちから学長の推薦する者四人

(4)法人の設立者又は縁故者一人

(5)温山会長

(6)温山会から二人
(7)学識経験者から三人以上五人以内
④第10条（監事）
(1)法人の設立者又は縁故者から一人
(2)理事長の指名する学識経験者一人ないし二人
⑤第13条（評議員会）
評議員は三四人以上四二人以内
⑥第16条（評議員の選任）
(1)教員から一二人
(2)事務職員から五人
(3)温山会から五人以上八人以内
(4)学識経験者一二人以上一七人以内

---

(6)温山会から二人
(7)功労者又は学識経験者から三人以上五人以内
④第10条（監事）
(1)法人の設立者又は縁故者から一人
(2)理事長の指名する学識経験者一人ないし二人
⑤第13条（評議員会）
評議員は五〇人以上六〇人以内
⑥第16条（評議員の選任）
(1)教員から一二人
(2)事務職員から五人
(3)学部長及び短大副学長五人
(4)温山会から五人以上八人以内
(5)学識経験者八人以上一三人以内
(6)法人の理事を評議員とする

この、寄附行為変更（第三次）の大要は、次の通りである。

①理事について。法人の功労者枠を廃止し、法人の功労者又は学識経験者から三～五人と変更した。その他は変わらない。

②監事について。法人の功労者枠をひきつづき廃止し、また、理事長指名を続けていた。

③評議員について。大幅に増やした（三四～四二人↓五〇～六〇人）。それは、四学部長及び短大副学長を評議員とし、また、法人の理事を全員評議員とした。その代わり、学識経験者の評議員を減らした。

この変更について、少しコメントしよう。

①四学部長及び短大副学長を当然評議員としたが、教学の責任者と法人の役員は別であり、当然評議員とするのは問題があろう。

②法人の理事を全員評議員としたことは重大な瑕疵である。評議員会は、理事を選出する機関であり、また、理事会をチェックする機関であるからである。理事が全員評議員になれば、理事会をチェックできないからである。

九月一七日、一八日、二〇〇二年度の大学院第Ⅰ期入試（修士課程）が行なわれた。経済学研究科修士課程の志願者はいなかった。経営学研究科修士課程は五名が受験し、二名が合格した。(10)

九月一七日、学部長会があり、そこで、青野学長より「今治新都市構想の下での大学誘致問題について」の報告がなされた。そこで、本年八月初旬に今治市が予定している学園都市に本学のキャンパス、新学部設置の可能性について検討してほしい旨の要請があったこと、九月五日の学内理事会で新学部設置準備検討委員会を法人として設置することを決定、検討に入っていることを明らかにした。(11)ここから、新学部は今治学園都市に、と青野理事長らが考えていたことが判明する。

九月一八日、午前正式評議員会があり、寄附行為変更が議題となったが、理事会にとって居心地の悪いメンバーをおかないとダメだ、理事会の応援団ではダメだ、などとの反対意見がでて、この日も議決できなかった。

九月二一日、人文学部の教授会があり、寄附行為変更の審議がなされ、圧倒的多数で否決された。九月二五日、経済学部教授会があり、寄附行為変更の審議がなされ、反対が二九、保留一の圧倒的多数で否決された。

一〇月一日付けの『学内報』一〇月号（第二九八号）において、青野理事長・学長は「寄附行為の変更と理事長・学長の独裁体制」という論考を発表した。「今回の寄附行為の変更が理事長・学長の独裁体制になる」との批判者に反論し、今回の寄附行為の変更の要点は、見識をもって提言してくれる学外の理事・評議員を増やすことによって本学に欠けている社会の評価を反映させるシステムづくりをすること、変革の時代に対応し、法人運営と教学の機能分担を明確にし、責任を持って法人運営ができるような理事長・学長の支援体制づくりを行うために企画・立案能力を持つキャビネットを持つことだ、と論じた。そして、本学の構成員に対し、特に今まで自分を支持してくれた人達に対し、「あなた方は、本学の現状に危機感を持ち、改革を求めて卒業生の理事長・学長を選んだのではなかったのでしょうか。選んだ以上は、改革の方向が誤っていなければ、改革の手法を含めてサポートして頂きたい。そして、その評価は、次の学長選挙で下して頂きたい」と締めくくっていた。青野理事長主導の寄附行為の変更により、支持母体に動揺が起きているようだ。

一〇月一日、午後正式理事会があり、寄附行為変更（第四次修正案で、九月一一日の説明会で示されたものと、また異なっていた）が提案され、激論の末、六対二で「可決」したとのことである。それは次の通りである。

九月一一日の改正素案（第三次）

①第5条（役員）

理事一五人以上一七人以内、及び監事三人

②第6条（理事会及び常任理事会）

理事会の決定した業務を処理するために理事会の下に常任理事会を置く

③第9条（理事の選任）

(1)松山大学学長

(2)評議員のうちから三人

(3)教職員のうちから学長の推薦する者四人

(4)法人の設立者又は縁故者一人

(5)温山会長

(6)温山会から二人

一〇月一日の寄附行為改正案（第四次）

①第5条（役員）

理事一三人以上一五人以内、及び監事三人

②第6条（理事会）

③第9条（理事の選任）

(1)松山大学学長

(2)評議員のうちから三人

(3)教職員のうちから学長の推薦する者二人

(4)法人の設立者又は縁故者一人

(5)温山会から三人

(6)功労者又は学識経験者から三人以上五人以

(7)功労者又は学識経験者から三人以上五人以内

④第10条（監事）

(1)法人の設立者又縁故者から一人

(2)理事長の指名する学識経験者一人ないし二人

⑤第13条（評議員会）

評議員は五〇人以上六〇人以内

⑥第16条（評議員の選任）

(1)教員から一二人

(2)事務職員から五人

(3)学部長及び短大副学長五人

(4)温山会から五人以上八人以内

(5)学識経験者八人以上一三人以内

(6)法人の理事を評議員とする

内

④第10条（監事）

(1)法人の設立者又縁故者から一人、理事会において選任。

(2)功労者又は学識経験者から理事会において選任二人

⑤第13条（評議員会）

評議員は三二人以上三八人以内

⑥第16条（評議員の選任）

(1)教員から七人

(2)事務職員から五人

(3)学部長及び短大副学長五人

(4)温山会から五人以上八人以内

(5)学識経験者一〇人以上一三人以内

この第四次修正について、主な変更点は次の通りである。

①理事については、教職員のうちから学長が推薦する理事を四人から二人に減らした。
②温山会長枠を外し、温山会から推薦する理事を二人から三人に増やした。
③常任理事会の設置を本則から削除した。
④監事について、理事長の指名する学識経験者一人～二人から、功労者又は学識経験者から理事会において選任二人、として功労者をいれたことおよび理事長指名を外し、理事会選任としたこと。
⑤評議員について、五〇人～六〇人を、三二人～三八人に減らし、法人理事の評議員を削除したこと。また、教員選出の評議員を一二人から七人に減らしたこと。

これらの変更点について少しコメントしよう。
①青野理事長は、学長推薦の理事を四人にしたかったのだが、二人になったのは、おそらくは文科省の指導であろう。
②常任理事会の設置を第四次修正では本則から削除していることである。
③監事について、法人の功労者枠を排除していたが、功労者又は学識経験者から二人と変更した。これも批判があったのだろう。ただし、この規程では、功労者が必ず監事になる保証はない。また、理事長指名を外し、理事会選任とした。これも批判があったのだろう。
④教員選出の評議員の人数を減らしたのは、選挙による選出の軽視である。
一〇月四日、文部省に行き、寄附行為改正についてヒアリングを受けた。

一〇月一〇日、「松山大学戦略会議」が開かれ、寄附行為の変更と今治新都市構想にかかる新学部設置等について、報告、議論されている。青野理事長らは今治新都市に松山大学の新学部を開設する考えを外部に表明していた。

一〇月一二日の「政策委員会」では、第一次答申のとりまとめ、新学部構想について議論している。[12]

一〇月一三日、午前正式理事会があり、再度寄附行為変更について議決し、六対二で可決された。なぜ、再度議決したのかは不明であるが、おそらく、前回の議決に疑義が出されたからであろう。

一〇月二三日、清野経済学部長外一名が、文部科学省を訪問し、寄附行為改正について、教職員の合意を得ていない、役員構成について教学側の意向が適切に反映されていない、学内理事会の規程化がなされていない、等の問題点を上げ、指導をお願いに行った。なお、この時、青野理事長らは清野学部長らが文科省に行くことを思い止まらせようと、早朝松山空港で待っていたとのことである。清野学部長らは、それを予測し、前日の夜、高浜港から大阪に出て、東京に向かっていた。

一〇月二六日、青野理事長は「学校法人松山大学寄附行為変更認可申請書」を文部省に提出した。その変更点は次の通りである（『学内報』第三〇〇号、二〇〇一年一二月に対照表が掲載されているが簡略化した）。

現行規程	新規程
①第5条（役員）	①第5条（役員）
理事八人及び監事二人	理事一三人以上一五人以内、及び監事三人

②第9条（理事の選任）
(1)松山大学長
(2)評議員のうちから三人
(3)法人の設立者又は縁故者及び功労者のうちから各一人
(4)温山会から二人
③第10条（監事の選任）
(1)法人の設立者又縁故者及び功労者のうちから各一人
④第12条（評議員会）
評議員は二七人
⑤第15条（評議員の選任）
(1)教員から一二人
(2)事務職員から五人
(3)温山会から二人
(4)学識経験者八人

---

②第9条（理事の選任）
(1)松山大学学長
(2)評議員のうちから三人
(3)教職員のうちから学長の推薦する者二人
(4)法人の設立者又は縁故者一人
(5)温山会から三人
(6)功労者又は学識経験者から三人以上五人以内
③第10条（監事の選任）
(1)法人の設立者又は縁故者一人
(2)功労者又は学識経験者から二人
④第13条（評議員会）
評議員は三二人以上三八人以内
⑤第16条（評議員の選任）
(1)教員から七人
(2)事務職員から五人
(3)学部長、短期大学副学長五人
(4)温山会から五人以上八人以内

――　(5)学識経験者一〇人以上一三人以内

新寄附行為の特徴を繰り返しになるが、再度まとめておこう。

(1)理事について

①理事の数を大幅に増やした（八人→一三〜一五人）

②学長推薦の二人の理事を新たに設けた。

③温山会の理事を増やした（二人→三人）

④理事のうち功労者枠一人を廃止した。

⑤功労者又は学識経験者から理事三人を新設した。

(2)監事について

①監事を増やした（二人→三人）

②監事の功労者枠を外し、功労者又は学識経験者から二人にした。

(3)評議員について

①評議員の数を大幅に増やした（二七人→三二〜三八人）

②学部長、短大副学長を当然評議員とした。その代わり、選挙による教員選出の評議員を減らした。

③学識経験者の評議員を大幅に増やした（八人→一〇〜一三人）。

④温山会の評議員を大幅に増やした（二人→五〜八人）。

一一月二日、「政策委員会」から理事長に次のような七項目にわたる第一次答申書が出された。大要は次の通りである。なおもスカラシップ入試に固執していたことがわかる。

①スカラシップ入試を二〇〇三年度から導入する(四学部五学科で五〇名、納付金の半額免除、五教科五科目試験等)。

②一年次から導入教育を実施する(情報技術の修得、文献、資料の探索収集方法の指導、レポート、論文の書き方等)。

③すべての授業を本学の教職員、在学生の父母、本学の卒業生に公開する。

④全科目について学生による授業評価の実施

⑤二〇〇二年度から研究費の傾斜分配システムの導入(研究業績に応じた研究費の上乗せ)

⑥インターシップ教育の全学的実施

⑦遠隔授業導入の検討

一一月九日、文部省(遠山敦子文部科学大臣)により、寄附行為変更の認可がおりた。

同日、理事会は「学校法人松山大学寄附行為施行細則」を制定した。そこで、理事会の下に常任理事会をおき、理事長と三名の常勤理事で組織すること、理事長補佐を若干名置くこと、常任理事会は「理事会の包括的授権に基づいて、この法人の日常業務を決定する」ことなどを定めた。(13) このように、寄附行為の本則から常任理事会規程を削除し、施行細則でそれを定めた。包括的授権とは、常任理事会の権限強化である。

一一月一六日、一七時四〇分より七号館で、理事会より新寄附行為の説明会があり、出席者より批判がなされた。

一一月一七、一八日、二〇〇二年度の推薦入試、AO入試、特別選抜入試、編入学試験が行なわれた。前年に比し、主な変化は、経済が指定校を一三〇名から一一五名に減らし、一般公募を二〇名から三〇名に増やしたことである。結果は次の通りであった。(14)

		募集人員	志願者	合格者
経済学部	（指定校制）	一一五名	一三一名	一三一名
	（一般公募制）	三〇名	一九二名	六九名
	（特別選抜）	一四名	八名	八名
経営学部	（アドミッションズ・オフィス）	一二四名	三一二名	二一一名
人文英語	（指定校制）	二〇名	二二名	二二名
	（特別選抜）	一〇名	二二名	一五名
人文社会	（指定校制）	一五名	二三名	二三名
	（特別選抜）	若干名	二名	二名
法　学　部	（一般公募制）	七〇名	二三三名	一三四名
	（特別選抜）	若干名	二名	二名

一一月二一日、正式理事会があり、稲生理事が本日付けで辞任することを表明した。青野理事長の

法人運営に対する抗議であった。また、残りの理事が一一月末で辞任することを決めた。後、一二月一日付けで就任する新理事、新監事、新評議員が提案された。

一一月二九日、学校法人の評議員選挙があり、教育職員では、川東竫弘（新）、森本三義（再）、宍戸邦彦（再）、小田敬美（新）、尾崎恒（新）、田村譲（新）、藤井泰（新）が選出された。なお、理事の岡山勇一、妹尾克敏は選ばれなかった。事務職員では、猪野道夫（再）、越智純展（再）、西原重博（新）、村上泰稔（再）、山本真哉（新）が選ばれた。新評議員には青野学長・理事長に反対ないし批判的な人たちが多く選ばれた。

一二月七日、正式評議員会が開かれ、評議員から選ばれる理事選挙があった。新理事として、藤井泰、田中哲、森本三義の三人が選出された。これまで、学内者から理事が選ばれていたが、今回初めて外部から田中哲（温山会）が選ばれた（一二月一日より）。

新しい寄附行為に基づいて、二〇〇一年一一月三〇日付けで学校法人松山大学の理事、監事、評議員、理事長補佐が辞任、退任し、そして、一二月一日付けで新しい理事、監事、評議員、理事長補佐が就任した。(15)

新理事は次の通りである。

1．評議員の互選によるもの

田中哲（新任）、藤井泰（新任）、森本三義（常勤理事、再任）

2．教職員のうちから学長の推薦するもの

岡山勇一（常勤理事、再任）、妹尾克敏（常勤理事、再任）

3. 設立者又は縁故者
新田長夫（再任）
4. 温山会が同会員から推薦するもの
麻生俊介（再任）、今井琉璃男（再任）、石川富治郎（新任）
5. 功労者又は学識経験者
一色友昭（新任）、友近勝之（新任）、宮内薫（新任）、山崎宏（新任）

新監事は次の通りである。
1. 設立者又は縁故者
雑賀英彦（再任）
2. 功労者又は学識経験者
阿部弘治（新任）、中山紘治郎（再任）

新評議員は次の通りである。
1. 教育職員が互選したもの
尾崎恒（新任）、小田敬美（新任）、川東竫弘（新任）、宍戸邦彦（再任）、田村譲（新任）、藤井泰（新任）、森本三義（再任）
2. 事務職員が互選したもの
猪野道夫（再任）、越智純展（再任）、西原重博（新任）、村上泰稔（再任）、山本真哉（新任）
3. 学部長及び短大副学長

清野良栄（再任）、村上宏之（新任）、国崎敬一（再任）、竹宮崇（再任）、八木功治（新任）

4．温山会が同会員から推薦する者

池内義直（再任）、大向深志（新任）、田中哲（新任）、田中正隆（新任）、久井満（新任）、堀晋（新任）、宮内順三（新任）、明関和雄（再任）

5．学識経験者

石丸直史（新任）、加戸守行（再任）、加藤哲夫（新任）、加藤純正（新任）、関谷孝義（新任）、土居俊夫（再任）、長井明美（新任）、中村時広（再任）、橋本尚（新任）、長谷川学（新任）、水木儀三（再任）、村上健一郎（再任）、森本惇（新任）

理事長補佐は次の通りである。

岡野憲治（新任、経営学部）、東渕則之（新任、経営学部）、村田毅之（新任、法学部）

新しい寄附行為後の青野理事長の体制の特徴について、少しコメントをしよう。

①教育職員の互選による評議員に選ばれなかった妹尾克敏、岡山勇一の二人が青野学長推薦枠で、理事となり、常勤理事に就任したことである。

②評議員互選の理事は、いままでの寄附行為では学内の教職員であったが、今回、温山会員の田中哲が初めて選ばれたことである。

③功労者又は学識経験者の理事にかんし、法人の功労者が一人も理事に入っておらず、そして、学識経験者は殆どが温山会員であった。

④理事一四人中、学内者は五名、学外者が九名となり、学外者が多かった。
⑤功労者又は学識経験者からの監事にも、功労者が選ばれなかった。
⑥評議員三八名中、学内者は一七名、学外者は二一名で、学外者が多かった。
⑦評議員の学識経験者の中に多く温山会員が入っていた。

全体として、学外者が学内者より多くなり、そして、温山会員の大学運営への関与が数の上で大きく進んだことである。また、学長推薦枠の二人の常勤理事への就任は、元々少なかった教員の支持がますます青野学長・理事長から離れていく契機となった。

二〇〇二年一月一九、二〇日、二〇〇二年度の大学入試センター試験が行なわれた。本年のセンター試験利用入試（前期日程）では、募集人員を経営学部が前年の六〇名から五〇名に減らした。結果は次の通りである。[16] すべての学部で志願者が減ったが（一七・六％減）、特に経済と人英の落ち込みが大きかった。

	募集人員	志願者（前年）	合格者
経済学部	三〇名	八九八名（一二七八名）	三三七名
経営学部	五〇名（前期）	八八九名（九五二名）	三〇一名
人文英語	二〇名	三四〇名（四一一名）	一七六名
法学部	二〇名	四八八名（五三三名）	二四三名
計	一二〇名	二六一五名（三一七四名）	一〇五八名

二月五日、「政策委員会」が青野理事長に対し、第二次答申書を出した。それは、各学部学科の教

育目標と到達基準の設定について、であった。具体的には、各種検定試験等の合格率の設定であった。

二月九～一二日にかけて、二〇〇二年度の一般入試が行なわれた。九日が経済学部、一〇日が経営学部、一一日が人文学部、一二日が法学部の試験であった。一般入試の募集人員は経済二二五名（前年二二九名）、経営二二〇名（前年と同じ）、人文英語五〇名（前年と同じ）、社会一〇五名（前年と同じ）、法学部一四五名（前年一五〇名）で、経済と法が少し減らした。試験会場は、本学、東京（代々木ゼミナール代々木校）、大阪（大阪ＹＭＣＡ会館）、岡山（代々木ゼミナール岡山校）、広島（代々木ゼミナール広島校）、小郡（北九州予備校山口校）、福岡（公務員ビジネス専門学校）、高松（高松高等予備校）、徳島（高川予備校佐古本校）、高知（土佐塾予備校）の一〇会場。検定料は三万円。志願者は経済一五九一名（前年一七六八名）、経営一四五三名（前年一五五七名）、人文英語三八三名（前年四一二名）、人文社会七九五名（前年八三一名）、法学部一〇五六名（前年一〇二三名）、合計五二七八名（前年五六〇六名）で、法学部を除き、三学部で減少し、前年より、三二八名、五・九％の減少で、厳しい状況が続いた。合格発表は二月二〇日。経済六七四名（前年七六七名）、経営四四五名（前年六八七名）、人文英語一七六名（前年二二七名）、人文社会三二二名（前年三九三名）、法学部三五五名（前年四九七名）、合計一九七二名（前年二五七一名）を発表した。

学費は前年と同一の据え置きで、入学金二〇万円、授業料五七万円（ただし、二年次以降は二万円のステップ制とする）、教育充実費も一七万円であった。二〇〇二年度中の景気回復は望めそうもなく、地域の経済状態は依然として厳しく、家計状態も厳しく、父母の学費負担を避けたいためであった。(17)

二月一八日、任期満了に伴う短期大学副学長選挙が行なわれ、八木功治教授（五八歳、実用英語）が再選され、二月二〇日、任期満了に伴う大学院経済学研究科長と経営学研究科長選挙が行なわれ、経済学研究科では岩橋勝教授（六〇歳、日本経済史）が再選され、経営学研究科では平田桂一教授（五五歳、商学総論・商業史）が新たに選出された。(18)

三月七、八日、二〇〇二年度の大学院Ⅱ期入試（修士、博士）が行なわれた。経済学研究科修士課程は四名が受験し、四名が合格した。同博士課程は三名が受験し、三名が合格した。経営学研究科修士課程は四名が受験し、四名が合格した。同博士課程の受験はいなかった。(19)

三月一三日、本学と放送大学との単位互換協定が締結された。これにより、二〇〇二年度から放送大学の授業を履修できるようになり、取得単位を一六単位以内卒業要件として認定できるようになった。(20)

三月二〇日、午前一〇時より愛媛県県民文化会館にて、二〇〇一年度の松山大学卒業式が行なわれ、経済学部三八三名、経営学部四三七名、人文英語一〇五名、同社会一三九名、法学部二八八名が卒業し、経済学研究科修士課程一四名、経営学研究科修士課程六名が修了した。加戸守行愛媛県知事が来賓で出席し激励した。青野学長は式辞において、本学の歴史、卒業生の活躍を述べ、今日は変革の時代であり、知識を修得し、時代を切り拓く能力と意欲を持つと同時に心を広げ、他の人の心の痛みを知る人になってください、と激励した。(21)その大要は前年度とほぼ同様であった。

「卒業生の皆さん、卒業するにあたって今一度本学の歴史に想いをいたして下さい。松山大学は大正一二年（一九二三年）、『四国に冠たる高等商業学校を！』という地元愛媛の産・官・学をあげての熱い要望とそれに応えた新田長次郎氏の浄財によって創立された松山高等商業学校以来、七九年の歴史を有します。その間、関係各位の高い志によって少なくとも四〇年以上にわたって、文系大学としては地域で最も高い評価を得てきた大学であり、関西以西に立地する私立大学としては、三本の指に数えられてきた伝統ある大学です。

五万人の卒業生は、実業界だけでなく、教育界を含む各界で活躍しています。特に愛媛県内においては、主要な企業の経営陣の多くは、本学の卒業生で占められています。

皆さんは、このような歴史と伝統を持つ松山大学で学んだことに対して誇りを持って巣立っていっていただきたいと思います。

本学の卒業は、皆さんにとって新たな出発であり、旅立ちでもあります。新たな出発にあたって、大学で何を学んだか、また、それを今後の人生にどのように生かしていくのかを考えていただきたいと思います。

今、日本はグローバル化の流れの中で大きな変革を迫られています。変革の時代にあっては、情報処理能力や語学力、法律や経済、経営の知識に加えて、未知のものに挑戦する能力と意欲を持つことが大切です。変革の時代は、絶えざる自己改革を成し得ない組織や個人は生き残れないという意味で、生涯学習時代でもあるのです。

私は、これらの知識や能力の大切さを認めた上で、変革の時代であるからこそ、大学で学ぶことの最も重要な意義は、心を広げ、他人の痛みを知り、社会に役立ちたいという志を持つことであると思います。

イギリスの高名な経済学者のA・マーシャルは、ロンドンの貧民街を歩いて人々の貧しさを知り、経済学の研究を志したといわれています。温かい心と社会に役立ちたいという志を持たないような知識や能力は、学問の名に値しません。知識を修得し、時代を切り拓く能力と意欲を持つと同時に心を広げ、他の人の心の痛みを知る人になってください。

失敗のない人生、挫折のない人生はありません。夢があるからこそ、挫折があるのです。夢をなくさないでください。アメリカの詩人ロバート・フロストに「人は流れに逆らって立ったときに、本当の姿をあらわす」という言葉があります。逆境に立ったときに、その人のほんとうに身に付いた教養や志があらわれるのです。肩の力を抜いて、広い心で一歩高いところから自分を見つめ直してください。必ず道は開け、灯りは見える筈です。

今、松山大学は、大学淘汰の時代を迎えるにあたって、建学の精神を思い起こし、七九年の歴史と伝統を生かして、一〇年以内に地域で最も評価の高い文系総合大学たらんとして危機意識を持って大学改革に取り組んでいます。本学の評価は、卒業生の皆さんが社会でどのように評価されるかにかかっています。皆さんによって二一世紀の本学の歴史に新たな輝きが与えられんことを願ってやみません。何よりも、皆さんにとって松山大学での学生生活が青春時代の香しい思い出として時と共にその輝きをまし、失意のとき、明日の灯りが見えないときに心をいやし、新たなる挑戦への勇気を与えてくれる心のふるさととして生き続けることを願って式辞といたします。

平成一四年三月二〇日

松山大学　学長　青野　勝廣」(22)

三月二九日、経済学部の教員が、七月二日のシンポにパネラーとして出席した教諭の高校の校長に電話したこと、愛媛新聞の特集記事並びに寄附行為改正問題に係わって教授会の反対決議を踏まえて文科省に訪問したことに対し、理事会から就業規則違反だとして、不当な譴責処分を受けている。

三月三一日、経済学部では、田辺勝也（社会保障論）、望月清人（社会政策論、七〇歳）が再雇用期間を満了し、退職した。経営学部ではある教授が退職し、転職した。彼は学内の要職を長年続けてきた人であるが、学外で公認会計士の仕事をしていることが問題とされ、退職を余儀なくされた。法学部では石倉文雄（税法）が再雇用満了で退職し、高橋紀夫（商法、手形小切手）が退職し、転職した。(23)

その他のことであるが、本年度、二〇〇一年度入試における青野学長への入試手当支給が問題となった。従来のルールや理事会と教職員会、教員組合との「入試手当に関する確認書」（二〇〇一年三月三〇日）に違反して、理事会は青野学長に対し、入試手当を原資の枠外から一三万八九三〇円過大に支給していたことが判明し、監事への監査請求も含めて、やりとりが行なわれている。

〔注〕

（1）『学内報』第二九二号、二〇〇一年四月。
（2）同。
（3）『学内報』第二九三号、二〇〇一年五月。
（4）松山大学総務課所蔵。
（5）発足当初の政策委員会名簿より。『学内報』第二九三号、二〇〇一年五月。同第二九四号、二〇〇一年六月。第二九六・二九七号、二〇〇一年八・九月。
（6）『学内報』第二九四号、二〇〇一年六月。

（7）同。
（8）『学内報』第二九六・二九七号、二〇〇一年八・九月。
（9）『学内報』第二九八号、二〇〇一年一〇月。
（10）『学内報』第二九九号、二〇〇一年一一月。
（11）理事会ニュース2、二〇〇一年一一月一日。
（12）『学内報』第三〇〇号、二〇〇一年一二月。
（13）『学内報』第三〇一号、二〇〇二年一月。
（14）同。経済の特別選抜はスポーツ九名、その他五名。
（15）同。
（16）『学内報』第三〇二号、二〇〇二年二月。
（17）『学内報』第二九五号、二〇〇一年七月、同第二九八号、二〇〇一年一〇月、同第三〇二号、二〇〇二年二月。
（18）『学内報』第三〇三号、二〇〇二年三月。
（19）『学内報』第三〇四号、二〇〇二年四月。
（20）『学内報』第三〇五号、二〇〇二年五月。
（21）『学内報』第三〇四号、二〇〇二年四月。
（22）松山大学総務課所蔵。
（23）『学内報』第三〇四号、二〇〇二年四月。

(三)二〇〇二年（平成一四）度

青野学長・理事長二年目である。本年度の校務体制は、経済学部長は清野良栄（一九九九年四月～二〇〇三年三月）、経営学部長は村上宏之（二〇〇一年二月一日～二〇〇五年一月三一日）、人文学部長は国崎敬一（二〇〇〇年一一月一日～二〇〇四年一〇月三〇日）、法学部長は竹宮崇（一九九九年四月～二〇〇三年三月）、経済学研究科長は岩橋勝（二〇〇〇年四月～二〇〇四年三月）、経営学研究科長は平田桂一（二〇〇二年四月～二〇〇四年三月）、図書館長は増田豊（二〇〇一年一月一日～二〇〇三年一二月三一日）、総合研究所長は東渕則之（二〇〇一年二月一日～二〇〇三年三月三一日）、教務委員長は中嶋慎治（二〇〇一年四月～二〇〇四年三月）、入試委員長は永野武（二〇〇二年四月～二〇〇四年三月）、学生委員長は松浦一悦（二〇〇一年四月～二〇〇三年三月）であった。

本年度事務機構に変更があった。青野理事長は法人本部を設置した。そして、法人本部長兼大学事務局長に武智忠彦（元愛媛県庁職員、松山商科大学卒）を採用し、それまで事務局長であった村上泰稔は八〇周年記念事業実施本部事務局長とした。しかも、その席は、温山会館の中に設けられた。この人事・配置は明らかに左遷、報復人事と見られ、松山大学の事務職員に驚きをもって迎えられ、事務職員の人心が青野理事長執行部から離れていく契機となった。

学校法人面では、森本三義（一九九九年一月一日～、財務）、妹尾克敏（二〇〇一年一月一日～、二〇〇三年一二月三一日、総務）、岡山勇一（二〇〇一年二月一日～二〇〇三年一二月三一日、教学）が引き続き常勤理事を務め、青野理事長を支えた。(1)

四月、新しい教員として経営学部で松本純（一九七二年二月生まれ、明治大学大学院商学研究科博士後期課程、一般経営史）が講師として採用された。(2)

四月二日、午前一〇時から愛媛県県民文化会館にて二〇〇二年度の松山大学入学式が行なわれ、経済学部四五九名、経営学部四一八名、人文英語一〇三名、同社会一三九名、法学部二六二名、合計一三八一名（編入を含む）、大学院経済学研究科修士課程九名、同博士課程三名、経営学研究科修士課程一名、合計一三名が入学した。

青野学長は、式辞において、松山大学の歴史、卒業生の活躍、三実主義の解説をし、今、松山大学は一〇年以内に地域で最も評価の高い文科系総合大学を目指し大学改革に取り組んでいることを述べ、キューリー夫人の言葉「自分の星をつかみなさい」を紹介し、皆さんも自分の求める星を見出してくださいと、激励した。(3) その大要は次の通りである。

「まず最初に、新入生及びご父母の皆様に対しまして、私達、松山大学の教職員は、大学人としての誇りと責任を持って全力を尽くして教育活動を行うことをお誓いいたします。

松山大学は、大正一二年（一九二三年）「四国に冠たる高等商業学校を！」という地元愛媛の産官学をあげての熱い要望とそれに応えた新田長次郎氏のご寄附によって創立された松山高等商業学校以来、松山経済専門学校、松山商科大学を経て、今年で七九年の歴史を有します。その間、関係各位の高い志によって四〇年以上、文系大学としては地域で最も高い評価を得てきた大学であり、西日本に立地する私立大学としては、三本の指に数えられてきた伝統ある大学です。

すでに五万三〇〇〇人を超える卒業生は、実業界や行政・教育界を含む各界で活躍しています。とりわけ愛媛県内では、主要な企業の経営陣の多くは、本学の卒業生で占められています。このように松山大学は、歴史と伝統を持つ大学であり、皆さんは誇りを持って学生生活を送っていただきたいと思います。

本学の教育理念は、真実、忠実、実用という三実主義であらわされます。三実主義の真実とは、既存の知識にとらわれないで真理を学ぶことに憧れを持つことであり、忠実とは、人に対して誠実に接すると共に自分の言ったこと、行ったことに対して強い責任感を持つことであり、実用とは、学んだことを日々の生活の中で生かし、社会に役立てようとする気概と志を持つことであります。この三実主義の精神は、司馬遼太郎氏の『坂の上の雲』にも登場する正岡子規、秋山好古、秋山真之といった明治期の松山人が持っていた『青雲の志』、『潔さ』といった精神を受け継いだものであり、二一世紀初めの今こそ、その輝きを増すものであると思います。

これからの一〇年間は、日本社会にとっても変革の時代といわれています。変革の時代は、同時に未来を切り拓く創造の時代であり、挑戦の時代でもあります。

今、松山大学は、建学の精神を思い起こし、八〇年に及ぶ歴史と伝統を生かして、一〇年以内に地域で最も評価の高い文科系総合大学を目ざして、教職員、卒業生一体となって大学改革に取り組んでいます。新入生の皆さんも今日からこの歴史的事業に主人公として参加していただきたいと思います。本学には、学生が主役となって先生方に研究会の設立を呼びかけ、学術雑誌等を発行してきたという輝かしい歴史があります。本学の評価は、何よりも本学で学ばれる皆さんが、社会からどのように評価されるかにかかっています。

ノーベル物理学賞と化学賞を受賞したキューリー夫人の伝記に『自分の星をつかみなさい』という言葉があります。最愛の夫ピエールを事故で失い、打ちひしがれたキューリー夫人が再び立ち上がるきっかけとなった言葉です。空には無数の星があり、そのひとつひとつが異なった輝きと美しさを持っています。皆さん一人一人が自分の求める星を見出し、その輝きを手に入れてください。皆さんが、志を高く持ち、自らの可能性を信じて挑戦し続けるかぎり、必ず求める『自分の星をつかむ』ことができます。

松山大学は、これまで『就職に強い』という社会での評価を生かし、皆さん一人ひとりの個性と適性にあった目標を達成することができ、各種の資格取得にも対応できるカリキュラムやコースを用意しているつもりです。しかし、選ぶのは皆さん一人一人です。大学というところは、高校までは違って、自分自身で社会的な目標を定め、自ら学ぶという姿勢が大切です。

大学生活を通じて皆さん一人一人の本来の個性が発揮され、花開くことによって二一世紀の本学の歴史に新たな輝きが与えられることを願ってやみません。何よりもこれから始まる本学での学生生活が青春時代の香しい思い出として皆さんの心に深く刻まれることを願って式辞といたします。

平成一四年四月二日

松山大学　学長　青野　勝廣」。[4]

四月一一日、合同教授会で、法学部のみの定員削減を決めた（二二五名→二一〇名）。一学部のみの定員削減とは問題があろう。

四月一二日、青野理事長は「総合情報システム検討委員会」を発足させた（委員長岡山勇一、委員長代行に東渕則之）。

四月一六日から、伊予銀行寄附講座の『まちづくり学』がはじまった。[5]

四月二四日、青野理事長は、「政策委員会」に「松山大学創立八〇周年記念事業としての新学部の設置について」諮問した。新学部の留意事項として、本学の評価を高めるような実質の伴った学部であること、本学の建学の精神・教育理念を体現する学部であること、財政的に可能な規模をもつ学部であること、本学の適正収容学生数五〇〇〇名以内をめざすこと、を挙げた。

四月二五日、「政策委員会」(第一七回)が開かれ、新学部設置の議論が始まった。

五月一日、労働組合「松山大学教職員組合」が結成された。これは、従来の教職員会(親睦団体)、教員組合(労働組合)とは別組織で、教員及び事務職員四〇数名で構成された。委員長は北島健一(経済学部)、副委員長は掛川猛(事務)、書記長は中田二三(事務)であった。活動方針として労働条件悪化につながる役職退任制度、人事考課制度(下位者が上位者を考課するというもの)、新任教員任期制等に取り組むことを表明した。この組合の結成により、本学の職員組織は、教職員会、教員組合、教職員組合の三つとなった。なお、教職員会と組合との二重加入は認められている。

五月九日、松山大学温山会・松山支部総会が愛媛県県民文化会館で行なわれ、青野学長は挨拶の中で、「高い志をもった新しい学部をつくる」ことを表明した。(6)

五月一五日、「政策委員会」(第一八回)が開かれ、新学部設置(八〇周年記念事業)が議論されている。

六月一日、青野学長・理事長は『学内報』第三〇六号(二〇〇二年六月)に「松山大学八〇周年と新学部構想」と題した論考を発表した。その大要は次の通りで、早くも新学部の構想を示した。

「今、松山大学八〇周年記念事業として、かねてから懸案であった新学部構想を実現したいという声が沸き上がっている。

新学部の具体的内容については現在『政策委員会』で議論されているが、二一世紀の地域社会における企業やまちづくりのリーダーとなり得る知識と志を持った人材を養成する学部、地域社会への貢献度が日本一、学生への教育付加価値が日本一となるような学部を目指していただきたい。

既存学部との関係については、新しい地域社会のニーズに合致した人材養成や研究を行なうためには、既存学部の枠組みは阻害要因となる。既存学部の枠組みの中での修正ではなく、それを超えた新しい発想の下での学部をつくることが必要である。

今、なぜ新学部かについては、本学の偏差値は長期的に低下し、就職状況は悪化している現状があり、他方、一八歳人口は大幅に減少し、二〇〇四年には国立大学の独立行政法人化による大学間競争の激化が考えられ、地域で最も評価の高い文系総合大学でないと生き残れない可能性が高い。八〇周年記念事業としての新学部構想はこのための重要な戦略である」[7]。

このように、青野学長は、既存学部の充実や改組でなく、新学部構想を表明した。

六月六日、「政策委員会」（第一九回）が開かれた。新学部の審議がなされた。

六月七日、総合研究所主催の松山大学市民フォーラム二〇〇二「グローバリズムと地域経済」がカルフール・ホールで行なわれ、大阪学院大学の池本清教授が基調講演を行ない、あと、パネル・ディスカッションが行なわれた[8]。

六月一三日、大学院（経済・経営）学内進学者特別選抜入試が行なわれた。経済学研究科修士課程は三名が受験し、三名が合格した。経営学研究科修士課程は一名が受験し、一名が合格した。[9]

また、同日、「松山大学戦略会議」が開催された。そこで、早くも「（仮称）総合マネジメント学部」構想が外部に示されている。

六月一七日、「政策委員会」（第二〇回）が開かれた。

六月二四日、「政策委員会」は理事長より諮問のあった「八〇周年記念事業としての新学部設置について」を四回にわたり委員会で審議し、青野理事長に答申した。それは次の通りであった。[10]

新学部の概要

①名称　（仮称）「総合マネジメント学部」

②規模　入学定員一五〇名～二〇〇名

③開設年度　平成一六年度

④教員組織　専任教員数一四名以上

そして、「総合マネジメント学部」の提言に至った理由の大要は次の如くであった。

「二一世紀を迎えた今日、我が国は少子高齢化、情報化、グローバル化が進み、流動的で複雑化した社会となっている。国や地方の行政レベル、各企業の経営戦略、地域商店街の活性化、まちづくりなどの分野において、既存の単一分野の修得では解決が難しい。

このような複雑な諸問題に対して、新しい学問的アプローチが必要で、これらの問題の解決に向けた政策を立案・遂行・評価できる人材、地域社会や企業において高い志と使命感を持ち、マネジメント能力の高いリーダーの育成が求められている。

新学部の科目群としては、コミュニケーション能力の修得をめざす「訓練科目群」、政策科学や経済・経営・法政策などの基礎知識の修得をめざす「基幹科目群」、それらの総合的実践・活用の「展開科目群」、さらに高い志と使命感を持ち、地域社会や企業に貢献できるマネジメント能力を持った人材を育成する「マネジメント演習」を組む。

教員組織としては、各分野で優れた実績のある教員を配置し、豊富な実務経験を有する教員を迎え、理論と実践を総合した教育研究体制とする。」

この（仮称）「総合マネジメント学部」について、少しコメントしておきたい。

①まず、手続の問題である。新学部を検討する場合、理事長の諮問機関にすぎない「政策委員会」で審議すべきではないだろう。通常の大学運営の方法、即ち各学部長が入り、各学部教授会から委員を出し、そして、理事会メンバーも加わった、全学的な新学部構想委員会で審議し、各学部教授会にフィードバックし、合意の上で決定すべきであろう。

②次に、答申文書についてである。新学部は（仮称）にすぎず、その設置理由書はA四で二枚にみたず、余りにも貧弱である。エッセンスを述べただけであり、これでは、答申の体をなしているとはいえないだろう。

③致命的なのは、既存学部との関係が不明なことである。「既存学部とは競合・補完関係を保ちな

がら、有機的連携を強めることによって相乗的効果が期待でき」とあるが、みずから競合すると考えており、既存学部、とりわけ、経営学部と競合（直接打撃）するのは間違いないであろう。

これでは全学的合意はまず不可能であろう。

七月一〇日、愛媛経済同友会（関啓三、森本淳代表幹事）が青野学長に「地元経済界として二〇〇三年に創立八〇周年を迎える貴学に対し、地域社会から、最も高く評価される文系総合大学へ発展される為、地元企業が望む人材、いわゆる高い志と使命感を持って夢を実現させるような若者を輩出できるような新学部の設置を要望」した。翌一一日の愛媛新聞に「経済同友会、新学部の創設、松山大に要望」の記事が掲載されている。

七月一六日、常任理事会ニュース9が構成員に配布され、そこで、六月二四日に「政策委員会」から青野理事長に答申された「松山大学八〇周年記念事業としての新学部の設置について」が構成員に示された。あわせて、経済同友会の新学部設置の要望書も添付された。

七月一七日、経済学部教授会が開かれ、新学部（仮称）「総合マネジメント学部」構想に対する批判がなされ、審議はわずか四回しか審議していないその拙速性、その構想が構成員に知らされず、外部に示されている本末転倒性等の問題点が指摘され、また、新学部構想は既存学部に大きな影響を与えるものであり、合同教授会や各学部教授会での議論が必要という、教授会声明が出されている。

七月一七日、松山大学教員有志代表の、岡山勇一、岡野憲治、東渕則之、中山勝己の四名が、青野理事長・学長に対し「（仮称）総合マネジメント学部」創設に関する要望書を提出した。そのビラが一八日に学内構成員に配られた。そのビラにおいて「私ども有志一同は、この間、政策委員会における八〇周年記念事業の一環としての新学部設置に関する議論の動向に多大の関心を持ち、その結果に注目して参りました。政策委員会のこれまでの議事録やこの程公表された「政策委員会第四次答申書」で伺う限り、「(仮称)総合マネジメント学部」創設の理念、教育目標、教育方法など、いずれも本学が「地域で最も高く評価される大学として再生するための要件を具備した内容となっていると判断します。……私ども有志一同はこの『(仮称)総合マネジメント学部』設置の趣旨に賛同するとともに、新学部の一員として先頭に立ってその実現に向けて努力したいと考えています。理事会におかれましても新学部設置のための行動を速やかに開始していただくよう要望致します」と記されていた。

岡山氏は常勤理事で政策委員会の委員長、東渕氏は理事長補佐で政策委員として「マネジメント学部」を推進している当事者であり、岡野氏は理事長補佐であり、中山氏がビラを出すのならともかく、岡山、東渕、岡野氏が名を連ねるとは、奇妙で違和感を感ずるビラであった。

七月二六日、正式理事会が開かれ、「(仮称)総合マネジメント学部」の設置の件が議題として出され、岡山勇一常勤理事が、①入学定員一五〇〜二〇〇名、②収容定員六〇〇〜八〇〇名で、本学の収容定員増とせず既存学部の入学定員を振り返る、③専任教員一四名以上(専門科目担当者)で二〇〇四年(平成一六)度開設予定、の概要を提案し、異議なく承認された。

八月二三日、愛媛県経済四団体(商工会議所連合会、商工会連合会、中小企業団体中央会、経営者協会)が青野学長に「現在構想されている『(仮称)総合的なマネジメント学部』の設置を速やかに実現されることを強く要望する」という要望書が提出された。(11) その記事が翌二四日の愛媛新聞に「県内経済四団体　松山大に新学部要望　マネジメント人材育成を」として掲載された。

八月二四日の日本経済新聞にも、「松山大　新学部、二〇〇四年設置、総合マネジメント学部、企画立案など重視」の記事が出ている。

新学部構想は、学内の構成員にはまだ正式に示されていないのに、次から次へと外部から新学部設置の要請書が出され、新聞報道がなされているが、学内構成員の知らないところで、既成事実化が進んでいる。

八月三〇日、正式理事会が開かれ、創立八〇周年記念事業『（仮称）総合マネジメント学部』（案）設置の趣旨とその概要および新学部の入学定員を一八〇名とする場合の財政シミュレーションが報告され、承認されている。

九月二日、常任理事会ニュース12が発行され、そこで、『（仮称）総合マネジメント学部』の概要が構成員に配られた。それは次の通りである。

新学部の概要

①名称　（仮称）「総合マネジメント学部」

②規模　入学定員（一学年あたり）一五〇～二〇〇名、収容定員六〇〇～八〇〇名（現在多くの大学で実施されている、既存学部の定員振り向けによる）

③開設年度　二〇〇四年（平成一六）度

④教員組織　専任教員数一四名以上（専門科目担当者）

そして新学部の趣意書の大要は次の通りである。

1. 新学部設置の必要性

戦後の本学の歴史を振り返ると、昭和二四年大学昇格以降、三七年経済・経営への改組、四九年人文、六三年法学部創設というように、社会の要請にあわせて一三～一四年の間隔で脱皮を繰り返している。内部の自己改革は現在の枠組みや利害関係を前提として行なわれるもので、現状を大きく変える変革はできない。それゆえこれまで一定の間隔で新しい入れ物として新学部が設けられた。

既存の器を前提とする変革力は限界があり、社会のニーズに応えるだけの変革はできない。世の中の激変に鑑み、本学も今や大きく脱皮しなければならない時期を迎えている。

2. これからの社会と大学のあり方―(仮称) 総合マネジメント学部の教育課程編成の基本姿勢―

二一世紀を迎えた現在、わが国は大きな変革期にある。この先、これまで以上に流動的で複雑化した社会になるだろう。今後、求められる人材とは未来を切り拓く志と使命感、不屈の精神力を持ち、現状と問題点を的確に把握し、解決策を見出し組織的にそれを成し遂げる能力を持った人材である。

わが国の大学の学部構成は、既存の学問に従った縦割りのものが大半で、流動的で複雑化した社会において、経済、経営、法学等の専門領域の知識や分析枠組みでは対処できない。国、地方の行政レベル、各企業の経営戦略、地域商店街の活性化、町づくりなどの分野では多方面からの複眼的な分析が必要である。幅広い知識と視野を持ち、問題意識をもった人材を養成する複合的な学部が必要である。

3.（仮称）総合マネジメント学部の教育カリキュラムの特徴

―知識・スキル・マインドを三位一体で修得―

新学部の教育は、高い志と使命感を持った、複眼的なマネジメント能力の高いリーダーを育成することを目的としている。この目的達成のためには、知識だけでは不十分で基盤となるスキルと何よりも心の力が必要である。そのために、「知識、スキル、マインド」を三位一体とするカリキュラムを設ける。

知識面では政策科学、経済学、経営学、法学の幅広い複眼的知識の修得、スキル面では、英語、コンピュータ、論理思考などの醸成、マインド面では、志、使命感、責任感、コンプライアンス精神等の高揚である。

専門科目群

・総合コミュニケーション科目（訓練科目群）（必修）
・英語運用能力
・ロジカル・シンキング
・コンピュータ・リテラシー

○基幹科目（必修）

・経済学の基礎、経営学の基礎、法学の基礎、政策科学の基礎、総合マネジメント論、マネジメント数学、仕事と人生（キャリアマネジメント論）、等

○展開科目群（選択必修）

・文化・コミュニケーション群
・地域マネジメント群
・観光とまちづくりのマネジメント群
・市場／組織／人のマネジメント群
・コストと資産のマネジメント群
・データと情報のマネジメント群
○マネジメント演習（必修）
・政策プロジェクト研修
・基礎指導、専門演習、職業指導、卒論

4. 本学既存学部との違い

○総合の意味するもの

マネジメントとは、一定の人的、物的、資本等の諸資源を効率的・効果的に最大化をはかる方法であり、計画→実施→評価→改善のサイクルを廻すことであり、このマネジメント概念を企業を対象に適用するのが経営学である。

それに対して「総合マネジメント」は既存の経営学よりも二つの点で遥かに広い。一つはマネジメントの適用が企業経営以外に社会の様々な局面、例えば行政や経済の運営、まちづくり、観光振興など多方面にわたること、もう一つは、マネジメントには政策科学、経営学、経済学、法学等の知識が幅広く、総合的に要求されることである。

○「学問分野（縦割り）」ではなく、「社会のニーズへの対応（横割り）」に基づく学部創設

そもそも総合マネジメント学部創設の発想は、学問による縦割りではなく、社会のニーズを出発点にしている。松山大学のニーズとしては地域の発展の核となる人材の育成と研究の推進であろう。社会が必要とする人材とは、「知識、スキル、マインド」の三拍子揃った人材を育成することが必要である。

5．建学の精神と三実主義という教育理念に則った教育実践
―実践の重視、少人数教育、個別面談指導（Tutorial）―

本学には誇るべき建学の精神と三実主義という教育理念がある。建学の精神とは「研究の重視」「少人数教育」「指導教員による徹底した指導」「課外活動を通じた人格形成」にある。しかし、現状では、建学の精神や教育理念が受け継がれていない。新学部では、研究の重視と共に、教育方法として「実践の重視」「少人数教育」「指導教員による個別面談指導」を行なう。

6．教員組織の特徴
―実践的教育可能な教員組織の整備、及び教育指導体制の確立―

既存学部の教員の移籍を含め、豊富な実務経験の有する教員を迎える。学外の実務家やコンサルタントを非常勤や有期雇用教員として招く。

7．新学部における研究の特徴―地域社会の発展の核となる研究集積―

地方の視点から、地域経済、産業振興、起業、まちづくり、観光、文化、デザイン等政策マネジメントの研究に注力する。

8．結び―当面する目標としての『教育付加価値日本一』『地域貢献度日本一』

一〇年以内に『教育付加価値日本一』『地域貢献度日本一』をめざす。これを夢物語として笑う人があるかもしれない。最初からあきらめては成るものは成らない。新学部は志と使命感をもって夢を実現させる学部である。新学部が日本一の気概と志、使命感をもたずして有為な人材を育成できようか。また、既存の四学部五学科と有機的連携を持ち、お互い切磋琢磨して総体として松山大学の教育研究能力、地域貢献度を上げる。

この（仮称）『総合マネジメント学部』の概要について、少しコメントしておこう。

①六月二四日の政策委員会「答申書」に比べ、約五倍、一〇ページにわたり、趣旨説明、カリキュラム、既存学部の経営学部との違いなどやや詳しくなっている。しかし、要卒単位、具体的授業科目名もなく、なおデッサンにすぎず、学内向けには不十分であろう。

②「総合」の意味や経営学部との違いの説明がやや詳しくなっていた。しかしながら、この説明では、従来の企業中心の経営学・経営学部に代わって、企業だけでなく、もっと幅広く多方面にわたる教育、研究するところの、総合マネジメント学部という第二の経営学部がつくられるだけで、既存の狭い経営学部は直接打撃となろう。

③もし、総合マネジメント学部の理念にこだわるならば、新学部ではなく、直接競合する経営学部の改組をなぜ模索しないのかが理解できない。経営学部教授会で議論して、マネジメントの理念を実現する学科を設ける方向を目指すべきであろう。とにかく、既存学部は自己改革はできな

い、新学部ありきで出発したのが間違いであろう。

④また、何故、新学部なのかが説得的でない。もし、本当に松山大学の将来を考え、新学部を構想するなら、既存学部とは競合しない、新規の需要を開拓するような学部を考えるべきであっただろう。

⑤総合マネジメント学部の定員は、「既存学部からの定員振り向けによる」となっているが、その既存学部での具体的な定員削減が示されていない。これでは、既存学部は合意できないであろう。

⑥建学の精神について、「研究の重視」「少人数教育」「指導教員による徹底した指導」「課外活動を通じた人格形成」と説明がなされているが、それらは初代校長加藤彰廉先生の教育方針、生徒訓育の方針であり、言わば、三実主義の教育理念実現の具体化であって、建学の精神ではないだろう。「研究の重視」は、真実を教育するためには教員自らが研究をすることが前提であり、三実主義の「真実」の探究の教員版である。「少人数教育」「指導教員による徹底した指導」も教育方法論である。

本学には、建学の精神と銘うったものは、文献上はない。しかし、高商創立の経緯、寄附行為、学校運営の方法、校風、生徒訓育・教育方針としての校訓三実主義の精神、新田長次郎、加藤彰廉校長の人となり等を総合的に判断すれば、明らかになるだろう。

さしあたり、設立者長次郎翁は「独立自尊」論者であり、専務理事（理事長）にも理事にもならず、また、「金は出すが、口を出さず」、「学校のことは先生方に任せる」という謙虚な態度をとったこと、加藤校長は「伊予の福沢先生」と言われ、温厚で生徒第一主義であり、また校長と専務理事を兼務し、教学と経営の対立ではなく、教学中心の学校運営を行なったこと等を鑑み、建学の精神は「独立自尊、教学優先の自主経営・自治経営」と考えておきたい。

⑦教員組織で、実務家教員を迎えるが、それは有期雇用となっている。これで、教育付加価値日本一が達成できるか疑問である。

⑧その他、定員を一八〇名と八月三〇日の理事会で決定したのに、ニュースでは古いままとなっている。

九月三日、奥道後で、常任理事と学部長・短大副学長との話しあいがもたれた。話し合いは険悪で、決裂した。この時、「新学部設置に反対するなら、腹をくっておけ（大学をやめろとの意味）と発言したとのことである。

九月五日、温山会（麻生俊介会長）が、全国の温山会三八支部長すべての署名を添えた「八〇年記念事業としての新学部設置について（要望）」を出した（九月九日の常任理事会ニュース14に紹介されている）。

九月六日、常任理事会ニュース13が発行された。『（仮称）総合マネジメント学部』設置にかかる財政シミュレーションについて」であった。そこで、四学部五学科の現行入学定員一二一〇名のうち、一八〇名を「総合マネジメント学部」に振り向けることになっていた。その結果、既存学部四学部五学科の定員は一二一〇名から一〇三〇名に減らされていた。また、新学部の専門科目担当教員は一五名とし、既存学部からの移籍教員と新規雇用教員とで構成されるが、新規雇用教員は任期制による実務家教員を登用する、と述べていた。

九月一三日、一四時二〇分より合同教授会が開催された。新学部の経過、内容、シミュレーションが初めて議題となった。学長は二時間という時間設定を理由に、発言者を遮って合同教授会を打ち切り、大多数の教員が着席しているにもかかわらず、学長が退席した。

九月一七日、一六時一五分より本館六階ホールにて、理事会は教職員に対し、「（仮称）総合マネジメント学部」に関する説明会を行なった。七〇余名が参加したが、多くは職員（五〇名ぐらい）で、教員の参加は低調であった。参加者から、高校にリサーチしたのか、全国の総合学部は偏差値が低い、総合のコンセプト理解できない、松山大は経済・経営が稼いできた、その定員を減らすと松大は危なくなる、等の発言があった。

九月一八日、理事会は「新学部設置に関する学外者との懇談会」を行なった。その会合には学外の理事、監事、評議員、温山会の支部長、愛媛県議会議長（温山会出身）等が出席していた。そして、この会合に出席した宮崎満元学長・理事長は、愛媛県議会議長からの「新学部の設置になぜ反対なのか、なぜダメなのかを開陳していただきたい」との要請に対し、大要次のように述べたという。現理事会体制はAOSアンドO体制である、AOSとは、青野、岡山、妹尾さん、最後のOは温山会。教員の信用していないAOS体制に温山会が加担している、教員が信用していないのはAOS体制をつくるために学校法人松山大学の憲法である寄附行為の改定を行なった、こんな破廉恥な同僚がいることが恥ずかしい、百年の大計に関するようなことについてはお前たちの意見なんか誰が聞くもんか、と述べたと言う。(12)

宮崎満元学長・理事長は、二〇〇〇年一一月の学長選挙における青野候補の推薦人の一人であった。当初は青野学長を支持していたが、寄附行為改正に青野理事長が乗り出して以降、青野学長・理事長支持から離れ、反対の急先鋒に転じていた。それは、宮崎元理事長だけではなかった。宮崎元学長・理事長の支持者の多くが青野理事長側から離れた。

九月一八、一九日に二〇〇三年度の大学院第Ⅰ期入試が行なわれ、経済学研究科修士課程は志願者がなかった。経営学研究科修士課程は三名が受験し、一名が合格した。(13)

九月二五日、国崎人文学部長の任期満了に伴う人文学部長選挙があり、国崎敬一（五二歳、社会学概説、経済社会学）が再任された。(14)

九月三〇日、平成一四年度前期松山大学・松山短期大学の卒業式が行なわれた。青野学長は式辞において、大学の歴史、卒業生の活躍を述べ、現在日本は長期不況下にあり、大きな変革の時代にあるとして、ケインズのアニマル・スピリットを紹介し、激励した。(15)

一〇月一日付けで、青野理事長は、法人本部次長として藤本一彦氏（元愛媛銀行、松山商科大学卒）を採用した。(16)法人本部長の武智氏に続く二人目の学外からの採用であった。

一〇月八日、理事会が開かれ、図書館業務のアウトソーシングが決められている。

一〇月一五日、松山大学は午後六時半よりカルフールにて、第二回松山大学シンポジウム「大学創立八〇周年記念事業としての新学部設置―地域貢献度&教育付加価値№1の大学をめざして―」を開催した。パネラーは愛媛県商工会議所連合会会頭の水木儀三、ニッタ株式会社の雑賀英彦（本学の監事でもある）、温山会新居浜支部長の興梠安、人文学部長の国崎敬一の四名であった。学内外から二五〇名程が参加した。その際、『（仮称）総合マネジメント学部』概要の説明資料が配布された。その目次は次の通りであった。

1．（仮称）総合マネジメント学部の指針―人材の育成―
2．（仮称）総合マネジメント学部の教育カリキュラムの概要
3．（仮称）総合マネジメント学部と既存学部との違い
4．建学の精神と三実主義という教育理念に則った教育方法の実践
5．教員組織の特徴
6．新学部における研究活動
7．『教育付加価値日本一』、『地域貢献度日本一』の松山大学を目指して

まず、理事長補佐の東渕則之が「（仮称）総合マネジメント学部」の研究・教育内容や教育理念・方法、既存学部との違いについて報告し、後、水木儀三、雑賀英彦、興梠安、国崎敬一の四名のパネリストによる意見発表および討議がなされた[17]。

だが、この新学部構想は学内で十分議論されて、合意の上で外部に出されたものではなかった。当然、その手法に対し、学内から批判が起きた。

一〇月一五日、このシンポ当日、宮崎満、比嘉清松、岩橋勝、岩林彪、宍戸邦彦の理事長・理事経験者五名が、現常任理事会の現在の状況を憂う声明「現理事会の拙速主義を憂慮する！」を発表した。その大要は次の通りである。

「青野勝廣現学長理事長は就任以来諸問題に精力的に取り組んできたが、昨秋の寄附行為強行

改訂以来リーダーシップ精神をはき違えた独断専行的運営は、外部の良識ある関係者をも巻き込み、学内に不毛な対立を招来させている。その最たるものが本年八月末に学内構成員に示されたばかりの新学部設置案である。その適否如何を学外に問う以前に提案を白紙に戻し、十分な学内論議を保証すべきである。

1. 本学の緊急最重要課題は、現役学生への配慮・教育充実である！

新学部設置の理由として、既存四学部では地域社会のニーズに応えられない、としているが、現役学生への教育充実の努力こそ最重要で、その努力を放棄し、はじめに新学部ありきの姿勢は本学園の歴史に禍根を残す

2. 実行性ある改革案は学内の叡智を集約してから学外に問うべし！

温山翁の建学時の高邁な精神に照らして、理事会の任務は教学がスムーズに行えるような環境整備に徹すべきである。今回は、学外への情報提供が先行した。まずは、学内の論議をつくし、叡智を集約した上で、学外への協力要請するのが当然である。現状は学外者に対し礼を失している。ただちに仕切り直しをすべきである」

一〇月一七日、合同教授会が開催され、多数の構成員から青野学長および常勤理事の責任を問う意見が出された。

一〇月二九日、常任理事会ニュース16が発行され、翌三〇日にも常任理事会ニュース17が発行され、去る一〇月一五日のシンポ当日に配布された元理事長、理事経験者の声明ビラへの反論が掲載さ

れた。

一〇月三〇日、村上宏之経営学部長の任期満了に伴う学部長選挙が行なわれ、村上宏之(四六歳、財務会計論)が再選された。[18]

一〇月三一日、一四時一五分から合同教授会があり、青野学長は理事会提案の「(仮称)総合マネジメント学部」を平成一六年度(二〇〇四年度)からの実施を議題とした。激論の末、投票に入り、九二人が投票し、賛成は一三、反対が七二、白票七で、理事会提案は圧倒的多数の下に否決された。

しかし、青野学長はなお新学部を断念せず、理事会に持ち帰るとした。そこで、緊急動議として青野学長不信任案が出され、激論の後、青野学長は後の議事を四学部長に任せた。そして、青野学長不信任動議が付され、八四人が投票し、賛成六〇、反対一六、白八で、不信任案が可決された。終わったのは一九時過ぎであった。

しかし、青野学長は新学部構想否決の責任も取らず、学長不信任にもかかわらず、退陣しなかった。

一一月一三日、宮崎満、比嘉清松元学長および理事経験者の岩橋勝、岩林彪、宍戸邦彦の五名が「青野学長のいさぎよい退陣を勧告する!」を声明した。その大要は次の通りであった。


「一〇月三一日開催の本学合同教授会において、理事会が提案した『(仮称)総合マネジメント学部』設置案は圧倒的多数の反対票により、否決された。さらに、その後教授会構成員から提案された『学長不信任案』は出席者の三分の二を越える賛成票により可決された。同不信任案は現行学内規程では拘束力のあるものではないが、昨年の寄附行為改定以来の現理事会に対する本学園教員の蓄積された不信感が如実に表れたものであり、その意味するところは重く、座視できないものである。この後に展開されるであろう学内の諸混乱を避けるため、すみやかに自らの進退について決断されるよう、我々は強く勧告する。

前記教授会において予想外に多く示された新学部設置案に対する反対票、および学長不信任案に対する賛成票は、基本的に教職員と誠実に対話しながら問題解決を図ろうとせず、外部の良識ある関係者を巻き込んで常任理事会の意向を強行させようとする独善主義に対する反発であって、現学長はもはや本学園リーダーとしての資格を失ったといわざるを得ない。その論拠を以下、列挙する。

1．新学部設置案が合同教授会で否決された責任を学長として果していないこと

直接の責任はここにある。新聞やテレビ、財界代表、温山会会長や支部長など、多くの外部関係者を巻き込んでの設置運動に失敗し、これらの方々への対外的責任はきわめて重大であるにもかかわらず、学長として現在までに、どのような責任をとろうとするのかなんらあきらかにしていない。学園構成員として、このようなリーダーがまだ居直っていることに憤りを禁じ得ない。

2．教学側との対話欠如に基づく真の教育改革努力の放棄

現常任理事会が今日の本学園の現状、とりわけ外部からの厳しい評価を直視し、改善策の基本である教職員のモラールをたかめるためのあらたな研究助成制度を創出したり、学外からの意見を教育現場や学園運営に反映させようとしていることは一定の評価をあたえること

ができる。しかしながら、大学改革の手段はきわめて多様なものである。それは様々な選択肢の中から現場の教職員が現状をふまえて十分に討議を尽くし、試行錯誤的に実施するカリキュラム改革のようなものであって、たんに偏差値を上げればそれで解決というものではない。現場教職員はそれぞれのポジションで悩みつつ学生と対峙しているのであって、もし怠慢や誤りがあるとすれば、相互に啓発し合って解決すべきものなのである。今回の新学部設置をめぐる政策委員会の議論の中で、既存学部が硬直的と決め付けるような理事会メンバーの発言（第一八回議事録、P．八）はそうした努力を放棄するものである。

3．より緊急を要する教学改革の怠慢

本学園では新学部設置よりも緊急に検討を要する、ロースクール問題や人文学部改組問題、大学院新設・拡充問題など、既存学部の改革問題が論議されてきていた。これらこそが喫緊の課題であり、優先さるべきであるにもかかわらず、これを放置して新学部問題と法人部門の膨張と権限強化に狂奔した、バランスを欠いたリーダーシップ発揮であった。

4．政策委員会に於ける議事運営の不当性

そもそも今回の学長不信任決議に結びつく新学部設置問題は、当初より常任理事会が主導性を発揮して成案に至ったと判断せざるを得ない。諮問者であり、答申を受ける理事長が常時出席し、議事運営に影響を及ぼしているのみならず、構成員一三名中四名が常任理事会メンバーであって、その他選出委員のわずか三名が理事会の意見に同調すれば多数意見となる構成となっている。加えて、中立であるべき議長が特定案に収束させる議事運営に努めているのみならず、対立意見に対して否定的見解を少なからず展開している事実（とくに第一八～二〇回分議事録参照）は、第三者機関としての同委員会の客観性をいちじるしく損なうものであった。

さらにいえば、提案されている新学部設置を平成一六年度開設と急ぎ、かつ学部内容を専門横断的としているのは、現常任理事会メンバーおよび同調者の多くが『より居心地の好い』場所に移籍し、その居場所確保のためである、と学内でささやかれているのを耳にするが、そのような疑いの目で見られるようなことのないよう、『李下に冠をたださず』の気概を示すべきであった。

5．学外関係者との不適切な連携

（略）

6．在学生および父母関係者の大学に対する信頼感の低下ないし喪失

（略）

7．事務職員のモラールの低下を招く人事政策の失敗

およそ教職員のやる気と能力を引き出せるかどうかは、たぶんに経営体のリーダーシップいかんによるところ大であって、とりわけ前事務局長に対する処遇に象徴されているような昨今の事務職員の人事異動は不明朗さを残し、人心萎縮をきたしている。人事異動にあたっては現場の実状をよく見極め、各員の能力を最大限に発揮させるべく配慮すべきであるにもかかわらず、現場を無視し、現場の機能を破壊し、強権的恣意的色彩を残す、きわめて不適

切な人事異動を強行した。
さらに、本学の功労者で看板教授の一人であり、誠実に職務を果たした教員を妥当な理由も無しに、事実上解雇同然に退職させた。また、最近法学部教授の相次ぐ他大学流出もこれら人事政策と無縁ではない。

8. 現学長が残任期間を遂行することの不利益

本学園の校訓である、三実主義の忠実の精神は『人に対するまことである』（『学生便覧』二〇〇二年度版P5）、理事長・学長は職務遂行にあたってこの忠実の精神に違背しており、理事長に対する多くの教職員の信頼感は喪失した。いまや理事長から人心は離反しており、この重要な時期に、現学長が残任期間を無為に全うすることは本学園にとって極めて無意味、かつ害が大きいといわざるを得ない」

そして、一一月一三日に、松山大学学長選挙選挙権者有志一同（代表　宮崎満、比嘉清松、岩橋勝、宍戸邦彦、岩林彪）が学校法人松山大学理事長青野勝廣に対し、「選挙権者開催請求書」を八七名の署名を添えて提出した。会議の目的は、松山大学学長選考規程の改正（リコール規程の開設）についてであり、一一月一八日または一九日に開催するよう希望した。

それに対し、青野理事長は、一一月二〇日に緊急理事会を開催し、「合同教授会における平成一六年度新学部開設の否決と学長不信任の取り扱いの件について」審議し、平成一六年度新学部開設については見送ることとし、学長不信任ならびに選挙権者開催要求については次のような決定をした。

①平成一四年一〇月三一日開催の合同教授会の名のもとに行なわれた学長不信任の「動議」と「決議」は不当かつ無効である。したがって理事会としては認められない。
②平成一四年一一月一三日提出の「選挙権者会議開催請求書」については、付議すべき事項の内容が不明であり、書類として不備であるので受理できない。なお、現学長の事実上のリコールを求める「松山大学学長選挙選挙権者会議」の開催は認められない、
③平成一四年一〇月三一日開催の合同教授会の名のもとに行われた「学長不信任決議」については不当かつ無効であり、合同教授会規則第一四条が適用されるものではないのでその経過を公表する。
④現学長・理事長により引き続き大学改革に取り組むことを理事全員異議なく決議し、確認した。
そして、翌二一日この理事会決定を教職員各位に通知した。(19)

一一月二二日、清野良栄経済学部長、村上宏之経営学部長、国崎敬一人文学部長、竹宮崇法学部長の四名は、一一月二一日付けの「理事会決定について（通知）」について異議申し立てをした。それは次のようなものであった。
1．「合同教授会の名のもとに行われた決議」というものは存在しない。当該決議は正式な合同教授会において行われたものである。その理由は以下に示す通りである。
①一〇月三一日の当該合同教授会において、その開始から議長をつとめていた青野学長は、合同教授会の終了宣言をしていない。具体的には、「第六回合同教授会を終了します」と宣言していない。

②当該合同教授会が継続している中で、議長の交代が行なわれた。青野学長は自ら議長の交代を四名の学部長に指示した。四名の学部長が協議の上、一名の学部長が議長となり、審議を継続した。

③当該合同教授会を通じて、定足数を割ることは一度もなかった。青野学長自身も最後まで出席していた。

2.合同教授会においてなされた決議の当不当及び有効無効を判断する権限は理事会にはない。

一一月二三、二四日の両日、二〇〇三年度の推薦・特別選抜入試が行なわれた。変化は前年に比し、経営がアドミッションズ・オフィズ入試で一二四名を一一二名に減らし、法が一般公募を七〇名から六〇名に減らした。他は変わりなかった。結果は次の通りであった。[20]

	募集人員	志願者	合格者
経済学部（指定校制）	一一五名	一三一名	一三一名
（一般公募制）	三〇名	一九六名	六一名
（特別選抜）	一四名	一一名	一〇名
経営学部（アドミッションズ・オフィス）	一一二名	三〇四名	一七〇名
人文英語（指定校制）	二〇名	一八名	一八名
（特別選抜）	一〇名	二三名	一八名
人文社会（指定校制）	一五名	二四名	二四名

（特別選抜）　若干名　一名　〇名

法学部（一般公募制）　六〇名　二三七名　一一二名

（特別選抜）　若干名　二名　〇名

一二月二日、学長選挙権者会議開催請求署名代表者（宮崎満、比嘉清松、岩橋勝、岩林彪、宍戸邦彦）は、青野勝廣理事長に面会し、選挙権者会議開催を求めた。だが、青野理事長は「法的に開催は認められない。リコール規程を学長選挙規程に盛り込むことはできない」として拒否した。

一二月三日に、学長選挙権者会議開催請求署名代表者は、「遅滞の許されない大学改革は新しいリーダーのもとで！─教育者魂の欠けた青野氏にあと一年も任せられない─」の声明文を配布した。

一二月四日、学長選挙権者会議開催請求署名代表者は、去る一一月一三日に選挙権者会議の開催を要求したにもかかわらず、青野理事長が選挙権者会議を開かなかったので、再度、選挙権者会議を一二月一三日までに開催するよう要望書を青野理事長に提出した。しかし、青野理事長は受理しなかった。

一二月五日、松山大学の教学の四学部長ら責任者九名（経済学部長清野良栄、経営学部長村上宏之、人文学部長国崎敬一、法学部長竹宮崇、短大副学長八木功治、教務委員長中嶋慎治、入試委員長永野武、学生委員長松浦一悦、就職常任委員長清水茂良）が、「松山大学の発展のために現学長の辞任を要求する」声明を発表した。それは次の通りである。

「すでに承知のように、去る一〇月三一日開催の合同教授会では『（仮称）総合マネジメント学部』設置提案は、圧倒的多数の反対によって明確に否定された。また、議長である学長自らわれわれ四学部長に議長の交代を指示し、緊急提案された学長不信任案に関する案件も圧倒的多数の賛成によって議決された。これは紛れもない事実であり、しかも正当な手続きを経て当日の合同教授会で決定されたことである。

したがって、現在松山大学には実質的に『学長不在』の非常事態にあるということである。こうした状況を放置したままにしておくことは教学に対する責任をもつわれわれにとっても無責任の誹りを免れない。（中略）

今回の『学長不信任決議』は、現学長は学長としての資質に欠けるという明確な判断が、教育職員の多数によって下されたということであって、それ以上のものでもそれ以下のものでもない。一一月二一日および一二月二日付けの『理事会文書』（通知、決定）では、学長の責任追及を『理事会批判』にすり替え、恰も『合同教授会』と『理事会』の対立構造にもっていこうとする意図がみえみえである（別添の平成一四年一二月二日付け理事会文書『平成一四年一一月二〇日開催理事会決定について』に対する反論参照）。そう判断せざるをえないのは、これまで二度に渡って配布された『理事会文書』には合同教授会の『動議』や『不信任』の手続きが『不当』である旨の『解説』が記載されているが、『なぜ不信任案が動議として提出され、議決されたのか』についての学長としての判断が『何も示されていない』からである。同時に不思議なことに一〇月三一日の合同教授会での第一議題であった、新学部案が『否決』されたことに対しての結果が学内外に依然示されていないことである。わざわざ『理事会』文書なるものを作成するならば、まず、初めにこの点に言及しなければならないであろう。

改めて指摘しておこう。今回の『学長不信任』決議は、現学長個人の問題であり、現学長は『学長失格である』という決議そのものであるということである。

心ある教育職員や事務職員の不安・疑心暗鬼等は『松山大学の将来はどうなるのだろうか』ということ以外にありえない。現学長が居直りを続ける限り伝統ある本学の未来は暗い。

松山大学を真に愛するならば、自らの非を認め即時辞任すべきものと考える。この途こそ現学長が取らなければならない唯一の選択肢である。


以上のように、四学部長ら学部長会の全メンバーが青野学長個人の退陣を求めた。理事長・理事経験者にだけでなく、教学の責任者全員が青野学長個人の退陣を求めた意味は重大である。しかし、青野学長は四面楚歌にかかわらず、辞任を拒否した。

一二月七日、愛媛新聞は、「松山大学長の辞任要求　全学部長らが声明文」との見出しで大学側が二〇〇四年度開設予定の新学部「総合マネジメント学部」の設置を断念したこと、および四学部長らが学長辞任を要求したことを大きく報じた。そして、記事の中で、新学部をめぐって合同教授会で反対多数で否決、さらに急遽だされた学長不信任案が三分の二の多数で可決されたこと、教職員が青野学長の解任に向け、リコール規定をつくるための会議の開催を求める署名を理事長に提出したこと等も報じた。朝日新聞も八日、日経新聞も一〇日に同様の記事を掲載した。これによって、全国的に松山大学の学長不信任、学長解任騒動が知られることになった。

一二月九日、青野理事長・学長は、教職員に対し、「学内の諸動向及びマスコミ報道等について」の文書を出した。そこで、愛媛新聞記事について、取材記者は学内の多くの資料をもっており、誰かが漏らしたものとしか考えられない、と批判し、自分は学長を辞任をせず、引き続き理事長・学長の職務を全うすることを表明した。

一二月一〇日、四学部長、短大副学長および教務委員長、入試委員長、学生委員長、就職常任委員長の九名が、一二月一三日の松山大学学長選挙選挙権者会議に参加しようとの呼びかけを行なった。

一二月一一日には、事務職員有志代表村上泰稔、田窪千古ら一〇名も、教職員に松山大学学長選挙選挙権者会議への参加を呼びかけた。

そのような中、一二月一一日、青野理事長・学長は、午後三時より東本館七階会議室にて、新学部設置問題と学長辞任要求についての記者会見を行なった。その大要は次の如くであった。

「私は『一〇年以内に地域で最も評価される文系総合大学』を目指して社会のニーズを反映した大学づくりと大学改革を主張して学長に当選しました。本学の有権者は二〇四人の教職員であり、教員の多数は私に反対であったと思います。初めから現執行部は、教授会で少数派でした（中略）。

今の理事会は、質の高い少人数教育を目指した定員削減、国公立型のスカラーシップ入試を提案しましたが、教授会で否決されました（中略）。

事務職員には事務部門総合人事制度検討委員会の答申を踏まえ、人事考課や役職定年制の提案、外からの人材登用、理事会主導の人事異動を行いました。これらは、本学の長期的展望の下に行ったものですが、不人気でした。

学長辞任要求の一つの原因となっている昨年一一月九日の『寄附行為』の改正について、今年一二月一〇日の四学部長他の文書では、『寄附行為を自己の都合のよいように強引に変更し、反対意見を徹底的に圧殺してきた』と書いてありますが、寄附行為の改正は、社会の声を聞き、責任をもって政策提言をできる執行部体制づくりという全国の大学改革の方向に沿ったものであり、リストを見ればお分かりのように県内を代表する経済界・行政のトップが理事・監事・評議員に入っていただいております。（中略）

新学部の設立は、七〇周年以来、一〇年来の悲願であり、『（仮称）総合マネジメント学部』開設の提案は、六月二四日の学内政策委員会の提言を受け、教授会の了解が得られればという条件の下で七月二六日の理事会で、全会一致で決定されました。企画、立案、評価、改善という総合マネジメントと本学建学の精神である『実学』を目指すもので、人材は実業界に求められるものです。学内の教員有志・県内主要経済団体・温山会からも熱い要望書をいただきました。その間、理事会は新学部の内容、財政見通しを示すと共に、『シンポジウム』や学内説明会を行いました。合同教授会では三回審議されましたが、手続き論の批判が主で内容についての議論は少なく、各学部教授会では一度も内容の議論はなされませんでした。

一〇月三一日の合同教授会で平成一六年度における新学部開設の理事会案が否決され、学長である議長が会議終了の意味であいさつをしたところ、突如緊急動議で『学長不信任』が提出されました。その時には、すでに退場した教員もいました。教授会は、教学ついて審議する場で、学長の信任、不信任をする場ではありません。学長は、『学長不信任案』を取り上げないことを明言しましたが、異常な状態が続いたので正常な合同教授会はできないと判断し、後の収拾を四学部長に託し、退場しようとしましたが、他の教員と共に議場閉鎖の宣言で実力で退場が阻まれ、学部長と異なる教授の下で不信任案の具体的理由が示されないまま、『学長不信任案』が賛成六〇名（うち白紙委任状五名）で可決されました。野次と怒号が飛び交う異常な状態でした。（中略）

一一月二〇日に開催された理事会で『一〇月三一日の合同教授会の名のもとでの学長不信任動議は不当かつ無効である』『現学長の事実上のリコールを求める学長選挙権者会議の開催』は認められない』『現理事長・学長により引き続き大学改革に取り組むこと』を決議しています。（中略）

今の『混乱』の原因は、正式な手続きをへて提案された新学部案を自分たちで否決し、その責任を学長にあるとして教学について審議すべき合同教授会の場で法的に無効であることを知りながら、議場閉鎖までして手続き上重大な瑕疵のある『学長不信任案』を採決した人たちにあります。（中略）

私は、この『混乱』を収拾し、研究・教育機関としての大学本来の姿に戻したい。本学は母校でもあります。本学の建学の精神を生かしながら、本学を『地域で最も評価される文系総合大学』に発展させたい」。(21)

このように、青野学長の記者会見は、現在の大学の「混乱」は自分の責任ではなく、教授会側に責任を転嫁するものであった。後、記者からの質問が出た。その応答の大要は次の通りであった。

①新学部問題が否決されたが？

原案を示し、財政シミュレーションまで出して説明した。学部長会にも出した。しかし、合同教授会では、手続き問題等に終始し、内容に入らず、否決した。

又、新学部が否決されたのは、そもそも、教員に現理事会への不信感がある。それは寄附行為問題である。だが、その寄附行為問題では手続きに基づいてやった。

②合同での不信任が出された、どう思うのか？

理由が明示されずに多数でやられた。委任状、議場閉鎖という、異常な状況でやられ、不当、無効である。だから、学長を辞めない。自分が辞めると、理事全員が辞めることになり、混乱する。

③一二月一三日の選挙権者会議が開かれるが、話し合う機会だと思うが？

学長解任をすることはそもそも法的に出来ない。そのような場でない。

④解任規定がないのはシステムの欠陥でないか？

従業員がトップをやめさせることが出来るか。学長解任は、理事会で寄附行為改正でならできる。

⑤今、松山大学は最悪の状態にある、今の異常な事態に付いてどう収拾するか？

教学側に対話のテーブルにつくように何度も働きかけているが、教学側がテーブルにつかない。

青野学長・理事長は何の反省も見られなかった。

一二月一三日、一八時半より七二六番教室において、学部長会側からの呼びかけで、「松山大学学長選挙権者会議運営規程規程第三条第二項」に基づき、学長解任規程を設ける選挙権者会議が開かれた。議題は、①学長選考規程の改訂について、②学長選挙管理委員会規程の改正について、であった。学長選考規程改訂の主内容は、学長解任投票の新設であった。

当日、教員七一名、職員五一名、計一二二名が出席し（選挙権者は一九六名、過半数は九九名）、竹宮崇法学部長が議長に選出され、現理事会への批判が相次ぎ、後、規程の説明がなされ、賛否が問われ、賛成一〇六、反対一、白票七、棄権一で可決された。

一二月一四日、愛媛新聞は、「松山大　教職員に学長解任権　選挙権者会議賛成多数で規程新設」と題し、大きく報道した。翌一五日の愛媛新聞は「松山大学の内紛、もつれた糸を早く解きほぐせ」と題する社説を掲げた。

一二月一九日、先の選挙権者会議の決定に基づき、各学部教授会ならびに職員において、選挙管理委員七名を選出した。委員長は法学部の小田敬美が就任した。

一二月二〇日、四学部長ら学部長会の九名のメンバーから「松山大学学長　青野勝廣氏の解任請求理由書」が一一九名の連署をもって出された。解任の具体的事例は、二〇〇一年二月、経済学部A教員処分問題、五月拙速な定員削減提案、寄附行為改正理事会に提案、六月、教職員への査問、七月～九月合同教授会開催せず、一〇月寄附行為改正強行、一一月教職員への度重なる査問、法科大学院構想の軽視、二〇〇二年四月事務職員大量人事異動、事務組織改編、教員後任人事停滞、五月法科大学院構想の無視、一〇月図書館業務外部委託案、一〇月新学部提案、一二月選挙権者会議開催せず、等々で、強圧的、誤った政策、ルール違反、情報非公開、誤った状況判断の数々を上げ、「このように、状況判断、政策立案、組織運営といった能力の面で、青野氏はリーダーとしての適性に完全に欠けていると言わなければなりません」と断じた。

それを受理した選挙管理委員会は、二〇日「松山大学学長解任投票に関する公示」を行い、一二月二七日に青野学長解任投票をすることを公示した。

一二月二一日、宮崎元学長の働きかけで、四学部長と温山会長・麻生俊介との交渉が行なわれている。四学部長側は、これ以上の混乱と社会的ダメージを避けるため、打開策として、①二〇〇二年一二月末を以て学長と四学部長が辞任する、②解任投票は行なわない、を提案した。麻生会長から青野学長に伝えられたが、青野学長は、あくまで任期を全うする、といい、拒否した。

一二月二四日、四学部長側からの呼びかけで、学長との会談がなされたが、「学長辞任が前提であれば交渉はできない」とされ、話し合いにならなかった。

一二月二四日、松山大学父母の会（会長石丸直史、副会長鈴木孝三ら七名）は、教職員に対し、青野学長を支援する声明を出した。

また、二五日には、温山会の石川富治郎、田中哲、一色哲昭、宮内薫、友近勝之ら一二名が教職員に「青野勝廣学長・理事長の大学運営と改革を信任し、全面的に支援する声明書」を出した。

一二月二四日、学校法人松山大学代表者理事青野勝廣（債権者）は、弁護士五人（田所邦彦、米田功ら）を代理に立て、選挙管理委員七名（債務者）に対し、松山地方裁判所に対し、仮処分申立書を提出した。仮処分により保全すべき権利は「雇用契約に基づく就業規則違反行為差止請求権及び不法行為の差止請求権」で、その趣旨は「債務者らは、債権者の学長解任投票及びその投票の開票に関する一切の行為をしてはならない」というものであった。申立ての理由の大要は次の通りであった。

「第1．被保全権利

1．雇用契約に基づく就業規則違反行為差止請求権

(1)債権者は債務者を雇用している。

(2)被用者には債権者の諸規程を遵守する義務がある。

(3)債務者らは学長選挙管理委員に選出されたと主張し、平成一四年一二月二七日に債権者の学長解任投票及びその投票の開票を行おうとしている。

(4)これは次の経緯によるものである。

債権者は理事長兼学長に就任以来、大学改革を進めてきたが、改革に反対する人が多く不人気であった。改革の一環として計画した総合マネジメント学部の提案は平成一四年一〇月三一日の合同教授会で否決され、その後、学長不信任動議がだされ、異常な状態で可決された。

その後、新学部に反対した教育職員らは、学長の辞任を求め、学長のリコール規定を新設するため、選挙権者召集請求がなされた。債権者の理事会は要件不備のため受理しなかった。ところが、理事会決定に反対する教育職員及び事務職員は、権限がないのに一二月一三日、学長選挙権者会議と称する会議を行い、学長選考規程および学

長選挙管理委員規程を改正し、学長解任投票を新設する決議を行った。さらに一九日、選挙管理委員を選任したと主張している。そして、権限がないのに、二七日に学長解任投票を行う旨公示した。

(5)しかし、学長選挙権者を集めた上記会議は、召集権を有する理事長が召集しておらず、召集もないのに、単に学長選挙権者があつまっただけで、松山大学学長選挙権者会議になることはありえない。そのような会議で決議したとしても、学長選挙権者会議の決議ではない。学長選考規程は学長の選考を行う規程であって、学長解任投票を新設することは目的をはみ出している。

もしどうしてもするなら寄附行為から変更しなければならない。だから一三日会議は権限なくなされたものであり、無効である。

(6)債務者らの行為は、債権者の規則規程に反する行為であり、就業規則の遵守義務に違反している。

(7)よって、債権者は、債務者らに対し、雇用契約に基づき、就業規則違反行為である学長解任投票及びその開票に関する一切の行為の差止請求権を有している。

2．不法行為の差止請求権

(1)平成一四年一二月一三日開催の松山大学学長選挙権者会議は法的に無効である。

また、学長解任投票およびその投票の開票を行っても法的には無効である。

今後、債務者らが権限なく選挙管理委員と称して活動を続け、一二月二七日に学長解任投票が行われ、学長解任投票が成立すると、大学は混乱し、さらに、学長選挙が行われると、二名の学長兼理事長が存する外観が生じて、大学受験の実施も危うい状態となる。債務者の活動は債権者の人格権の重大な侵害である。何としても差止める必要がある。

(2)債務者らは選挙管理委員に選出された事実はなく、選挙管理委員と称して活動することは、債権者の就業規則に違反する行為で、違法性がある。

(3)よって、債権者は、債務者らに対し、不法行為の差止請求権に基づき、学長解任投票およびその開票に関する一切の行為の差止請求権を有している。

第2．保全の必要性

1．債権者は本訴を提起すべく準備中である。

2．しかし、本訴を提起しても口頭弁論が開かれる前に学長解任投票およびその開票が行われてしまうことが確実である。その結果、解任投票が成立してしまうと、法的には無効であるにもかかわらず、大学内は大混乱となり、債権者の名誉、社会からの信用が大きく損なわれる。

そこで、雇用契約に基づく就業規則違反行為差止請求権および不法行為の差止請求権を保全するため、本申立に及んだ次第である。」

この青野理事長の訴えについて、少しコメントしよう。

①青野理事長は、違法とか無効とかを主張しているが、そうであるなら、何も訴えなくても泰然として無視しておれば良かった。わざわざ、法的手段に訴え構成員を告訴するとは、大学の歴史始まって以来の暴挙であろう。

②青野理事長は、選管を訴えているが、選挙権者会議を主催したのは、学部長会側であり、その主催者ではなく、単に事務的に選ばれた選管を訴えるのは的はずれであろう。

③また、青野理事長は規程に基づき選挙権者会議開催を要求されても、自分の義務を果さず、義務規定違反を犯しておきながら、選管に対し就業規則違反とか、人格権の侵害とかいうのは自己中心的、身勝手な言い分であろう。

④また、債権者・債務者との論理は訴訟用語であるが、企業の論理であり、大学という公共機関・協同体には馴染まない論理である。とりわけ、学長・理事長を教職員全員の投票によって選出する松山大学という特異な学園共同体においてはそうである。それを無視し、債権者の論理を前面に出し、大学構成員を告訴するのは、青野理事長の学長としての資質を疑うに十分であろう。

さらに、青野理事長は裁判所に陳述書を提出した。その中で、過去の理事会が行なった金融商品の損失、過去の四工事が競争見積もりでなく、特命（随意契約）で行われていたことを述べ、この四工事に関する理事会に出席した人物のほとんどが今回の学長辞任解任要求に参加しており、なんらかの思惑を感じざるをえないと、青野理事長が過去の理事会の不正を暴こうとしたので、自分の解任運動を始めたと言わんばかりの、陳述を述べているが、差止請求に関係のない全くの筋違いの陳述であった。

以上のように、青野理事長は、学内問題を学外ばかりか、司法を自ら巻き込んだのだった。

さて、青野理事長の仮処分の申立に対し、一二月二六日、松山地裁（坂倉充信ら三人）の判決がでた。その大要は次の通りである。

「主文

1．本件申立てを却下する。

2．中立費用は債権者の負担とする。

理由

第1　申立ての趣旨

債務者らは、債権者の学長解任投票及びその投票の開票に関する一切の行為をしてはならない

第2　事案の概要（略す）

第3　主な争点

1．本件投票に至る手続きは違法か否か。

2．就業規則違反であるとして本件投票の差止請求が認められるか。

3．債権者の人格権を侵害する不法行為であるとして本件投票の差止請求が認められるか。

第4　当裁判所の判断

1．争点1（本件投票に至る手続きは違法か否か）について

学部長らの行った選挙権者会議開催請求が有効か無効かについては当事者間に争いがあるが、その点はしばらくおき、その後に学部長らが召集権者である青野学長による召集のないまま選挙権者会議を開催したことが違法か否かにつき検討する。

選挙権者会議運営規程第三条第二項は、選挙権者の三分の一以上が選挙権者から付議すべき事項を示して選挙権者会議の召集請求があった場合、理事長に対してその召集を義務づけているものの、理事長が召集しない場合に、請求者自ら選挙権者会議を召集・開催できる旨の規程はないから、請求者自身による召集・開催は許されないものといわざるを得ない。請求者としては、裁判上の手続きにより、理事長に対し選挙権者会議の召集をなすべし旨の判決を得るなどして、選挙権者会議を召集するほかないというべきである。

債務者らは、選挙権者会議運営規程の趣旨、大学自治の観点、さらには本件で再三召集を求めたにもかかわらず青野学長が不当に召集しなかったことなどを理由に請求者が自ら召集・開催することも許される余地があると主張するが、独自の見解であって採用することはできない。

したがって、青野学長が召集に応じなかったことの適法性はさておき、学部長らが行った選挙権者会議開催手続は違法であるといわざるを得ない。

以上によれば、違法に行われた選挙権者会議手続を前提として行われた各規程の改正、選挙管理委員の選出等、本件投票に至る一連の手続は違法・無効であり、これらの手続を前提として本件投票が行われたとしても、効力は生じないものと解するのが相当である。

2．争点2（就業規則違反であるとして本件投票の差止請求の可否）について

1で説示したとおり、学部長らが行った選挙権者会議の開催手続は違法であり、これを前提として本件投票が行われたとしても、その効力は生じない。しかしそうであるからといって、直ちに本件投票の差止が認められるわけではなく、保全されるべき権利関係と保全の必要性が必要なことはいうまでもない。

債権者は、就業規則三九条の二第一項「職員は法人の諸規程を遵守し、互いに協力し、人格を尊重するとともに、その職責を全うし、法人の発展に努めなければならない。」との規定を根拠として、本件投票及びその開票等の差止めを求めている。しかし、上記規定は極めて抽象的な条項にとどまっており、具体的な特定の行為を事前に差し止める根拠としては甚だ不十分であるといわなければならない。

そうすると、上記規定をもって、保全されるべき権利関係を基礎づけるものということはできず、これを理由に本件投票及びその開票等を差止めをすることはできないというべきである。

3．争点3（債権者の人格権を侵害する不法行為であるとして差止請求の可否）について

債権者は、本件投票が行われた場合には、それが有効であるとの外観を生じるおそれがある上、解任投票が成立した後は権限もないのに学長選挙が行われる事態が予想さ

れ、二名の学長兼理事長が存在するような外観が生じて、大学内は著しく混乱し、債権者の人格権（名誉、信用）が著しく毀損されると主張する。

しかし、本件投票自体はその性質上、直ちに債権者の名誉や信用を毀損するものとはいえないこと、学部長らが行った選挙権者会議開催手続は違法であるが、選挙権者会議運営規程三条二項を全く無視して開催したわけではなく、選挙権者総数の三分の一を超える署名を添え、付議事項の補充などの措置をとった上で同会議の召集を請求したものであり、青野学長に拒絶されたため、自ら同会議の開催に至ったという事情があること、青野学長が選挙権者会議の召集に応じなかった理由は前記のとおりであり、現在に至る青野学長と学部長らの対立、大学内の混乱の原因が専ら学部長らのみにあるとは認められないこと、解任投票が成立し、学長選挙により新たな学長が選任される事態がおこることは否定できないが、前記の通り上記選挙権者会議開催手続が違法であり、これに基づく本件投票も根拠を欠くものであって、債権者としては、これを前提に新たな学長の地位を争うなどの法的手段をとり得ることなど、記録により疎明される諸事情に照らすと、これを事前に差止めなければならない程の違法性を有することは認められないというべきである。

4．結論

よって、保全の必要性につき検討するまでもなく、本件申立ては理由がないから却下することとし、主文の通り決定する」

以上、裁判所は青野理事長の「学長解任投票等差止仮処分命令申立」について、事前に差し止めなければならない程の理由がないとして申立を却下し、学長解任投票を差し止めはしないというものであった。青野理事長側の敗北であった。

この松山地裁の判断について、少しコメントしておこう。

①青野理事長が主張した就業規則違反による差止請求は、就業規則の規定が極めて抽象的な条項にとどまっており、具体的な特定の行為を差し止める根拠としては甚だ不十分であると退けた。また、債権者の人格権を侵害する不法行為としての差止請求についても退けた。司法の良識のあらわれであった。

②大学内の混乱の原因は、学部長らの側にのみあるのではなく、青野学長側にもあると判断した。要するに、喧嘩両成敗、双方痛み分けの判断であったといえよう。

③ただ、学部長らが行なった選挙権者会議の開催手続は違法であり、これを前提とした本件投票が行なわれたとしても、その効力は生じない、と退けた。すなわち、理事長が召集しない場合に、請求者自ら選挙権者会議を召集・開催できる旨の規定はないから、請求者自身による召集・開催は許されない。だから請求者としては、裁判上の手続きにより、理事長に対し選挙権者会議の召集をなすべし旨の判決を得るなどして、選挙権者会議を召集するほかないと、判決を得よと述べたことである。

裁判所が青野理事長側の仮処分申立を却下したので、一二月二七日一一時より、青野勝廣学長の解任投票がなされ、教職員一九六人中、一四五人が投票し、賛成一三六、反対三、無効六票となり、七割が青野学長の解任に賛成した。青野学長は解任された。しかし、裁判所の判断のごとく、解任の法的な「効力」はなかった。そのため、青野学長は学長職に居座り続けた。

一二月二七日、青野理事長は理事会を開き、①理事長・学長の辞任を求める行動をする者は、その名前を明らかにした上で、自らの職を賭して行なうことを求める。②理事長・学長の辞任を求める行動については、法的手段を含めて対応する。③各種の学内文書に見られる行動については、就業規則に照らして理事会でしかるべき対応をすることを、決定した。

この理事会決定は教職員への脅迫・脅しであり、憲法で定められた表現の自由、行動の自由を侵害するものであり、また、先の裁判所の判決にも反する決定であった。青野学長・理事長は何の反省もせず、理事長・学長の資質にふさわしくない態度を繰り返した。

そして、騒動の二〇〇二年が終わり、年が明けた。青野学長は引き続き、学長職を務めた。

二〇〇三年一月六日、教職員有志から緊急アッピール「松山大学の明日に向かって扉を開こう！」の声明が出された。それは、昨年一二月二四日付けで出された青野理事長の仮処分申請に伴う青野理事長の「陳述書」への全面的な反論であり、「松山大学にとって失われた年月は二年間で十分だ………もううんざりです。松山大学の輝かしい歴史にこれ以上汚点を残すことはもう本当に止めにしましょう………」として、新しいリーダーを選出することを呼びかけていた。

一月七日、四学部長が「大学のため学長は即時辞任すべきである」との声明を出した。そこで、①学長解任投票の事実を踏まえ、青野学長は即刻辞任すべきである、②四学部長は学長に直接対話を申し入れ、事態の早期打開をはかりたい、その前提条件として、青野学長の早期辞任が外せない、③学長が辞任せず、対話に応じない場合には、選挙権者会議の召集を理事長に請求する、等を述べていた。

同日、理事会は教職員に対し、昨年一二月二七日の理事会決定を配布した。

一月八日、温山会は常任理事会を開き、松山大学の正常化のために、麻生会長と池内副会長が仲介することを決めた。

一月九日、宮崎満、比嘉清松、岩橋勝、岩林彪、宍戸邦彦の理事長・理事経験者五名が、あらためて選挙権者会議開催を要求する呼びかけを行なった。

また、同日、温山会（麻生俊介会長、池内義直副会長ら六名）が、元学長宮崎満、四学部長及び学長青野勝廣宛に対し、「松山大学・現下の混迷状態正常化に向けての温山会としての要請について」を送った。そこでは、「私共の母校松山大学においては、青野学長と貴職ら四学部長を中心としたグループが対立し、誠に情けない学内の混迷状態を世間の目に晒しております。正に八〇年の母校の歴史に汚点を残す最悪の事態であり、私共卒業としては残念で耐えられない毎日であります」として、「大局的見地に立ち良識をもって正常化に向けてご努力いただきますよう」と強く要請し、そして、調停に入った。麻生会長から四学部長側に「（青野学長が）任期を全うするということを前提になにか要求はないか、それを（学長）に伝える」との提案があった。学部長側は、提案の受諾は困難であるが、持ち帰って検討することにした。

一月九日、任期満了に伴う経済学部長選挙が行われ、川東竫弘教授（五五歳、日本経済論、農業経済論）が選出されている。(22)

一月一〇日、稲生晴、神森智、宮崎満、比嘉清松の元理事長・学長の四名が、「青野勝廣理事長・学長の即時退陣を求める─元松山大学理事長・学長声明─」を出した。そこで、「本学創設以来の新田温山翁の『学校のことは教職員に任せる』という建学の精神とそれに由来する慣行を無視した内容の『寄附行為』の改定の強行や、強引で学校を危うくしかねない新学部設置の推進、これらのためにする学外者の利用、さらには現場機能破壊的な人事行政、解雇同然の人材流出の強行など、学部長、短大副学長等の声明にある通りで、一口で言えば、建学の精神に反し、理事長・学長を私物化しています。………先般の教職員による学長解任投票の結果は、有権者総数の七割、投票総数の実に九割以上（一四五票中一三六票）が解任に賛成、反対はわずか三票でした。それが法律的に有効か無効かということは大きな問題ではありません。………教職員の信頼・信任を完全に失い、明らかに統治能力を失ってしまったとしか言いようのない現実こそが重大なのです」と述べていた。[23]

一月一五日、学長選挙に投票できる者（代表宮崎満教授）は、一二三名の賛同を得て（選挙権者一九六名）、その署名簿とともに、再度、選挙権者会議を召集するよう、青野理事長に面会をもとめた。しかし、青野理事長が面会しなかったので、翌一六日、選挙権者会議召集請求書を郵送した。規程によれば、請求のあった日から二〇日以内にこれを召集しなければならないとなっており、期限は二月五日であった。

一月一八、一九日、二〇〇三年度の大学入試センター試験が行われた。経済学部が募集人員を五名減らした。結果は次の通りであった。[24] 志願者は大きく落ち込んだ。

	募集人員	志願者	（前年）	合格者
経済学部	二五名	七四五名	（八九八名）	三一五名
経営学部	五〇名（前期）	七六九名	（六六九名）	四一五名
人文英語	二〇名	三一六名	（三四〇名）	一九四名
法学部	二〇名	四六〇名	（四八八名）	一九六名
計	一一五名	二二九〇名	（二六一五名）	一一二〇名

温山会麻生会長・池内副会長による調停が行われた。以下、みてみよう。

一月一九日、温山会麻生会長・池内副会長と四学部長が会談した。席上、青野学長から出された解決案（妥協案）は、①政策委員会に四学部長を入れて一人の理事を残して理事・理事長を引き上げる、②事務局長と法人本部長を分離する、というものであった。これに対し、四学部長側の解決案（妥協案）は、一月二四日までに学長および学長推薦の常勤理事、四学部長が同時に辞任する、というものであった。麻生・池内両氏から「これでは妥協はならず決裂である」との見解が示されたが、両氏はなんとか裁判は避けたい、との思いを吐露され、交渉が継続することになった。

一月二三日、温山会麻生会長・池内副会長と四学部長との会談が再度行われ、四学部長側が大きく譲歩し、これまでの学長辞任の大原則を外し、①学長の任期全うを認める、②選挙権者会議を開催し、解任規程を盛り込む、③学長推薦の二名の常勤理事は辞任する、④法人事務局長を専任の事務職員に交代させる、⑤人事に関する部長会の役割を回復させるなどを提案した。入試が直前にせまっているので、四学部長側が清水の舞台から飛び下りる気持ちで出したギリギリの妥協案であった、とみられる。

一月三〇日、温山会麻生会長・池内副会長と宮崎元学長・四学部長との会談が行われた。麻生・池内氏の仲介案は、(1)政策委員会について、①政策委員会を理事長の諮問機関から学長の諮問機関とする、②構成メンバーは学部長、短大副学長、総合研究所長、教学担当理事、学部選出委員、事務選出委員とする。(2)事務職員の人事について、①平成一五年四月から事務職員の中から新たに事務局長を選任し、法人部長と事務局長の兼務を解く。②事務職員の人事異動については、理事長は部長会の意見を聴取して決定する、というものであった。これは、一月一九日の青野学長が提案した妥協案と変わらず、選挙権者会議開催問題、二名の常勤理事の辞任問題に触れない仲介案であった。

結局、温山会の調停は不調に終わった。

一月二三日、東京経済大学・松山大学・大阪経済大学の連携協定が締結されている。(25)

二月三日、父母の会会長石丸直史と青野理事長が共同名で、ご父母の皆様へ、「松山大学の現状について（お知らせ）を出している。それは、松山大学の「混乱」について、お詫びし、青野学長・理事長の立場から自己の正当性と教職員側への一方的な反論となっていた。

二月四日、青野理事長は宮崎元学長らの選挙権者会議の再開催要求に対し、「理事長として召集することはできない」と教職員に通知した。

二月九〜一二日にかけて、二〇〇三年度の一般入試が行なわれた。九日が経済学部、一〇日が経営学部、一一日が人文学部、一二日が法学部の試験であった。一般入試の募集人員は経済二一八名、経営二二〇名、人文英語五〇名、社会一〇五名、法学部一三〇名であった（いずれも前年と同じ）。試験会場は、本学、東京（代々木ゼミナール代々木校）、大阪（大阪YMCA会館）、岡山（代々木ゼミナール岡山校）、広島（代々木ゼミナール広島校）、小郡（北九州予備校山口校）、福岡（公務員ビジネス専門学校）、高松（高松高等予備校）、徳島（高川予備校佐古本校）、高知（土佐塾予備校）の一〇会場。検定料は三万円。志願者は経済一五五八名（前年一五九一名）、経営一三九四名（前年一四五三名）、人文英語四一〇名（前年三八三名）、人文社会七〇三名（前年七九五名）、法学部九九二名（前年一〇五六名）、合計五〇五七名（前年五二七八名）で、人英を除き、三学部で減少し、前年より、二二一名、四・二％の減少となった。きびしい状況が続いた。合格発表は二月二〇日。経済六五四名（前年六七四名）、経営六一九名（前年四五六名）、人文英語一八七名（前年一九六名）、人文社会二九一名（前年三二二名）、法学部三二六名（前年三五五名）、合計二〇七七名（前年二〇〇三名）を発表した。なお、人社は予想が外れ、第一次追加合格を出し、三〇七名となった。

学費は前年と同一の据え置きで、入学金二〇万円、授業料五七万円（ただし、二年次以降は二万円のステップ制とする）、教育充実費も一七万円であった。二〇〇二年度中の景気回復は望めそうもなく、地域の経済状態は依然として厳しく、家計状態も厳しく、父母の学費負担を避けたいためであった。(26)

二月二一日、宮崎満ほか一一三名（選挙権者は一九六名）は、青野理事長が選挙権者会議開催を拒否したので、松山地方裁判所に対し、被告青野勝廣に対し、「平成一五年一月一六日提出の選挙権者会議召集請求書に基づき、選挙権者の会議を召集せよ」との訴えをおこした。それは、先の裁判所の判決で「理事長が召集しない場合は裁判所の判決をもとめるべきである」と判示したので、それに基づき、訴えたものであった。その大要は次の通りである。
①松山大学の学長選挙選挙権者会議運営委員会規程第三条二項には、理事長は選挙権者総数の三分の一以上の選挙権者から付議すべき事項を示して選挙権者開催の召集を請求された場合には、その請求のあった日から二〇日以内にこれを召集しなければならないと定めがある。
②二〇〇三年一月一五日、原告らは理事長である被告に付議事項を示して選挙権者会議の開催を求めた。
③しかし、理事長である被告がいまだ選挙権者会議を召集しないので、先の判決に基づき、改めて請求したのである。
④被告は、学長解職条項の創設が選挙権者会議の議題にならないというが、松山大学は教職員全員が経営に参加する大学である。これは、創立者の新田長次郎氏の「金は出すが口は出さない、経営は教職員で行なうように」という遺訓による。
⑤松山大学の寄附行為及び学長選考規程では、選挙権者の過半数の支持を得た学長が理事となり、理事長になる。学長を退けば理事長の職も失うことになっている。
⑥学長に対する解職条項を創設するかどうかは選挙権者会議に諮り、審議決定されるべきものです。

二月二二日付けの愛媛新聞は「松山大学学長辞任問題　教職員一一四人が提訴　選挙権者会議開催求め　招集拒否は違反」と題し、報道している。

二月二八日、温山会は緊急理事会を開催し、混迷状態にある母校正常化へ向けて、教職員に要望書を出すことを決めた。

三月一日、温山会から「松山大学・現下の混迷状態正常化に向けての温山会からの貴職に対する要請について」の文書が教育職員・事務職員に対し、郵送で配布された。それは、麻生・池内両氏の仲介案を受け入れよ、というものであった。

三月六日、竹宮法学部長の任期満了に伴う法学部長選挙が行われ、森田邦夫（六〇歳、経済法、商取引法）が選ばれた[27]。

三月六、七日、二〇〇三年度の大学院第Ⅱ期入試があり、経済学研究科修士課程は五名が受験し、五名が合格した。博士課程は一名が受験し、一名が合格した。経営学研究科修士課程は三名が受験し、三名が合格した。博士課程はいなかった[28]。

三月二〇日、被告青野勝廣は、原告宮崎満外一一三名の「選挙権者会議召集請求事件」に対し、答弁書を裁判所に提出した。それは、原告らの訴えの却下をもとめるもので、理由は、選挙権者会議の召集をしなかったのは理事会決定に基づくもので、理事長一人の意思決定でしたものではない、として、被告適格がないから却下さるべきものである、というものであった。だが、これは形式的主張で、実態としては詭弁であった。というのは、理事会決定といいながら、正式理事会の決定の前に理事長として「決定」しているし、また、正式理事会の決定の前に、常任理事会（注、青野理事長と三人の常勤理事）で決定して、理事会には事後報告しているのが日常の現実だからである。「常任理事会は、理事会の包括的授権に基づいて、この法人の日常業務を決定」していて、現実は、理事長決定→常任理事会決定→理事会決定となっているからである。被告適格がないのではなくて、実態としては十分被告適格はある。ただ、原告側は、裁判所から却下されることを考え、青野理事長個人だけでなく、学校法人松山大学理事会も訴えることを検討始めている。

三月二〇日、午前一〇時より愛媛県県民文化会館にて松山大学の卒業式が行われた。経済学部四〇八名、経営学部四五一名、人文英語八八名、同社会一三二名、法学部二二一名、合計一三〇〇名が卒業した。経済学研究科修士課程は六名、経営学研究科修士課程は九名が修了した。来賓で出席した加戸守行愛媛県知事は、これからもご縁を大切にという意で、血縁、地縁、学縁、職縁、心縁の五縁を紹介し、松山大学で培われた真実、忠実、実用の三実主義を体して心縁を築いて下さい、と激励した。(29)

青野学長は、式辞において、大学の歴史、卒業生の活躍、松山の輝かしい歴史、正岡子規や秋山兄弟ら先人の活躍を述べ、高い志を持って広い世界に眼を向け、知識を深めると共に、心を広げ、深い思いやりと人の心の痛みを知る人間になってください、と激励した。その大要は次の通りである。

「松山大学は、大正一二年（一九二三年）『四国に冠たる高等商業学校を！』という地元愛媛の産官学をあげての熱い要望とそれに応えた新田長次郎氏のご寄附によって創立された松山高等商業学校以来、松山経済専門学校、松山商科大学を経て今年で創立八〇周年の記念すべき年を迎えます。その間、関係各位の高い志によって少なくとも四〇年以上、文科系の大学としては地域で最も高い評価を得てきた大学であり、西日本に立地する私立大学としては、三本の指に数えられてきた伝統ある大学です。

五万四〇〇〇人を超える卒業生は、実業界も行政・教育を含む各界で活躍しています。特に愛媛県内においては、主要な企業の経営陣の多くは、本学の卒業生で占められています。皆さんは、詩情豊かで文化の薫り高い松山の地で伝統ある本学で学んだことに対して誇りを持って巣立っていただきたいと思います。

今、日本の社会、日本の大学は、グローバル化の流れの中で大きな変革を迫られています。私は変革の時代であるからこそ、皆さんに『真実を求める高々とした志』と人の心の痛みを知る『やさしさ』を持っていただきたいと思います。

松山には、誇るべき歴史があります。皆さんは、本学の近くにロシア人墓地があるのをご存知でしょう。日露戦争では『マツヤマ』と叫んで捕虜になるほどに日本の中でも松山の人のロシア人捕虜に接する態度は格別にやさしく、思いやりのあるものでした。

豊かな詩情、薫り高い文化を誇る松山の地は、またつねに優れた人材を育む緑あふれる揺籃の地でもありました。

くれないの　二尺伸びたる　薔薇の芽の　針やわらかに　春雨のふる

と、古い幹からぐんぐん伸び上がる若い薔薇の芽の姿を慈しむ歌を呼〔詠〕んだ正岡子規、その子規を俳句の道に導き、長じて愛媛で初めて大臣になった勝田主計、明治の近代国家建設の一翼をになった秋山好古・真之兄弟、本学の設立に莫大な寄附をいただいた、実業家新田長次郎氏は、いずれも松山の出身であり、秋山好古・勝田主計・新田長次郎の三氏は、郷土松山の後輩が世界に羽ばたくための教育に尽くされています。明治期の松山の『おせったいの心』『高々とした青雲の志』は、本学建学の精神や真実、忠実、実用という三実主義の教育理念にも生かされています。だからこそ本学の卒業生が実社会で高く評価されてきたのです。

創立八〇周年を契機として、みずみずしい感性をもって、見失われつつある松山の心と本学の建学の精神・教育理念を今一度思い起こし、みなさんのこれからの人生に生かしていただきたいと思います。

失敗のない人生、挫折のない人生はありません。失敗や挫折を通じて人生の深みを知り、真の友を得るのです。人は何をなしたかよりも何をなそうとしたかが大切です。失敗し、傷つくことを恐れて『井の中の蛙』にならないで下さい。『澄み切った青空のような高い志』を持って眼を広い世界に向け、知識を深めると共に、心を広げ、人に対する深い思いやりと人の心の痛みを知る人間になって下さいい。

今巣立ちゆく皆さんが、日本はもとより広く世界に活躍の場を求め、伸び行く薔薇の芽のように自らの志を大きく花開かせてくれることを願い、信じてやみません。

晩年の高浜虚子はこんな句を詠んでいます。

目つむれば　若き我あり

春の宵本学で楽しかったこと、苦しかったこと、その一つ一つの出来事が青春時代の香しい思い出として、時と共にその輝きを増し、新たなる挑戦への勇気を与えて暮れる心のふるさととして生き続けることを願って式辞といたします。

平成一五年三月二〇日

松山大学　学長　青野　勝廣」(30)

三月二六日、青野学長・理事長支持・擁護の一部教職員有志が、「学長解任規程請求訴訟を憂う！」というビラを関係者に配布した。それは、特定グループのねらいは、現理事会壊滅、経営権を掌握しようとしている、大学で訴訟等の紛争があると、文部省から補助金がストップして、給与が減給し、また、社会から見放され、大学自体がなくなってしまう、というものであった。稚拙な文章であった。

三月二七日、午前一〇時より松山地裁にて、第一回口頭弁論が行われ、原告団団長の宮崎満が冒頭陳述を述べた。選挙権者総数の三分の一以上が要求すれば理事長はこれを召集しなければならないという明確な規程があるにかかわらず、青野理事長はこれに従わず、拒否しており、裁判所の判断を求めたいと陳述した。青野理事長側は、招集は学校法人の行為で青野氏個人に被告適格はないとし、請求の却下をもとめた。

三月三一日、経営学部の青木正樹（フランス語）が退職し、また岡崎利美（経営財務論）が退職し、転職した。人文学部の飛驒知法（英語）が退職し、また中村功（マスコミュニケーション論）、中村太一が退職し、転職した。法学部では三好登（民法）、木下崇（商法）が退職し、転職した。[31]

〔注〕

（1）『学内報』第三〇一号、二〇〇二年四月。

（2）同。

（3）『学内報』第三〇五号、二〇〇二年五月。同第三〇六号、二〇〇二年六月。

（4）松山大学総務課所蔵。

（5）『学内報』第三〇五号、二〇〇二年五月。

（6）『学内報』第三〇六号、二〇〇二年六月。

（7）同。

（8）『学内報』第三〇六号、二〇〇二年六月。同第三〇七号、二〇〇二年七月。
（9）『学内報』第三〇八・三〇九号、二〇〇二年八・九月。
（10）松山大学政策委員会「松山大学創立八〇周年記念事業としての新学部設置について」（答申案）、『学内報』第三〇七号、二〇〇二年七月号。
（11）『学内報』第三一〇号、二〇〇二年一〇月。
（12）青野勝廣『なぜ私立松山大学で平成一六年度総合マネージメント学部創設できなかったのか―虚偽、憎悪および大学ガバナンスの欠如―』八三～八四頁。
（13）『学内報』第三一一号、二〇〇二年一一月。
（14）『学内報』第三一〇号、二〇〇二年一〇月。
（15）松山大学総務課所蔵資料。
（16）『学内報』第三一〇号、二〇〇二年一〇月。
（17）『学内報』第三一一号、二〇〇二年一一月号。『温山会報』第四五号、二〇〇三年三月。
（18）『学内報』第三一三号、二〇〇三年一月。
（19）理事会、平成一四年一一月二一日付け「理事会決定について（通知）」
（20）『学内報』第三一三号、二〇〇三年一月。経済の特別選抜は、スポーツ九名、資格取得等が五名。
（21）『学内報』第三一三号、二〇〇三年一月。
（22）『学内報』第三一四号、二〇〇三年二月。
（23）青野勝廣『なぜ私立松山大学で平成一六年度総合マネージメント学部創設できなかったのか―虚偽、憎悪および大学ガバナンスの欠如―』七四頁。
（24）『学内報』第三〇三号、二〇〇二年三月。
（25）『学内報』第三一六号、二〇〇三年四月。
（26）『学内報』第三〇七号、二〇〇二年七月、同第三一〇号、二〇〇二年一〇月、同第三一五号、二〇〇三年三月。
（27）『学内報』第三一六号、二〇〇三年四月。
（28）同。
（29）同。
（30）松山大学総務課所蔵。
（31）『学内報』第三一六号、二〇〇三年四月。

(四)二〇〇三年(平成一五)度

青野学長・理事長三年目である。本年度の校務体制は、経済学部長は川東竫弘(二〇〇三年四月~二〇〇五年三月)、経営学部長は村上宏之(二〇〇一年二月一日~二〇〇五年一月三一日)、人文学部長は国崎敬一(二〇〇〇年一一月一日~二〇〇四年一〇月三〇日)、法学部長は森田邦夫(二〇〇三年四月~二〇〇五年三月)、経済学研究科長は岩橋勝(二〇〇〇年四月~二〇〇四年三月)、経営学研究科長は平田桂一(二〇〇二年四月~二〇〇四年三月)、図書館長は増田豊(二〇〇一年一月一日~二〇〇三年一二月三一日)、総合研究所長は東渕則之(二〇〇一年二月一日~二〇〇三年三月三一日)、教務委員長は中嶋慎治(二〇〇一年四月~二〇〇四年三月)、入試委員長は永野武(二〇〇二年四月~二〇〇四年三月)、学生委員長は宮沖宏(二〇〇三年四月~二〇〇四年三月)であった。

学校法人面では、森本三義(一九九九年一月一日~、財務)、妹尾克敏(二〇〇一年一月一日~二〇〇三年一二月三一日、総務)、岡山勇一(二〇〇一年二月一日~二〇〇三年一二月三一日、教学)が引き続き常勤理事を務め、法人本部長兼財政課長は武智忠彦、同次長は藤本一彦、そして、大学事務局長に新しく越智純展が就任し、青野理事長を支えた。(1)

本年度、次のような新しい教員が採用された。(2)

経済学部

吉田　健三　一九七五年九月生まれ、京都大学大学院経済学研究科博士課程。講師として採用。社会政策論、社会保障論。

経営学部

川口　仁志　一九五九年一一月生まれ、広島大学大学院教育学研究科博士前期課程。教授として採用。教育原理等。

人文学部

辻　　泉　一九七六年一二月生まれ、東京都立大学大学院社会学研究科博士課程在学中。講師として採用。コミュニケーション論。

寺嶋　健史　一九六九年一〇月生まれ、東京学芸大学大学院教育学研究科修士課程。講師として採用。英語科教育法。

法学部、

福岡　英明　一九五九年八月生まれ、中央大学大学院法学研究科博士後期課程。教授として採用。行政法。

内海　淳一　一九六〇年七月生まれ、福岡大学大学院法学研究科博士課程後期。助教授として採用。会社法。

渡辺　幹典　一九六八年九月生まれ、関西大学大学院法学研究科博士課程後期。講師として採用。民法。

樗木　武治　一九七七年八月生まれ、日本体育大学大学院体育科学研究科博士前期課程。助手として採用。体育。

四月二日、午前一〇時より愛媛県県民文化会館にて二〇〇三年度の松山大学の入学式が行われた。経済学部四一九名、経営学部四四五名、人文英語一一九名、同社会一二九名、法学部二一九名、計一

三三一名、大学院経済学研究科修士課程七名、経済学研究科修士課程五名、計一二名が入学した。

青野学長は、松山大学の歴史、卒業生の活躍、本学の建学の精神、校訓三実主義を述べ、正岡子規、二宮忠八の高い志を紹介し、青春時代は、自らの人生の意義を目標を捜し求める時期でもあるとして、志とライフワークを見つけ、実り多い学生生活を送ってください、と激励した。(3) その大要は次の通りである。

「松山大学は、大正一二年(一九二三年)「四国に冠たる高等商業学校を!」という地元愛媛の産官学をあげての熱い要望とそれに応えた新田長次郎氏のご寄附によって創立された松山高等商業学校以来、松山経済専門学校、松山商科大学を経て、今年で創立八〇周年という記念すべき年を迎えます。その間、関係各位の高い志によって少なくとも四〇年以上、文科系の大学としては地域で最も高い評価を得てきた大学であり、西日本に立地する私立大学としては、三本の指に数えられてきた伝統ある大学です。

五万四〇〇〇人を超える卒業生は、実業界や行政・教育界を含む各界で活躍しています。

とりわけ愛媛県内では、主要な企業の経営陣の多くは、本学の卒業生で占められています。皆さんは、詩情豊かで文化の香り高い松山の地で歴史と伝統を持つ本学に学ぶことに対して誇りを持って学生生活を送っていただきたいと思います。

本学には創立に際して重視され創立以来脈々と受け継がれてきた誇るべき建学の精神がありま す。それは国公立大学以上に優れた教員の確保、研究活動の重視、教師と学生の心の交流による質の高い少人数教育、クラブ活動を通じての健全な肉体とフェア・プレイ精神の涵養、そして大学をあげて熱心に就職の世話をすることであります。この建学の精神を教育理念としてあらわしたのが、真実、忠実、実用という三実主義の校訓です。大学のグローバル化が進み、大学間競争が激化する下で、地方の大学の存在意義、独自性が問われている今こそ、本学の建学の精神、三実主義の教育理念はその輝きを増すものです。

松山大学は、創立八〇周年を契機として、今一度本学の建学の精神・教育理念を思い起こし、これからの大学づくりの基本理念として、一〇年以内に地域で最も評価の高い文科系総合大学を目ざして、大学改革に取り組んでいます。新入生の皆さんもみずみずしい感性で今日からこの歴史的事業に参加していただきたいと思います。本学には、学生が主役となって先生方に研究会の設立を呼びかけ、学術雑誌などを発行してきたという輝かしい歴史があります。本学の評価は、何よりも本学で学ばれる皆さんが、社会からどのように評価されるかにかかっています。

松山に生まれ、松山中学に学んだ正岡子規は『新しいもの、真なるもの、より正しいもの』を求める高い志と強い情熱につき動かされ、病と闘いながら、俳句革新という日本文学史上の新しい道を切り拓きました。

また、郷土愛媛の生んだ偉人二宮忠八は、空に憧れ、空を自由に飛ぶことのできる飛行器を製作するという具体的なライフワークに生涯をかけました。

正岡子規は病に倒れ、二宮忠八の飛行機が人を載せて空を飛ぶことはありませんでした。しかし、俳句の革新、飛行器の製作という高い志と生涯をかけるに足るライフワークを持つことによって、彼らの人生は充実したものになりました。自己の利害を超えた彼らの熱い想いは、時代を超え、世代を超えて人々の心を揺さぶり、後の世代の心の糧となり、翼となっています。人は何をなしたかより、何をなそうとしたかが大切なのです。

青春時代は、人生で最も実りの多い時期であると同時に最も悩みの多い時期でもあります。それは青春時代が自らの人生の意義と目標を捜し求める時期だからです。

新入生の皆さん、みなさんはこれからの大学生活においてそれぞれの人生の目標についてよく考え、よく求め、知識を深めると共に内なる心を広げて下さい。皆さんが自己の利害を越えた高々として志とライフワークという人生の翼を確かもなのにし、実り多い大学生活を送られることを心から願って式辞といたします。

平成一五年四月二日

松山大学　学長　青野　勝廣」(4)

本年度に入り、青野学長・理事長側が元学長・理事長、四学部長等側に対し、反撃に出た。不毛な消耗戦となった。

四月三日、青野学長・理事長支持・擁護の一部教職員有志が関係者各位に対し、「『特定グループ』の提訴の真の狙いは何か」という第二弾のビラを配った。寄附行為改正、新学部問題に多少拙速、稚拙な点があったとしても学長を解任しなければならない重大な問題だったのか、提訴で、大学全体に二〇億円の損害を与え、正気の沙汰ではない、などと前回と同じ内容であった。

四月一八日、県会議員の柳沢正三（自民党、卒業生）が、松山大学の対立、紛争、争いの一つがカルフール建設問題にあるとの情報を耳にしたとして、カルフールの特命発注は事実か、発注の過程をどのように把握しているのか、等々について、松山大学理事長青野勝廣に対し、公開質問状を出した。大学の学内問題に政治家が介入してきた。

四月一八日、原告団（代表宮崎満、一〇三名）は、選挙権者会議召集をもとめて、青野勝廣理事長だけではなく（被告不適格との主張もあるので）、学校法人松山大学（代表者理事青野勝廣）を訴えた。

四月二五日、午後七時より、ホテルシャトーテル松山にて温山会理事会が開催され、麻生俊介会長が「母校松山大学の混迷状態正常化に向けた温山会の取り組みについて」を提案し、温山会から母校教職員に向けて、松山大学正常化の要請文を送ること決めた。(5)

四月二八日、先の柳沢正三自民県議の公開質問状に対し、学校法人松山大学理事長青野勝廣が、カルフール特命発注の質問に対し、随意契約で行っている、発注の経緯については競争見積もり方式でする方向で作業がすすめられたが、その後特命となったと回答している。

また、同日、青野学長・理事長支持・擁護の一部教職員有志が関係者各位に対し「建設費五五億円（四件）の工事をすべて特命発注」というビラを配布した。それは、宮崎学長時代に特命発注の工事が行われ、青野学長がそれらを問題として、改善しようとしていた時期に特定グループによって「理事会批判」「青野降ろし」が始まったというものであった。

五月九日、松山大学温山会総会・松山支部総会が愛媛県県民文化会館にて行われ、一〇〇〇余名が出席した。学部長も招待された。麻生温山会長は「卒業生は、松山大学の現状を心配しております。一刻も早く、学内の正常化がはかられることを願って止みません」と挨拶した。(6)そして、裁判取り下げの決議をし、各教職員に送付することを決議した。あと、懇親会があり、学部長の席に柳沢議員が来て「帰れ」と言い、また、青野氏側の一人が来て、訴訟を取り下げろ、補助金二二億円がカットされる、責任を取れ、などと述べた。学部長達は相手にしなかった。

そして、五月一〇日、温山会会長、副会長、全国三八支部長名で、教職員一人一人に対し、郵送で「温山会総会決議にもとづき、貴職に対し、松山大学正常化へのご努力を重ねて要請します」という文章を送った。

五月一二日、宮崎満、比嘉清松元理事長が、「柳沢正三氏の公開質問状」について反論のビラを教職員各位に配布した。その大要は次の通りである。

①大規模建設工事については、規程に基づき、基本的に競争見積もりによりながら、「但し、競争見積もりによりがたい場合には理事長の承認を得て随意契約にすることができる」とのルールに基づいて業者の選定をしてきた。

②競争入札業者の選定は、技術力、資金力、安定した経営状況等をバックに持つ大手ゼネコンを中心に指名してきた。

③戦後五八年間の三二件の大工事をみると、一五件は特命発注、一五件が指名競争入札、二件が直営、であった。

④以下の諸工事も、前記の大方針の元に、理事会の所定の手続を得て決定してきた。

○八号館と東本館について。両方共指名競争入札を行なった。その結果、それぞれ大ゼネコンが落札した。そして、さらに値下げ交渉した。

○カルフールについて。当初指名競争入札の方向で検討した。ゼネコンを巡る汚職事件等もあり、業者選定方法の見直しを検討し、大手のみでなく準大手にまで広げ検討した。競争入札に参加させる業者を増やす検討もした。指名業者を増やしても、結果的には建設費を引き上げることになるのでないかとの長老からのアドバイスもあり、検討を重ね、規程の「但し書き条文」を使い、特命の方向で検討し、三〇億円が至上命令であったので、二六億円の指し値で、準大手の鉄建と東洋建設と交渉し、こちらの条件を受け入れるとの回答があったので、理事会で決定した。

五月二六日、被告学校法人松山大学理事会は、松山地裁に答弁書を提出した。原告（宮崎満ら）らの請求を棄却することを求めるものであった。その理由は大要次の通りであった。

①原告らは学長選考規程改廃手続きで学長の解職条項の創設をすることができると主張しているが、従業員にすぎない教職員が大学経営の重要事項を何でも決められる趣旨のようだ。

②学長選考規程は学長の選考を行うことが目的で、学長の解職までは含まず、目的を逸脱している。

③学校法人では理事会が業務決定機関であり学長の任免は理事会が行うべきである。松山大学では教育職員や事務職員の意思も一定反映させる趣旨で、学長選考について選挙権者の投票によるものとし、学長選考に関する規程の改廃を諮るために選挙権者会議を設けているが、ただ、学校法

人の経営に関する重要事項を従業員である教職員の意思にまかせると重大な支障が生ずる。

④松山大学においては学長が理事長であり、かかる学長の解職事項を選挙権者の投票によって学長が解任されるようになると、経営のトップが教職員の意思によって左右され、経営に重大な支障が生ずる。

⑤したがって、学長選考に関する選挙権会議への準委任の範囲に学長の解職まではふくまれない。

⑥学長選考規程を改廃して学長解職条項を創設できない以上、学長選挙権者会議を召集することはできない。

この青野理事長ら理事会側の答弁書について、少しコメントしておこう。

①「従業員にすぎない教職員」という表現は、経営者意識丸出しの答弁書であった。本学の学長選考規程は教職員全員の投票によって学長が選出され、青野学長も教職員全員の投票により、その多数の支持によって選出されたのであり、「従業員にすぎない教職員」などというのは、自らを選出した教職員を貶める主張であった。

②学長選考規程は、学長選出の規程であるが、教職員の信を失って、大学に害があると教職員の多数が判断した場合、解職規程を設けることについては、何の法的問題もない。

③本学では、学長の選出に当たっては、教職員の意思を「一定反映させるため」ではなく、教職員の全員の投票によって学長を決定し、それを理事会が尊重して選挙で選出された学長を任命してきたのである。また、学校経営に関する重要事項について、これまで学部長や各学部選出の委員

と理事会メンバーが協議して決定し、合同教授会で決定し、理事会が承認してきたのが本学の運営の有り様で、経営に支障はなかった。

④教職員から見放され、信を失った学長を解任し、それを理事会が認め、多数の支持を得た学長が理事長になる方が、松山大学の経営にとって良好となろう。

五月二七日、経済学部は、韓国を代表する詩人の高銀（コ・ウン）を招き、新入生歓迎講演会を開いた。演題は「激動の時代に生きて―韓国詩人の立場から」で、氏は二〇〇〇年の南北首脳会談に参列し、詩を朗読したことや南北統一、世界平和を訴えた。(7)

本年は松山大学創立八〇周年にあたる。大学は記念講演会を五回にわたって開催した。

五月三一日、第一回松山大学創立八〇周年記念講演会が午後三時よりカルフールにて、加戸守行愛媛県知事を迎えて開催された。演題は「愛媛の元気創造をめざして」で、県の政策として、二一世紀型の知識産業を育てる新産業の創設、愛と心のネットワーク、愛媛助け合う、支え合う社会の構築、南予への高速道路の構築などの必要性を語った。(8)

六月二日、経済学部は、原田正純熊本学園大学教授を迎えて学術講演会を開催した。演題は「水俣病に学ぶ」で、原田教授は「私が水俣病という大きなテーマに出会ったように、皆さんも何か一生のうちにひとつなりふたつなりテーマを見つけて挑戦してください。見つけることによって、人生がさらに輝いてくるのではないか」と学生達にエールを送った。(9)

六月一九日、第二回松山大学創立八〇周年記念講演会が午後六時半よりカルフールにて、中村時広松山市長を迎えて開催された。演題は「坂の上の雲のまちづくり」で、中村市長は「坂の上の雲」に登場する子規、漱石、秋山兄弟、日露戦争時のロシア人捕虜を説明し、それを手がかりにして坂の上の雲のまちづくりをしていきたい、と抱負を語った。(10)

六月、二〇〇四年度の大学院修士課程学内進学者特別選抜入試が行なわれ、経済学研究科は二名が受験し、二名が合格した。経営学研究科は一名が受験して一名が合格した。

七月二日、第三回松山大学創立八〇周年記念講演会が、北川正恭前三重県知事を迎えて開催された。演題は「大学と地域経営」であった。

七月一一日、理事会は「変革を嫌う風土に甘んじてきた大学運営を謙虚に反省し、高い志と信念をもって、これまで運営に当たって参りました」として、「理事会政策のこれまでの経過と今後の政策―一〇年以内に地域で最も高く評価される文系総合大学を目指して―」と題する文書を公表した。そこで、理事会の基本姿勢を示すと共に、これまでの政策提案を挙げ、それへの教授会、教職員の反応と結果について、〇、×、△で採点している。

八月一九日、学長選挙権者会議召集請求訴訟について、松山地裁(板倉充信裁判長)の判決が出た。その大要は次の通りであった。

(1)被告青野の被告適格について、「選挙権者会議の召集権限を有し、召集決定を行うのは、被告法人であり、………被告として適格を有する者は被告法人であるというほかなく、………選挙権者会議召集権限のない被告青野個人は被告適格を有しないものというべきである」として却下した。

⑵学校法人への提訴について、①学長選考制度の趣旨について、学長の選任・解任は本来理事会において決定すべき事柄である、しかし、大学運営へ教育職員、事務職員の参画の観点から学長の選考を教職員の選挙によるものとし、これを担保するものとし学長選考規程の改廃について選挙権者会議に関与させることにした。ただ、学長選考規程の改廃を全面的に選挙権者会議に委ねることは相当でないから、理事長からの諮問に応え、又は理事会に対し意見を具申する限度にとどめたものである。②選挙権者会議は意見の具申という限度にとどまる限り、学長の解任に関する事項を議決する権限を有している。また、学長選考規程の改廃の最終決定権は理事会にあるから、学長解任に関する事項を選挙権者会議で議決しても法人の利益を損なうことにはならない。しかしながら、学長解任条項創設については選挙権者会議から理事会に対し意見具申にとどまらず、選挙権者会議限りで規程の改正を行うものであり、選挙権者会議の権限を逸脱している、として棄却した。

判決は原告側の敗訴であった。

この裁判所の判決について、コメントしよう。

①選挙権者会議の役割を理事長の諮問機関、意見具申機関とみなしており、事実誤認であり、松山大学の歴史、運営の実態について無理解である。

②学長の解任権を選挙権者限りで決定すると理解しているが、これも事実誤認である。学長選考規程に基づき学長を選出し、それを理事会が承認し、また、解任についても学長選考規程に設け、

解任投票で解任が決まれば、それに基づき理事会が決定する、これは本学の有り様であり、原告側も周知の事柄であるからである。

このように、裁判所の無理解、事実誤認があるが、原告側の敗訴となった。原告側は不満であり、高松高裁に控訴をすることにした。

八月二九日、理事会を開き、原告団が控訴したら応訴する、①一連の事件に関し、就業規則違反があると厳正に対処する、②正当な理由がある場合、理事会が学長を解任できる規程を創出することを常任理事会で検討することを、決定している。

九月一日、教職員一〇〇名は高松高等裁判所に「選挙権者会議召集請求事件」の控訴を行なった。

同日、法人理事の友近勝之の辞任に伴い、その後任に大塚潮治が選任されている。(11)

九月一〇日、常任理事会ニュース19が発行された。そこで、去る九月四日文部省から訴訟について問い合わせがあり、法人部門の二人が文部省に事情説明にいったこと、理事会として、これ以上混乱を長引かせることはできないこと、そのために学部長等と話し合いの場をもうけたい、と述べていた。

九月一六日に、原告団の代表宮崎満、比嘉清松は青野理事長に対し、話し合いに応じる旨を回答した。以降、予備折衝が行なわれることになった。

同日の九月一六日、温山会の理事有志一同（青野学長・理事長支持・擁護の温山会一部有志）から温山会理事各位に対し、「松山大学正常化へ温山会緊急理事会の開催を求めることについて」のビラが配られた。その大要は次の通りであった。

「母校松山大学では、昨年来教職員が青野学長・理事長の解任を求め、ついに裁判沙汰にまで発展している、私たち理事有志はこれまでの経緯を考えたとき、大学の自治機能が失われ、もはや学内で円満解決を図ることは困難と判断し、このさい、温山会がより積極的に関わっていくこと以外、正常化を図ることはできないと考えております。青野学長解任要求をめぐる騒動の背景には次期学長選挙への思惑が感じられます。私たち理事有志は温山会が一致結束して混乱を収拾し、再構築しなければならないとの立場から温山会緊急理事会の開催を求めます。（中略）

この一一月には学長選挙が行なわれます。青野学長は大学改革に懸命に取り組んだために再選の道が断たれようとしています。不当な多数派がこのまま大学の経営権を掌握する事態は何としても避けなければなりません。私達有志は何度かの会合を持った結果、最早学内当事者による自主解決は望めないとの結論に達しました。温山会が一致結束して解決を図るしかありません。私たちは八月二二日に有志の会の会合を開き、そこでの決議をもとに麻生会長に理事会の開催を求めました。しかし、麻生会長は難色を示しました。九月八日に、再度協議し、決議した。その決議は次の通りです。

①緊急理事会の開催をもとめます。

②松山大学の混乱を収拾、学内秩序を確立するため、一部教職員が提起した訴訟を取り下げ、学内両当事者と温山会の三者協議で円満な解決を図るようともとめます」

この温山会理事一部有志の人達は、麻生会長・池内副会長らの態度に対し不満があり、一一月に学長選挙がせまっているので、経営権がとられるとの危機感から、もっと温山会が全面的に関わり、大学に介入していこう、というものであった。なお、この温山会理事一部有志たちは、大学内部の状況についてことのほか知悉しており、学内関係者の関与が推測されよう。

九月一七、一八日に二〇〇四年度の大学院第Ⅰ期入試が行なわれ、経済学部研究科修士課程は二名が受験し、二名が合格した。経営学部研究科修士課程は二名が受験し、一名が合格した。

九月一七日、一〇月一日付けの事務職員の人事異動が内示された。特徴的なことは、ある教務課長が部長級の教務部長事務取り扱いに昇格し、他方、ある教務部長が広報部広報課長に降格されたことである。

九月二二日、第四回松山大学創立八〇周年記念講演会が午後六時半よりカルフールにて、日本経済新聞専務取締役の小島明氏迎えて開催されている。演題は「調整圧力の中の日本の社会経済―真の成熟社会をめざして―」であった(12)。

九月二六日、理事会を開き、宮崎・比嘉の元理事長及び前経済学部長、前法学部長、現経営学部長、現人文学部長の六名の教員に対し、「一連の言動及び文書配布は……就業規則第四七条第三号にあたる重大な秩序違反行為」であるとして、一日賃金の半額の減俸処分とすることを決めた。なおこの時の理事会は一四名、内、出席は九名、委任状が五名で、処分に賛成が一〇(委任状五名を含む)、反対が四で承認されている。処分は一〇月とした。言動・文書配布で処分するとは異常であろう。

九月、四学部長・短大副学長・前法学部長・前経済学部長の六名が、「青野勝廣理事長・学長の失

政の二年半」と題する文書を配布した。それは、理事会が七月一一日に二年半の行動をまとめて学内に公表した「理事会政策のこれまでの経過と今後の政策」への反論の書であった。そこでは、「改革を旗印に多くの支持を集め、前回の学長選挙によって選任された青野現学長（理事長）であったが、支持者の意に反し、これまで数々の失政を繰り返してきた。学長に選任された途端、これほど支持をなくした学長は松山大学の歴史上初めてのことである」とし、青野学長・理事長の二年半の失政を総括的に明らかにした。

九月三〇日、平成一五年度前期松山大学・松山短期大学の卒業式が行なわれた。青野学長は式辞において、松山大学の歴史、卒業生の活躍、松山大学八〇周年記念、短大創立五〇周年を契機にリバース（再生・復活）をキャッチフレーズに大学改革を行なっている旨を述べ、卒業生に対し、勇気、知恵、やさしさ、頼もしさを持った人材として自らの志を花開かせて下さいと、激励した。[13]

一〇月二日、学部長ら教員代表と職員代表とが会合して、次の学長選挙の候補者について相談し、松山大学の混乱を正常化できるのは、神森名誉教授しかないと、一一月の学長選挙の候補に決めた。

一〇月七日、理事会は宮崎満、比嘉清松元理事長、前経済、法学部の二学部長、経営、人文の現二学部長、の六名を就業規則第四七条第三号並びに第四八号に基づき減俸処分した。

それに対し、処分された二人の教員が異議申立を行なった。

一〇月一六日、常任理事会ニュース21が発行された。そこで、去る九月、四学部長・短大副学長、前学部長から出された「青野勝廣理事長・学長の失政の二年半」の文書について、「事実に反する内容を無責任に記載することは決して許されません。ましてや故意に事実を歪めたり、捏造したりすることによって、相手を攻撃することは、人の道に外れる、最も恥ずべき行為です」と批判している。

一〇月一七日、先の教員への処分に対する異議申立に対し、懲戒委員会委員の選挙の公示がなされた。その懲戒委員会は理事会の懲戒処分が妥当かどうかを審議する機関である。懲戒委員は教職員から互選で三名、理事から互選で三名で構成され、処分を下した理事が懲戒の妥当性を審議するという不条理な制度となっていた。また、公示では、理事五名が被選挙権者・選挙権者名簿に入っていたが、他方処分された六名の教員は被選挙権者名簿から外されていた。この名簿は、理事に二重権利を付与するものであり、また異議申立は二人なのに、他の四人に権利がない等、杜撰で且つ法的に疑義がある公示となっていた。このような懲戒委員会は理事会の決定を追認するだけの意味のない制度であるが、何ら改革・改善されることなく続いている。

一〇月二〇日、経済学部は宇井純氏（沖縄大学名誉教授）を迎えて、学術講演会を開催した。演題は「日本の公害と環境破壊」で、宇井氏は、水俣病によって大勢の人が亡くなり、その後企業も反省し対策を立ててよくなったというが、まだ苦しむ人は実在し、問題は何も解決していない、と警告を発した。(14)

一〇月二八日、午前一〇時半より午後一四時三〇分まで、愛媛県県民文化会館サブホールにて、松山大学創立八〇周年記念式典・祝賀会が、加戸守行愛媛県知事、中村時広松山市長らの来賓の臨席のもと行われた。

青野学長・理事長の記念式典の式辞は次の通りである。

「澄みわたる空高く、松山城の天守閣が美しくながめられる今日の佳き昼、加戸守行愛媛県知事を始め、ご来賓の皆様のご臨席を賜り、松山大学創立八〇周年の記念式典をかくも盛大に挙行できますことは、本学教職員にとりましても誠に光栄とするところであり、松山大学を代表して心から感謝と御礼の言葉を申し述べます。

正岡子規は実りの秋に、「はりはりと木の実ふるなり檜木笠」という一句を詠んでいますが、本学正門から温山会館にいたる中庭には、いま、けやきと水杉、くすの大木がていていとそびえ立ち、本学が歩んできた歳月の森を形づくっております。目を閉じ、耳を澄ましますと、本学草創の大正から激動の昭和、そして平成にいたる時代の道のりの中で、先人が築きあげてきた数多くの業績と伝統の果実の我が身をうつ厳かな響きが、歳月にみがかれた尊い音信のように聞こえてきます。

本学の創立は、愛媛を四国の学問・文化の中心地にしようとする県内有識者の熱い思いにその源を発します。四国帝国大学の設立をめざしてこの松山の地に「四国に冠たる高等商業学校を！」という地元愛媛の産官学を挙げての熱い要望に応えた松山市長加藤恒忠氏を始めとする方々のご尽力と新田長次郎氏の多額のご寄附によって、初代校長に元大阪高等商業学校校長で当時北予中学校長であった加藤彰廉氏を迎えて、大正一二年（一九二三）、本学の前身である松山高等商業学校が産声を上げました。それ以来、松山経済専門学校、松山商科大学を経てここに創立八〇周年を迎えることができました。

本学の歴史をあらわす書物を紐といてみても本学の建学の精神をあらわす明確な熟語はありませんが、建学の精神を本学草創期に確立された伝統的精神と考えるならば、本学には誇るべき建学の精神が存在します。それは、当時の帝国大学の教授陣と比べても遜色のない優れた教授陣を確保し、質の高い研究を行なうこと、学生の顔の見える少人数教育を行うこと、スポーツやクラブ活動を通じて健全な肉体とフェアプレー精神を涵養すること、そして就職を重視し、全力をあげて就職支援を行うことです。この建学の精神を教育理念としてあらわしたのが、真実、忠実、実用の三実主義という校訓です。

このような理念に基づく教育実践があったからこそ、新設の高等商業学校ながら、「抜群の就職率を誇り」、やがて、「東の大倉、西の松山」と並び称せられる名門の高等商業学校としての評価を得ることができたのです。

今、日本の大学は、グローバル化と少子化の荒波の中をいかに生き抜くかという厳しい課題に直面しており、明治の開国にも匹敵する改革の真っ只中にあります。国立大学は独立行政法人化に向けて生き残りをかけて大学改革に取り組んでいます。企業の評価は市場が行うものであり、大学の評価は社会が行うものです。財政基盤の弱い私立大学が存続・発展するためには、国立大学以上に危機意識をもって大学運営における責任と権限を明確にし、社会に開かれた大学として社会の評価を反映することのできる組織づくりと政策が必要不可欠です。そのためには、厳しくとも現実を直視し、問題の根本原因を明らかにする姿勢が求められています。

本学におきましては、「二〇年以内に地域で最も評価される文科系総合大学」を目標に社会の声を反映し、責任ある法人運営を行うために寄附行為を変更し、多くの政策課題に取り組んでまいりましたが、未だ実現していない重要な政策課題に新学部構想があります。平成一四年七月、理事会は全会一致で「総合マネジメント学部」の設置を提案いたしました。これは本学建学の精神と三実主義の教育理念を二一世紀に生かし、創立八〇周年を契機に本学の再生・復活をめざしたものであり、県内主要経済五団体や温山会の要望に沿ったものです。この新学部構想の精神とその実現に心血を注いだ人々の高い志、本学の将来を想う熱き想いは、必ずひとの心の奥深くに響き、花咲き、実を結ぶものと信じています。

薬師寺宮大工棟梁の西岡常一氏は、「樹齢千年のヒノキを使えば、建造物は千年はもつ」と語っています。本学には誇るべき建学の精神と教育理念、五万四千人を超える卒業生の活躍と母校への想いというヒノキの大木があります。松山大学は私の母校でもあります。これから幾年の歳月に耐え得る大学であるかは、このヒノキに託された者の志と英知に懸かっています。

「地域で最も評価される文科系総合大学」の実現は、一年や二年では困難であり、五年、一〇年の年月を必要とします。大切なことは本学の明るい未来を信じ、今、行動する勇気をもつことです。教職員はもとより、未来を担う学生、卒業生、志を同じくする地域社会の人々が、この味酒野に学問・文化の殿堂を建造するという困難ではあるがやりがいのある歴史的な大事業に共に手を携えて参加されることを願ってやみません。

二一世紀の社会を変革する「勇気」と「知恵」をして「やさしさ」と「たのもしさ」を持った人材が本学から育まれ、この松山の地が地方における学問・文化の中心地となり、本学が九〇年・一〇〇年という次なる歴史を刻むことを強く願って、創立八〇周年記念の式辞といたします」(15)

昨年、合同教授会で圧倒的多数のもとに否決された「総合マネジメント学部」を持ち出しているが、その実現になおこだわっていることが判明する。

一一月一五、一六日の両日、二〇〇四年度の推薦・特別選抜入試が行なわれた。変化は、経営学部が指定校推薦を導入し（二五名）、ＡＯ入試の募集人員を減らしたこと（一一二名→七五名）、経済学部が指定校募集人員を減らしたことであった（一一五名→一〇五名）。結果は次の通りであった。[16]

	募集人員	志願者	合格者
経済学部（指定校制）	一〇五名	一三一名	一三一名
（一般公募制）	三〇名	二〇〇名	五二名
（特別選抜）	一四名	一一名	一〇名
経営学部（指定校制）	二五名	二五名	二五名
（アドミッションズ・オフィス）	七五名	二一六名	一三九名
人文英語（指定校制）	二〇名	二五名	二五名
（特別選抜）	一〇名	一八名	一七名
人文社会（指定校制）	一五名	一七名	一七名
（特別選抜）	若干名	一名	一名
法　学　部（一般公募制）	六〇名	二二六名	一三一名
（特別選抜）	若干名	〇名	〇名

一一月二七日、評議員会（正式）が行なわれ、総合情報システムの発注についてが議題となった。

理事会提案の八億四六八〇万円、NTTコムウエアに発注することについて審議され、出席者だけのアンケートだが、否決されている。

一一月二八日、理事会（正式）で、総合情報システムの発注についてが議題となった。理事会提案の八億四六八〇万円、NTTコムウエアに発注することについて審議され、可決されている。

一二月一三日、松山大学創立八〇周年記念　市民フォーラム二〇〇三、ロシア兵捕虜収容所開設一〇〇年を前にして「捕虜の町・国際都市マツヤマ」が午前一〇時より午後五時半までカルフールにて行われ、市民約五〇〇名が参加した。フォーラムでは、日露戦争とロシア兵捕虜収容所の歴史に関する講演ならびにパネルディスカッションが行われた。[17]

一二月末で青野学長の任期が満了するので、松山大学学長選挙規程にもとづき、選挙管理委員を選出し、選挙管理委員会が設置され（委員長小田敬美）、立候補及び推薦の受け付けが行われた。青野学長は立候補せず、その代わりに経営学部教授で理事長補佐の東渕則之教授が推薦された（推薦人代表中山勝己）。他方四学部長側は元学長の神森智名誉教授（七六歳、会計学）を推薦した（推薦人代表岩橋勝）。

一一月一一日、学長選挙の公示がなされた。選挙権者は一九七名（教員一〇九名、職員八八名）。

一一月一四日、常任理事会は候補者二人に対し、学外理事からの要請や温山会からの声があるとして、学外者も出席した公開討論会の開催（二〇日）を要請した。

それに対し、一八日、神森候補は、大要次のように常任理事会に回答した。

「所信並びに、施策等につきましてを有権者と質疑をかわすことについては吝かではありませんが、①学外者にも明確に表明すること、及び、②常任理事会が主催されることについては疑問を持つからです。

①に係る理由：学長選挙は学内の人事問題であって学内の有権者が決めるものですから、有権者でない学外の人達に説明することの意味と必要性に疑問があります。学外理事の要請や温山会からの声とありますが、学内理事や教職員の声はどうなのですか。常任理事会は専ら外の声によって意思決定されているのですか。そうだとすれば、温山翁の独立自尊の理念に悖るように思われます。

②に係る理由：常任理事の先生方は、私から見れば若くて、制度の沿革や経緯について御存じないようですが、昭和三二年推薦委員会方式による学長候補者選考規程が増岡先生が中心になって作られた時は、理事は選考委員になることはできないという規定が設けられました。次期学長の選考には理事会や理事を関与させないという趣旨からの制度です。

本学においては、次期学長の選考については、理事会、理事は中立であるべしというのが伝統です。この度、常任理事会が開催しようとなさっている公開討論会は、学長選考における理事会・理事の中立性の伝統に照らして疑問があるように思われます。なお、選管が開催する場合には参加するに吝かではありません。」

一一月二〇日、常任理事会主催の公開討論会が開かれ、神森候補は出席せず、東渕候補は出席した。学内外から約七〇名が出席した。

一一月二五日、投票が行われた。投票結果は、神森一三九、東渕四六、白票九、棄権三、計一九七で、有効投票一八五票中神森候補が四分の三の支持を得て、当選した。[18]教員の多数だけでなく、職員の多数も神森名誉教授を支持した。三年前の青野学長誕生時の状況とは様変わりであった。

一一月二六日付けの愛媛新聞は、「松山大学長に神森氏　訴訟原告推薦　リコール制度新設へ　東渕氏に大差」と題し、報道している。

一二月三一日、青野勝廣学長・理事長は任期を全うし、退任した。

同日、常勤理事の岡山勇一と妹尾克敏、理事の山崎宏、監事の阿部弘治が辞任した。[19]また、理事長補佐の三人も辞任した。

◇　◇　◇

三年間にわたる青野勝廣学長時代（在任：二〇〇一年一月一日～二〇〇三年一二月三一日）の歴史にかんし、特記すべきことについてまとめておこう。

第一に、「資格・能力取得奨励金規程」の制定（二〇〇一年四月）、ならびに研究費の傾斜配分システムが制定された（二〇〇三年四月）。

第二に、青野学長は、職員の支持は多数であったが、教員の支持は少数で出発した。就任直後、定員削減、スカラーシップ入試を打ち出したが、拙速で、いずれも学部教授会で否決されたり、見送られたりした（二〇〇一年五月）。

第三に、青野理事長は、寄附行為の改正に乗り出し、学長推薦理事の選任や温山会の法人運営への参加人数を大幅に増やした（二〇〇一年一一月）。これは、理事長がやりやすい法人経営に改正するものであり、学内の声よりも学外の声を優先するものであり、学内教職員から反発を招き、対立が激化し、紛争に発展した。この寄附行為改正により、青野学長・理事長を支持していた教員が離反した。

第四に、青野理事長は法人改革を推進し、職員の事務局長を左遷し、本部長、次長を設け、外部（温山会）から招いた（二〇〇二年四月）。これにより、それまで青野理事長を支持していた職員の離反が進んだ。

第五に、青野理事長は「政策委員会」の答申をもとに総合マネッジメント学部構想を打ち出し、外部を巻き込んだ運動を展開したが、合同教授会では圧倒的多数で否決された。それが青野学長不信任問題に発展し、学長不信任が合同教授会で可決された（二〇〇二年一〇月）。しかし、青野学長は責任もとらず、辞任しなかったために、対立が激化し、混乱が続いた。

第六に、元学長・理事長及び四学部長らから学長解任規程を設けるための学長選挙の有権者会議の開催請求がなされたが、青野理事長側が拒否し、四学部長側は自主的に選挙権者会議を開催し、学長解任規程を設け、投票を行なった。青野理事長側は投票差止めの仮処分申請を裁判所に行なったが、青野理事長側は敗訴した。その結果、青野学長解任投票が行なわれ、青野学長は「解任」された（二〇〇二年一二月）。ただ、裁判所が言うように法的効力はなかったので、青野学長は学長職を続け、外部・温山会を巻き込んで泥沼の争いの形相を呈した。

第七に、学内紛争はマスコミに大きく取り上げられ、大学の社会的信用を低下させた。温山会が調停に乗り出したが、解決せず、両者の対立は裁判にまで発展した。松山地裁では、四学部長ら原告側が敗訴し（二〇〇三年八月）、高松高裁に控訴がなされ、対立が続いた。不毛な消耗戦・ビラ合戦が続いた。

第八に、青野理事長ら理事会は、二人の元学長・理事長及び四学部長を就業規則違反で処分した。これまた、対立、紛争に発展した。

第九に、創立八〇周年記念事業が行なわれた（二〇〇三年一〇月）。また、種々の講演会が行なわれた。

第一〇に、青野学長・理事長は、本学の建学の精神を「優れた教員の確保」「研究活動の重視」「少人数教育」「クラブ活動重視」「就職の世話」とし、強調した。しかし、それらは、校訓「三実主義」の教育理念の具体化、手段、方法論であって、建学の精神そのものではないだろう。また、本学には、史料を見る限り、建学の精神と銘うったものは見当たらず、青野氏の独自の解釈であろう。

第一一に、青野学長・理事長は、校訓「三実主義」について、建学の精神を教育面にあらわしたものであり、それは、長次郎や正岡子規、秋山兄弟ら明治人の青雲の志を昇華させたものと述べているが、青野氏の独自の解釈であろう。加藤彰廉校長の「三実主義」は、第一次大戦後の商工業の発展の時代、大正デモクラシーの時代における、その担い手として優れた実業人の育成の意をこめて制定されたものだからである。また、それは新田長次郎と加藤校長の人格の反映であった。

第一二に、総合情報システムの導入について、評議員会ではアンケートであるが否決したが、理事会は導入を決定した。

第一三に、現行松山大学学長選考規程の問題点も明らかになった。

①学長選挙への外部の介入排除の規定がなかった。

②理事会、理事の学長選挙への中立性の担保の規定もなかった。

③現行規程では、教員、職員平等であるために、教員の支持少数でも学長になれる規程であり、その改正が痛切に求められた。

第一四に、青野学長・理事長時代の三年間は、青野理事長側と四学部長ら教学側との対立・紛争に明け暮れ、ついに、学長不信任が合同教授会で可決されるなど異常な時代であった。それは、松山大学一〇〇年の歴史において、戦前第二代渡部善次郎校長時代(校長拉致事件)につぐ不祥事の時代であり、戦後最大の負の歴史の時代(学長不信任事件)であった。

〔注〕

(1)『学内報』第三一六号、二〇〇三年四月。
(2)同。
(3)『学内報』第三一七号、二〇〇三年五月。
(4)松山大学総務課所蔵。
(5)『学内報』第三一八号、二〇〇三年六月。
(6)同。

（7）『学内報』第三一九号、二〇〇三年七月。
（8）同。
（9）同。
（10）同。
（11）『学内報』第三二五号、二〇〇四年一月。
（12）『学内報』第三二三号、二〇〇三年一一月。
（13）松山大学総務課所蔵。
（14）『学内報』第三二四号、二〇〇三年一二月。
（15）松山大学『創立八〇周年記念の記録』。
（16）『学内報』第三二三号、二〇〇三年一月。
（17）『学内報』第三二五号、二〇〇四年一月。
（18）同。
（19）『学内報』第三二六号、二〇〇四年二月。

第四章　第二次神森智学長時代

（二〇〇四年一月一日～二〇〇六年一二月三一日）

二〇〇四年（平成一六）一月一日、神森智名誉教授が第一三代松山大学学長兼理事長に就任した。また、松山短期大学学長も兼務した。この時、七六歳であった。

一三代学長
神森　智

神森教授の主な経歴は次の通りである。

一九二七年九月広島県広島市に商家の家に生まれ、一九四四年四月松山経済専門学校（松山高等商業学校をこの年に校名変更）に入学。入学年の一九四四年はアジア太平洋戦争の末期である。授業はほとんどなく、勤労奉仕の戦時学生生活であった。病気により帰省中の八月六日に原爆に被災された。敗戦後の不自由な中、勉学に励み、一九四七年三月卒業。神森先生は広島に戻り、一九四七年九月旧広島財務局勤務、一九四八年四月からは旧大蔵省税務講習所広島支所教官に就任。その期間に公認会計士の資格を取得。一九五三年四月、松山商科大学短期大学部講師。一九五八年一〇月松山商科大学助教授、一九六二年四月経営学部助教授、一九六五年一〇月同教授になった。一九六九年一月から八木亀太郎学長・理事長の下で理事に就任（〜一九七四年二月、財務担当）。一九七六年四月から経営学部長に就任（〜一九七八年三月）。この経営学部長時代に大学院経営学研究科設置の申請に従事し、一九七九年四月経営学研究科が設置され、その初代研究科長に就任（〜一九八一年三月）。一九八三年四月から一九八五年一二月まで図書館長。一九八六年四月から再び法人理事に就任し（〜一九八八年一二月）、法学部の申請を財務面から支えた。一九八九年一月一日、学校法人松山大学学長・理事長に就任し、一九九一年一二月三一日学長職を退任し、一九九二年一月経営学部教授に戻り、一九九三年三月、六五歳の定年退職となり、同年四月再雇用教授。一九九四年三月松山大学を再雇用期間を残し、退職し、四月名誉教授となった。一九九四年四月から東亜大学経営学部教授、経営学部長に就任した。二〇〇一年三月東亜大学を退職し、同年四月呉大学社会情報学部教授及び大学院社会情報研究科後期課程教授（〜二〇〇三年一二月）を務めていた。(1)

第二次神森学長・理事長の時代は、国際面では、米ブッシュ（共和党）政権の下で、アメリカ帝国一人勝の時代が続いたが、アメリカとイスラム原理主義が対立し、戦争が続いた時代であった（二〇〇一年月一一日の同時多発テロ以後、一〇月アフガン戦争、二〇〇三年三月イラク戦争）。他方、日本国内をみると、政治面では自民の小泉純一郎政権（二〇〇一年四月〜二〇〇六年九月）が続き、米に追随する対米従属外交を推進し、経済面では平成大不況は続き、構造改革・新自由主義、弱肉強食路線が推進され、二極分化、格差拡大がもたらされた時代であった。

大学をみると、一八歳人口の減少が続き、「私学冬の時代」の真っ只中にあり、厳しい状況が続いた。

そして、本学では、前の青野学長・理事長時代の大学内での混乱・対立・紛争、社会的信用の低下の後をうけ、大学の混乱・対立・紛争を解決し、正常化に戻し、大学・法人運営の舵取りを行うことが神森新学長・理事長に託された。

第二次神森学長・理事長時代を考察するに当たって、まず、前年末の学長選挙の際に発表された神森候補の所信表明、公約について紹介し、神森先生の基本理念と具体的政策をみておこう。それは次の通りであった。

「私は、松山大学を退職して一〇年近くになります。したがって、法人・大学の現状を充分には知りません。それゆえ、以下は、私の過去の在職中の経験に基づいて法人・大学を運営する際の基本的な理念を述べ、その理念に基づく具体的な政策のいくつかをランダムに掲げさせて頂くこととします。

皆様ご存じの通り、新田長次郎（温山）は、本学の前身、松山高等商業学校の設置及びその後の拡張に際して多額の資金を寄付しながらも、自らは理事の一員にもならず、「学校のことは学校の方に任せる」とし、また、それを強調してか、「独立自尊」の書（東本館五階の会議室に掲示してあります）を贈ってくれました。以来、私学としては得難い自主経営・自治経営の伝統が醸成されました。本法人の経営・大学の運営については、引き続き、此の自主経営・自治経営の精神を生かして行うべきものと思っています。また、今日の日本は、その是非を問わず、「適者生存・優勝劣敗」の厳しい社会であり、中でも、私学の置かれた環境には厳しいものがあります。この厳しい環境の中で生きていき、また、これを乗り切るためには、教職員が心を一つにして事に当たらなければなりませんが、そのための制度づくりとその実現を図ることが肝要だと思います。

そのためには、何よりも意識改革が必要であると痛感しております。本法人・本学の永い歴史の中で蓄積し沈澱した「旧来の陋習」が教職員の皆さんの固定した観念となって、お互いに何の疑問をも挟むことなく、毎日を過ごしているように思います。その最たるものは、教員が法人の運営・大学行政に関与しすぎていることで、教員としての本来の職務が疎かになっているとともに、ぬるま湯社会を生み出し、事務職員のモラール低下せしめているように思われてなりません。ラジカルな改革が急務であると感じています。

まず、法人関係について

(1)寄附行為の見直しの必要性を感じています。直ちに見直し作業に着手します。

(2)当面、現制度における常勤理事に事務職員の参加を求め、法人の運営責任を分担していきます。また、学識経験者理事は私学経営に関する学識経験者とし、本法人理事長、事務局長、他の私学の理事長・理事、国公私立大学の学長等の経験者にお願いしたい。

(3)監事は理事の職務遂行を監査するための制度です。それに相応しく、独立性（独立性は、理論的・制度的に監査一の条件）ある人にお願いしたい。

(4)法人本部の業務は、機能的に大学の業務とは独立したものですが、組織のスリム化を図り、大学事務局の中に吸収する方がよいと思います。

つぎに、教学関係（大学・短大）について

(1)大学に副学長制を採り入れ、短大副学長を短大学長に変更したいと思います。

(2)人文学部の改組およびロースクールを含む大学院の新設・拡充について至急検討を始めて頂きたい。あわせて、大学院大学も展望して考えて頂きたいと思います。
(3)教育については三実主義を原点と踏まえて、教育内容の充実強化に全教職員一致して努力をお願いいしたい。
(4)研究については、科学研究費の活用を促進するとともに、研究成果の出版助成を拡大し、サバチカルリーブ制も検討したいと思います。科学研究費の利用度合いは第三者評価の際の尺度になるし、博士の学位取得のための研究は援助すべきと考えるからです。
(5)教授は必ずDマル合教授となるよう昇格基準を厳格にしましょう。教員は少なくとも年一編の論文を発表し、又、教育業績を昇格時の審査対象に加えて頂きたい。
(6)教員本来の職務を考え、法人業務・学内行政への関与は政策面に限り、ルーチンワークについては、人数を減らす等の措置をとりたいと思います。
(7)短大の将来についての基本方針について検討をお願いいします。
最後に事務職については、
(1)人事の回転を早くし、部長はすべての部での勤務経験をもつことを条件として頂きたいと考えます。課長についても、これに準ずるものとします。
(2)研修制度を強化し、私大連盟等の研修を義務付け、昇格等の際にその実績・成果を重視。部長には部下の研修責任をもたせ、その成果を部長の勤務評定項目に加えます。(2)」

以上のように、神森先生の公約は極めて具体的であった。それは、第一次神森学長・理事長時代に不本意ながら退任を余儀なくされ、不完全燃焼であった思いから、年来の理念・持論を実現せんと意欲に燃えていたことがわかる。

〔注〕

（1）拙稿「神森智学長と松山大学の歴史」『松山大学論集』第三四巻第二号、二〇二二年六月。神森智編著『税務会計と財務会計』セキ株式会社、二〇一八年四月。『学内報』第三三五号、二〇〇四年一月、などより。

（2）学長選挙の所信表明より。

(一)二〇〇四年（平成一六）一月〜三月

二〇〇四年一月一日、神森学長・理事長の就任の挨拶は次の通りである。

「今回、理事長・学長を仰せ付かることになりました。二度目のご奉公ですが、前回のときには、一八歳人口の動向、国立大学の私学化、経済情勢の悪化など、大学を巡る客観情勢が全く変わっていますし、退職後約一〇年間の空白もありますので、前回の経験は恐らく何の役にも立たないのでないかと推測しております。（中略）

私は昭和二八年四月から平成六年三月まで四一年もの間、この大学でお世話になりました。就任した二八年には創立三〇周年の記念式典が行われ、退職する前年の平成五年には七〇周年記念式典が行われました。退職までに、本学の歴史の七分の四を経験したわけです。

それだけに、若い、また新しく赴任なさった教職員の方々がご存知ないような昔話を知っています。その一つに設置時の寄附者新田長次郎（温山）によって与えられた本学運営上の理念があります。それは、東本館五階の会議室に掲げてある温山翁の「松山高等商業学校の為に」として揮毫した「独立自尊」の言葉に象徴されている自主経営・自治経営の理念であります。

温山翁は、学校の設置のためおよび設置後も多額の寄附をしながら、自らは理事の一員にすらならず、「学校のことは学校の方に任せる」と言い、この姿勢はその後も新田家の家訓となって今日に至っています。このことは、戦前においては、本学の特異な特色として受験雑誌などでも取り上げられたほどです。（中略）

ただ、自治経営・自主経営、大学の自治と言いましても、閉鎖的で、言わば「窓を閉め切った部屋の中で」の「井の中の蛙」を賛美しているわけではありません。私は、在職中から、大学は「窓や戸を内開きにして外の風を入れなければならない」という比喩を用いて学外の知恵と情報を取り込むことの必要性を唱えていました。外の風を取り込むことによって、自治経営のリファインされた知恵を作り出していくことこそ必要かつ重要なことだと思うからです。私が前回理事長・学長でいたとき、私大連盟等の会議には精勤しました（一回だけ理事の先生に代理出席をお願いしました）し、またその際学会出張のときであっても、当時の文部省を訪ねて、何人かのひとに会うことを常としていました。平成三年七月には、大学設置基準について、自己評価規定の創設を含む顕著な改正がありましたが、その準備段階での情報を含むさまざまな情報を得ることができました。また、私は、評議員会に欠席された学外者に評議員会での配布資料を説明するためにお訪ねしていました。その機会に我々が気の付かないことについて何等かのヒントを得ることができないものかと期待していたからです。教職員の皆さんには、充分に外の空気を吸って頂いて、法人及び大学の「独立自尊」の経営と運営のための知恵探しをして頂きたいと思っています。

大学を巡る客観情勢には今までにない厳しいものがあります。その上、文部科学省は高等教育に自由競争の原理を導入しました。それは高等教育におけるビッグバンとも言うべき大きな変革です。（中略）

誰も外の人は助けてくれません。それを期待するのは甘すぎますし、それを要求するのは筋違いです。我々は「独立自尊」でこの厳寒の季節を乗り切って行く他はないのです。教職員が心を一つにして困難に立ち向かっていく他に途はありません。（中略）

本学は、高商・経専・商大の初期には、世間の評価の大変高い大学でありました。その証拠は産業界を中心として活躍してきた卒業生の姿に見られます。第三代校長の田中先生は「日本一の高商」を目指して学校の経営と運営をなさいました。この目標は先生ご自身のマッカーサー・パージによって挫折を余儀なくされましたが、先生の目標はのちに先生のつくられた愛光学園において進学校日本一となって実現しました。

皆さん、田中先生の心を戴き、力を合わせて、あの時代の栄光を取り戻そうではありませんか。そのためには、微力を尽くすことが私に課せられた職務であると認識しています。くれぐれも宜しくお願いします」(1)

このように、神森学長・理事長は、選挙の際の公約と同様に、本学運営上の理念である、独立自尊の自主経営・自治経営論を論じ、大学を巡る厳寒の季節の今、みんなで心を一にして、力を合わせて乗り切りっていこうと述べ、そして、田中忠夫先生が目指した「日本一の高商」という壮大な目標に学び、あの時代の栄光を取り戻そうと呼びかけた。

第二次神森学長・理事長就任時の校務体制は、経済学部長は川東竫弘（二〇〇三年四月～二〇〇五年三月）、経営学部長は村上宏之（二〇〇一年二月一日～二〇〇五年一月三一日）、人文学部長は国崎敬一（二〇〇〇年一一月一日～二〇〇四年一〇月三〇日）、法学部長は森田邦夫（二〇〇三年四月一日～二〇〇七年七月一一日）、経済学研究科長は岩橋勝（二〇〇〇年四月～二〇〇四年三月）、経営学研究科長は平田桂一（二〇〇二年四月～二〇〇四年三月）、図書館長は横山知玄（二〇〇四年一月一日～二〇〇五年三月三一日）、総合研究所長は鈴木茂（二〇〇四年一月一日～二〇〇六年一二月三一日）、同次長小松洋（二〇〇四年一月一日～二〇〇六年一二月三一日）、教務委員長は中嶋慎治（二〇〇一年四月～二〇〇四年三月）、入試委員長は永野武（二〇〇二年四月～二〇〇四年三月）、学生委員長は宮沖宏（二〇〇三年四月～二〇〇四年三月）であった。

学校法人面では、一月一六日に理事会を開き、役員の辞任の承認及び新理事、新監事の選出がなされた。それは次の通りである。二〇〇三年一二月三一日付けで辞任した理事の岡山勇一の後任に、学長推薦として元事務局長で八〇周年記念本部事務局長である村上泰稔を理事とすることを提案し、承認された。また、二〇〇三年一二月三一日付けで辞任した理事の妹尾克敏の後任に、学長推薦として大学事務局長である越智純展を理事とすることを推薦し、承認された。そして、村上泰稔理事と越智純展理事を常勤理事とすることを提案し、全員異議なく承認された。担当は共に総務関係であった。なお、森本三義（一九九九年一月一日〜、財務）は引き続き常勤理事を務めた。他の理事は、評議員選出の田中哲（温山会）、藤井泰（経営学部教授）、設立者又は縁故者の新田晃久（ニッタ株式会社）、温山会の麻生俊介、石川富治郎、今井琉璃男、功労者又は学識経験者の一色哲昭（温山会）、大塚潮治（温山会）、宮内薫（温山会）、であった。監事では、前年末で辞任した阿部弘治の後任として、元理事で名誉教授の高沢貞三（元経営学部教授）を推薦し、承認され、他の監事は設立者又は縁故者の雑賀英彦（ニッタ株式会社）、功労者又は学識経験者の中山紘治郎（愛媛銀行、温山会）であった。(2)

この法人役員人事に少しコメントしておきたい。

①職員を常勤理事に推薦したのは、神森学長・理事長の公約に明らかなように年来の理念・持論を実行したものであるが、この推薦には疑問がある。教員を研究・教育に専念させ、職員に責任と権限をあたえる趣旨であることは一定理解できるが、松山大学は学内教職員の自主経営・自治経営の大学であり、教員は研究・教育とともに大学運営にも法人運営にも関わるべきである。勿論、教員が若いうちから大学行政につくのは避けるべきであるが、それなりの年齢・キャリアとなれば当然行政職につき、自主経営・自治経営の担い手になるべきだからである。

②職員の常勤理事を総務担当として二人もつけるのは疑問である。総務は対職員業務もあれば、対教員業務もあるからである。

③さらに、森本常勤理事に財務と教学の二つを兼ねさせたことも疑問である。二つ兼ねれば余程の

有能な人でないかぎり、どちらかの任務がおろそかになるからである。まして、森本氏は若い頃から理事を務めており、神森先生の理念・持論からみて交代させるべきであっただろう。

また、一月一六日の理事会で、前青野理事長時代に懲戒処分をうけた残りの四人が異議申立をし、それへの懲戒委員会の設置については、神森理事長は顧問弁護士とも相談して決めると言い、その後、神森理事長は六人の処分を取り消し、なかったことにした。

一月一七、一八日、二〇〇四年度の大学入試センター試験が行なわれた。センター利用入試の募集人員は前年と変わらなかった。結果は次の通りであった。(3) 志願者は全学で減少した。厳しい環境が続いた。

	募集人員	志願者	（前年）	合格者
経済学部	二五名	七三〇名	（七四五名）	二六八名
経営学部	五〇名（前期）	七四四名	（七六九名）	三三九名
人文英語	二〇名	二八八名	（三一六名）	一四七名
法学部	二〇名	三七〇名	（四六〇名）	一八四名
計	一一五名	二一三二名	（二二九〇名）	九三八名

一月二九日、合同教授会が開かれ、公約にあった副学長制の導入が審議された。神森学長が高齢のこともあり、また、学長と理事長が兼務していることを考慮して、教学重視の立場からの副学長制の導入であった。そして、副学長の条件・資格として、学長に事故ある時は学長代理になることに鑑み、学部長経験者または研究科長経験者で、学位を取得しているものが望ましい、とされた。

一月三〇日、学長選挙権者会議招集請求訴訟問題の解決を目指し、法人側と原告団側（宮崎満元学長・理事長ら）との予備折衝が行なわれ、裁判上、和解することの合意がなされた。これは、前青野勝廣理事長時代の混乱・対立・紛争を一掃し、大学の正常化の実現であった。

二月九日〜一二日の四日間、二〇〇四年度の一般入試が行なわれた。九日が経済学部、一〇日が経営学部、一一日が人文学部、一二日が法学部の試験であった。一般入試の募集人員は経済二一八名、経営二二〇名、人文英語五〇名、社会一〇五名、法学部一三〇名であった（経済のみ二名前年より減らした）。試験会場は、本学、東京（代々木ゼミナール代々木校）、大阪（大阪ＹＭＣＡ会館）、岡山（代々木ゼミナール岡山校）、広島（代々木ゼミナール広島校）、小郡（北九州予備校山口校）、福岡（公務員ビジネス専門学校）、高松（高松高等予備校）、徳島（高川予備校佐古本校）、高知（土佐塾予備校）の一〇会場。検定料は三万円。志願者は経済一三七六名（前年一五五八名）、経営一三〇一名（前年一三九四名）、人文英語二九六名（前年四一〇名名）、人文社会六五六名（前年七〇三名）、法学部八二八名（前年九九二名）、合計四四五七名（前年五〇五七名）で、全学で減少し、前年より六〇〇名、一一・九％の減少となった。厳しい環境が続いた。合格発表は二月二〇日。経済六二七名（前年六五四名）、経営五四三名（前年六一九名）、人文英語一七三名（前年一八七名）、人文社会三五六名（前年二九一名）、法学部三三五名（前年三三六名）、合計二〇三四名（前年二〇九三名）を発表した。なお、経済、経営は歩留まり予測がはずれ、経済六六名、経営が一八名の追加合格を出した。

学費は前年と同一の据え置きで、入学金二〇万円、授業料五七万円（ただし、二年次以降は二万円のステップ制とする）、教育充実費も一七万円であった。二〇〇四年度中の景気回復は望めそうも

なく、地域の経済状態は依然として厳しく、家計状態も厳しく、父母の学費負担を避けたいためであった。(4)

二月一三日、神森理事長は、理事会を開催し、①松山大学学長選挙選挙権者会議招集請求訴訟の件、②松山大学副学長に関する規程の件、③松山短期大学学長選考規程の件、についてはかった。また、常勤理事の名称を常務理事に変更した。

①は高松高裁での訴訟について、原告団と和解することで、大学の正常化をはかることであり、②は公約通り、新しく副学長制を導入することであり、③も公約通り、これまで松山大学学長が短期大学学長を兼務していたが、それをやめ、独立の学長をおくことであった。①の原告団との和解については、前青野理事長時代の理事（麻生俊介ら）も賛成し、了承された。

二月一九日、高松高裁で、選挙権者会議招集請求訴訟事件について、原告団（宮崎満元学長・理事長ら）と学校法人側との和解協議が行なわれ、双方が同会議を二〇〇四年一二月末までに開催することを条件に和解することに同意した。また、原告団は青野前理事長個人への提訴は意味がないので取り下げた。翌日の愛媛新聞に「松山大選挙権者会議招集裁判　教職員・大学側が和解、前理事長とは訴訟継続」と題し、報道されている。(5)

二月二〇日、合同教授会が開かれ、松山大学副学長制に関する規程が提案された。大要は、松山大学に副学長を一人置く、学長は学部長会の意見を聞いて副学長候補者一人を指名し、合同教授会の承認を得る、任期は三年、学長の任期の範囲内というもので、審議、決定された。(6)

三月一日、経済学部は上海の復旦大学経済学院との間で、二〇〇〇年（平成一二）の「交流に関する協定書」にもとづき、種々交流を行なってきたが、この度、両大学の学生の相互派遣に関する確認書を取り交わした。[7]

三月四、五日、二〇〇四年度の大学院第Ⅱ期入試が行なわれた。経済学研究科修士課程は四名が受験し、四名が合格した。同博士課程は二名が受験し、二名が合格した。経営学研究科修士課程は二名が受験し、二名が合格した。同博士課程は受験者はいなかった。[8]

三月五日、岩橋経済学研究科長の任期満了に伴う研究科長選挙が行なわれ、清野良栄（五四歳、現代資本主義論）が選出された。[9]

三月九日、短期大学では、二〇〇四年四月一日より単独の学長をおくこととなり、その学長選挙が行なわれ、経営学部の八木功治（六〇歳、実用英語）が選出された。[10]

三月一五日、名古屋国際女子マラソン（三月一四日）で驚異的な粘りをみせて優勝した人文学部出身の土佐礼子選手が、アテネオリンピックの日本代表の一人に選ばれた。[11]

三月一九日、午前一〇時より愛媛県県民文化会館にて、二〇〇三年度の松山大学大学院学位記授与式、松山大学卒業証書・学位記授与式が行なわれた。経済学部は四三三名、経営学部は四七〇名、人文英語は一三〇名、同社会は一三六名、法学部は二六一名が卒業した。また大学院経済学研究科修士課程七名、経営学研究科修士課程一名が修了した。

神森学長は式辞の中で、『艱難汝を玉にす』という諺があります。苦しいことに耐えてこれを乗り越えることによって人間性が磨かれる、という意味です。皆さんの将来には、経験したことのないような苦しいことが待ち構えているかも知れません。いかなる逆境にも耐えて負けないよう、良い人生を自らのものにすることを期待します」[12]と激励した。なお、神森学長は、原稿なしで述べられたので、式辞は残っていない。

三月二二日、合同教授会が開かれ、副学長選出の選挙が行なわれ、経営学部の平田桂一（五七歳、商学総論等）が選出された。平田教授は、学部長経験者ではなかったが、研究科長経験者であった[13]。なお、平田教授は、研究科長に再選されていたが、副学長に選出されたので研究科長を辞退した。

三月二六日、理事会を開き、村上泰稔理事・常務理事の退任（定年）に伴い、新しく、猪野道夫（広報部広報課長、五六歳）が理事、常務理事に抜擢・選任された（二〇〇四年四月一日より）。

三月三〇日、平田桂一の経営学研究科長辞退にともなう経営学研究科長選挙が行なわれ、石田徳孝（六一歳、管理統計特論等）が選出された[14]。

三月三一日、経済学部では宮崎満（交通論、六八歳）が退職した。法学部では小田敬美（民事訴訟法）、神例康博（刑法）、宮脇昇（政治史）、柳川重規（刑事訴訟法）が退職、転出した。なお、事務職員では常務理事の村上泰稔も退職し、また、法人本部の解散に伴い、武智忠彦、同次長の藤本一彦も退職、転職した[15]。

〔注〕

（1）『学内報』第三二五号、二〇〇四年一月。
（2）『学内報』第三二六号、二〇〇四年二月。
（3）『学内報』第三二七号、二〇〇四年三月。
（4）『学内報』第三一九号、二〇〇三年七月、同第三二二号、二〇〇三年一〇月、同第三二七号、二〇〇四年三月。

（5）『愛媛新聞』二〇〇四年二月二〇日。
（6）『学内報』第三二八号、二〇〇四年四月。
（7）『学内報』第三三一号、二〇〇四年七月。
（8）『学内報』第三二八号、二〇〇四年四月。
（9）同。
（10）同。
（11）同。
（12）同。
（13）同。
（14）同。
（15）同。

(二)二〇〇四年（平成一六）度

神森学長・理事長一年目である。本年度の校務体制は、副学長は平田桂一（二〇〇四年四月一日～）、経済学部長は川東竫弘（二〇〇三年四月～二〇〇五年三月）、経営学部長は村上宏之（二〇〇一年二月一日～二〇〇五年一月三一日）、人文学部長は国崎敬一（二〇〇〇年一一月一日～二〇〇四年一〇月三〇日）、法学部長は森田邦夫（二〇〇三年四月～二〇〇四年七月）、短大学長は八木功治（二〇〇四年四月一日～）、経済学研究科長は清野良栄（二〇〇四年四月～二〇〇八年三月）、経営学研究科長は石田徳孝（二〇〇四年四月～二〇〇六年三月）、図書館長は横山知玄（二〇〇四年一月一日～二〇〇五年三月三一日）、総合研究所長は鈴木茂（二〇〇四年一月一日～二〇〇六年一二月三一日）、同次長小松洋（二〇〇四年一月一日～二〇〇六年一二月三一日）、教務委員長は松本直樹（二〇〇四年四月～二〇〇五年三月)、入試委員長は大浜博（二〇〇四年四月～二〇〇五年三月)、学生委員長は田村譲（二〇〇四年四月～二〇〇五年三月）であった。

学校法人面では、越智純展（二〇〇四年一月一六日～、総務担当)、森本三義（一九九九年一月一日～、教学担当）が常務理事を続け、四月から新しく猪野道夫が常務理事に就任し（学長推薦理事、財務担当)、神森理事長を支えた。他の理事は変化なかった。監事は、高沢貞三（二〇〇四年一月一六日～)、雑賀英彦、中山紘治郎が務めた。

四月一日、松山大学組織規程が改定され、青野理事長時代につくられた法人本部は廃止された。また、学長事務室が新設された。事務部門は、学長事務室、企画調査部、広報部、総務部、財務部、キャリアセンター事務部、学生部、教務部、情報システム部、図書館事務部、総合研究所事務部、短期大学部の一二部署となった。事務局長一人、部長は五人、また、職制の変更により、部長事務取扱いを次長とした。また、課長を次長に昇格させ、その結果、次長職が一〇人となり、課長も一三人となった。係長は三〇人、課員は二九人であった。専任職員は八八人で課長以上の管理職が二九人の頭でっかちの組織となった(1)。神森理事長の理念・公約である事務職に責任と権限を付与するとの考えであったが、その後、管理職を多くつくられることになった。

四月一日、次のような新しい教員が採用された(2)。

経済学部

馬　紅梅　一九七二年八月生まれ、京都大学大学院経済学研究科博士後期課程。博士（経済学)。講師として採用。中国経済論等。

経営学部

井上　修一　一九七七年三月生まれ、神戸大学大学院経営学研究科博士後期課程在学中。講師として採用。経営財務論。

細川　美苗　一九七一年六月生まれ、名古屋大学大学院国際開発研究科。博士（学術）。講師として採用。英語。

法学部

伊藤　信哉　一九六九年一月生まれ、早稲田大学大学院政治学研究科博士後期課程。助教授として採用。国際政治史。

王　　原生　一九六三年一月生まれ、中央大学大学院法学研究科博士後期課程。博士（法学）、講師として採用、有価証券法等。

倉沢　生雄　一九七一年五月生まれ、中央大学大学院法学研究科博士後期課程。講師として採用。行政法。

明照　博昭　一九六九年九月生まれ、。明治大学大学院法学研究科博士後期課程。助教授として採用。刑法。

四月一日発行の『学内報』三二八号に、三恩人のプロフィール・紹介文が新しくなった。それは次の通りである。(3)

「三恩人

新田長次郎（温山）翁

安政四年～昭和一一年（一八五七～一九三六）

松山市山西の出身。二〇歳にして志をたて大阪に旅立ち一〇余年の歳月を経て日本初の動力伝導ベルトの製作に着手し、至難とされた帯革製造業の確立を始め、膠・ゼラチン、ベニヤの製造をも手がけるなど、日本産業の発展に多大な貢献をした。

青少年を愛し学問を愛する温山翁は、高等商業学校設立の提案に賛同し、設立に際しては「学校運営には関わらない」ことを条件に、設立資金として巨額の私財を投じ、我が国の私立高等商業学校では第三番目の設置となる松山高等商業学校（本学の前身）を創設した。

本学園では「学園創設の父」としてその功績が今日に伝承されている。

加藤恒忠（拓川）翁

安政六年～大正一二年（一八五九～一九二三）

松山藩儒学者大原有恒（観山）の三男として生まれ、俳人正岡子規の叔父にあたる。幼くして儒学に親しみ、フランス留学を経て外務省に入り、外務大臣秘書官、大使・公使を歴任後、衆議院議員・貴族院議員に選任された。

後年、松山市長への就任を要請され、第五代市長となり、北予中学校加藤彰廉校長からの高等商業学校設立の提案に理解を示し、文部省との設置交渉を行うと共に、友人新田長次郎（温山）

に設立資金の支援を依頼するなど、設立運動の中心的な推進役として松山高等商業学校創設に多大な貢献をした。

加藤彰廉先生

文久一年〜昭和八年(一八六一〜一九三三)

伊予松山藩士宮城正修の二男として生れ、東京帝国大学文学部(現東京大学)に学び西欧の新思潮を身につけた。卒業後は文部省、大蔵省在任の後教育界に入り、山口高等中学校長を経て大阪高等商業学校長となった。晩年、要請されて北予中学(現県立松山北高等学校)校長に就任し、高等商業学校設立をいちはやく加藤恒忠松山市長に提案するなど設立運動に尽力した。

松山高等商業学校創設に際しては、初代校長に就任し、第一回卒業式において「真実・忠実・実用」を説いた訓示は校訓「三実主義」に確立され、人間形成の伝統原理として今日に受け継がれている。」

この新しい三恩人のプロフィール文について少しコメントしよう。この新しい文は一九五七年に記された星野通学長の撰文を元に、その不備を補った大変優れたものである。この文は神森学長が書いたとの記録は確認できないが、神森学長にしか書けない文であり、神森学長の文と結論しておきたい。しかし、つぶさに見てみると、なお若干の問題点が見いだされる。以下、気づいた問題点を列挙しよう。(4)

新田長次郎について

①「松山市山西の出身」とあるが、正確には伊予松山藩温泉郡山西村（現、松山市山西町）とした方がよい。

②両加藤の場合は父親の名前が記されているので、長次郎の場合も記した方がよい。ちなみに長次郎の父は喜惣次である。

③両加藤の場合は出自が記されているので、長次郎の場合も記した方がよい。ちなみに長次郎は農家出身の次男である。

④加藤彰廉の場合は学歴が記されているが、長次郎の場合は記されていない。ちなみに長次郎は寺子屋のみであり、あとは独学である。これも記した方がよい。

⑤両加藤の場合は幼年時代・青年時代の人格形成のことが記されているが、長次郎の場合にも記した方がよい。ちなみに、長次郎は、福沢諭吉の『学問ノス、メ』を読み、独立自尊の精神を身につけ、また、世界に雄飛せんとする志を形成した。

⑥長次郎は大阪に出て、藤田組、大倉組に勤めて、皮革業を習得し、当時賤業視されていた皮革業を将来有望な産業とみなし、生涯の職業とすることを決意し、研究熱心であり、堅忍不抜、忍耐力が強く、正直者で人を信じ、嘘をつかず、努力し、成功をおさめ、「発明王」「東洋一のベルト王」と言われるようになったが、その面を強調し、記した方がよい。

加藤恒忠（拓川）について

①拓川には学歴が記されていない。拓川は司法省法学校に入学したが、同期の原敬らと寄宿舎で賄い事件を起こし校長により放校されたので、記さなかったと思われるが、司法省法学校時代に入学し、学んだ旨はぜひとも記すべきであろう。

②拓川は司法省法学校を放校された後、中江兆民先生の塾でフランス語を学び、西洋の自由民権思想・平等思想を学び、また拓川は旧松山藩主の久松定謨の補導役としてフランスに留学しパリ法科大学政治学校に入学し学んだことも記した方がよい。

③拓川が「北予中学校長加藤彰廉校長からの高等商業学校設立の提案に理解を示し」とあるが、拓川が彰廉に高商設立を働きかけたのであって、逆であろう。

④また、拓川が「文部省との設置交渉を行なう」とあるが、文部省と交渉をしたのは彰廉であり、拓川ではないだろう。

加藤彰廉について

①加藤彰廉の誕生日は文久元年一二月二七日で、西暦表示に直すと、一八六二年一月二六日となり、一八六一年とした方がよい。

②彰廉は「東京帝国大学文学部に学び」とあるが、このときは東京帝国大学ではなくて東京大学である。また、「西欧の新思潮を身につけた」とあるが、抽象的であり、もっと具体的に、ジョン・スチュアート・ミルらの自由主義経済論、自由貿易論等を身につけたとした方がよい。

③「山口高等中学校長を経て」とあるが、山口高等中学校時代は校長ではなく教授であり、次の広島尋常中学では校長である。
④北予中学校長であった彰廉が「高等商業学校設立をいちはやく加藤恒忠松山市長に提案」とあるが、さきにも述べた如く、これは逆である。
⑤第一回卒業式で述べた校訓の順番は「実用・忠実・真実」である。
⑥長次郎を「学園創設の父」と言っているので、彰廉については「学園創設の母」と記した方がよいであろう。

四月一日の『学内報』三二八号に、前青野学長時代に自主的につくられた「全学教学改革連絡会議」（議長岩橋勝）の『最終まとめ』が出されている。その大要は次の通りである。(5)

1．学生に関する提案………基礎学力の充実、ＩＴスキルの全学必修化、基礎的な語学能力向上、日本語運用能力の向上、意欲を引き出す。
2．組織改善の提案…………教学組織の思い切った再編統合。
3．学内外での広報戦略の必要性………本学の教学を学外に理解してもらうための改革
4．今後の継続的課題………教学に関する外部評価委員会の設置等。

四月二日、午前一〇時より愛媛県県民文化会館メインホールにて、二〇〇四年度の松山大学、大学院の入学式が行なわれた。経済学部三九二名、経営学部四二三名、人文学部英語英米文学科一三一名、同社会学科一四八名、法学部二七五名、計一三五九名が入学した。大学院経済学研究科修士課程

は七名、同博士課程は三名、経営学研究科修士課程は三名、計一三名が入学した。(6)

神森学長は式辞の中で、本学の由来、長次郎翁の学校への高邁な態度、卒業生の活躍、部活動の輝かしい成績、教育は人づくりであり、人格の完成をめざすものであり、研究はいろいろな考え方を通じて自らの考えを得ることであり、学問は実際の問題を解決するための実学であることをスミス、リストを例に論じ、最後に校訓三実主義を説明し、大切な四年間の青春を意義あるものにしてくださいと、激励した。深い学識と教養に裏打ちされた式辞であった。それは、次の通りである。

「皆さんの入学を心から歓迎いたします。入学の上は本学を志望なさったときの皆さんそれぞれの志を達成されることを期待しております。

本学の由来は大正一二年、松山出身で関西産業界の雄となった新田長次郎翁が設置資金を寄付して開設された旧松山高等商業学校であります。その後松山経済専門学校を経て昭和二四年、学制改革の際にいち早く松山商科大学となり、平成元年には松山大学と改称、現在に至っております。

新田長次郎翁は、本学のために多額の寄付をしながら、学校の経営や行政については全く口を挟まず、戦前はこのことが進学雑誌に紹介されたこともあったそうです。その伝統は今日なお続いております。また、翁は、いま、この地で話題の「坂の上の雲」に出てくる秋山好古さんと親交があり、現に、大阪のニッタ株式会社本社の応接間には、馬に乗った秋山大将の像がありま す。なお、翁は雅号を温山と称し、本学の同窓会は、その名をいただいて温山会と称しております。

本学は設立以来八一年を経過しましたが、この間の卒業生は約五万六千人に達し、現役方々は産業界を中心として内外の各方面で活躍しております。例えば、上場会社の役員の数では、平成三年には国公私立大学中五一位、私立大学中一九位（平成一五年では六五位及び三六位）を占めています。また、伊予銀行頭取、愛媛銀行頭取、伊予鉄道会長、伊予鉄高島屋会長、愛媛新聞会長、商工会議所会頭など地元愛媛の産業界のトップの大部分は本学の出身者で占められています。愛媛県庁、松山市役所、伊予銀行、愛媛銀行などには、それぞれ数百名の卒業生がお世話になっています。

また、皆さんの先輩はクラブ活動においても、輝かしい成果を挙げてきました。戦前は度々剣道日本一、柔道日本一となるほどの成果を挙げ、水泳部は松山から柳井までの遠泳に成功しています。戦後も硬式野球など日本一の記録を作りました。英会話クラブは関西の国公私立大学が参加する英語による討論会では三五回中一三回優勝しています。この度アテネ行きが決まった土佐礼子さんは本学人文学部英語英米文学科の卒業生です。

皆さんとともに、彼女の活躍を期待しましょう。皆さんには卒業後も在学中も、こうした先輩たちの後に続いて本学の名を高らしめてほしいのであります。

次に、大学は教育機関でありますが、教育とは何かについて、お考えになったことはありましょうか。それは「人づくり」に他なりません。教育基本法には、教育の目的として「人格の完成をめざす」ということが示されております。そこには知識や技能のことはふれられてはいません。戦前までのわが国の教育は儒教をその柱としていました。

寺子屋時代には四書（大学・中庸・論語・孟子）五経（書経・易経・詩経・春秋・礼記）が教科書でありました。今の日本には、こうした教育の柱をなすものがなく、単に、知識や技能を教えることをもって教育と考えているようにみえます。諸外国では、家庭教育・学校教育の基礎に宗教がある場合が多いようにみえますが、日本にはそれもありません。教育が目的とするものは「人づくり」であり「人格の完成をめざす」ものであることについて改めて認識していただきたいのであります。

ところで、皆さんは学生であります。生徒ではありません。学生とはstudentという英語の本来の意味からもお分かりのとおり、研究者であります。大学は元来研究者の作る組織であり、学生組合と教師組合の二つの源流をもっています。この組合をコレギュウムといい、英語のcollegeの元の言葉と言われています。そして研究とは、ひとつのことに対する色々な見方や考え方を通じて自らの考えを作っていくことであると言えます。一つの問題に対しては、自然科学の領域であってすら、複数の考え方が成り立っています。ましてや、人間や社会の諸問題を取り扱う学問においては、一つの問題に対して多数の答えがあるのが常であります。例えば、日本の経済政策・産業政策の採るべき途、外交方針の在り方、教育改革の方向など、数限り無い意見のある問題です。研究とは、そうした多数の考え方や見方に広く当たり、かつ、よく理解して、その中から自分自身の考え方を作り上げていくことであります。そのためには記憶する勉強ではなく、考える学習に徹して頂きたいと思います。「我思う、故に我あり」とはデカルトの残した有名な言葉です。また、先に紹介した論語の中には、「学びて思わざるは即ち罔し、思いて学ばざるは即ち殆し」という言葉があります。後者は「勉強しても考えなければ理解することはできない。何か考えついてもそのことについて調べたり、勉強したりしなければ独断に陥って危険である」という意味です。学生とは研究者であり、研究とは考えることであるということをご理解下さい。

次に、研究の対象は学問でありますが、学問の意義は、元来、実際の問題を解決するための実学であるところにあります。幾何学はナイル川の氾濫の後始末としての土地の測量の必要から生れたものと言われています。英語で幾何学のことをgeometryと言いますが、geoが土地を意味することからも頷けることだと思います。また、アダム・スミスの「国富論」または「諸国民の富」（一七七六年）は自由放任主義の経済政策を唱えたことで有名ですが、それは産業革命が始まったこの時期の資本主義という新たな経済システムの担い手たちの要請に応えるものでした。スミスは自由に委ねれば「神の見えざる手に導かれて自然的調和が達成される」と主張しましたが、その根底には、彼がフランスで学んできた自然主義哲学がありました。このスミスの自由放任主義経済政策に対して、保護貿易主義を唱える学説がドイツに現れました。フリードリッヒ・リストの「政治経済学の国民的体系」（一八四一年）です。リストは経済の歴史を野蛮・遊牧・農業・農工・農工商の五段階に分け、イギリスは最後の農工商段階に達しているから自由放任主義でよいが、ドイツは未だ農工段階にあるから保護貿易主義によらなくてはならないと主張したのです。彼は、「私がイギリス人であったならスミスの学説に対して何らの疑問を持たなかったであろう。私がスミスの学説に異を唱えるのは、私がドイツ人だからである」と言っていたそうです。リストの学説はイギリスに対するドイツ経済の課題に応えるものであったわけですが、彼の学説の基礎には歴史がありました。

スミスの学説には自然主義哲学に裏打ちされ、リストの学説には歴史の裏付けをもっています。共に時の課題に応える実学ではありますが、大学における実学とは、単なる技能や技術的なものではなく、スミスやリストに見られるように、哲学や歴史を下敷きにしたものであって然るべきものと考えるのであります。皆さんはそのような実学を研究して頂きたいのであります。

最後に、本学に伝わる三実主義と呼ばれる校訓についてお話しておきたいと思います。三実とは三つの「実」すなわち、真実・忠実・実用、または実用・忠実・真実がこれであります。初代校長の加藤彰廉先生が唱えられて以来、八〇年の歴史と共に連綿と伝わってきたものですが、真実とは「真理に対するまこと」、忠実とは「人に対するまこと」、実用とは「用（仕事）に対するまこと」と説明されています。私はこの式辞の中で、教育とは「人づくり」であること、研究とは「考えること」であること、また、学問とは「本来実学である」と述べましたが、教育「人づくり」は忠実に関わり、研究「考えること」は真実に繋がり、また、学問は「本来実学である」ということは実用に通ずるものと言うことができると思います。

真実・忠実・実用の校訓三実を座右の銘として、皆さんの人生の中で殊のほか大切な四年間の青春を意義あるものにして下さることを期待しています。

平成一六年四月二日

松山大学　学長　神森　智」(7)

この式辞中、校訓「三実主義」について、神森学長は田中忠夫・星野通の定義に依拠しながら、さらによりわかりやすく、深く掘り下げており、「学問は本来実学である」というのが印象的であった。

四月二三日、神森理事長は、理事長補佐に、教務部長の田窪千古を推薦した。しかし、この人事について、田窪部長自身は疑問を感じたと述べている。というのは、教務部長は理事長補佐に任命せられなくても、教務の事務の最高責任者として学長を補佐し、十分に任務・業務を果たすべきポストだからである。また、手当も支給されたが、それを返還する意思を示した。教務部長を補佐にするのは、神森先生の理念・持論の行き過ぎた人事であろう。

五月一三日、経済学部は第一回留学生交流会を開催し、留学生同士、留学生と教職員の交流を深めるために行ない、約六〇名が参加した。(8)

五月一四日、温山会総会・松山支部総会が愛媛県県民文化会館真珠の間で行なわれた。麻生俊介温山会長は、「新しい時代の大学は改革なしに存在しません。神森学長には松山大学の改革に取り組んでいただきますようお願いもうしあげます」と挨拶し、神森学長が「厳しい競争環境の中で勝ち残っていくために、改革という旗印のもと、今後も大学運営を行っていきます。そして過去の栄光を取り戻したいと考えております」(9)と挨拶した。温山会との関係が正常化した。

五月一四日、経済学部は、一橋大学の寺西俊一教授を迎えて学術講演会を開催した。演題は「グローバル時代の環境問題―アジア地域の現実から考える―」で、原発事故、放射能の恐ろしさ、大量廃棄物、酸性雨等の諸問題について論じた。(10)

六月一日、経済学部は、滋賀大学学長の宮本憲一氏を迎えて新入生歓迎講演会を行なった。演題は

「維持可能な社会に向かって」で、これまでの様々な環境問題が具体的に紹介され、持続可能な社会の実現を訴えられた。[11]

六月四日、総合研究所は、第一回学術講演会「これからのまちづくりを考える」を開催した。基調講演を愛媛県環境創造センター所長立川涼氏（元、愛媛大学教授、元高知大学学長）が「サスティナブル・コミュニティの創造―持続可能な社会とまちづくり―」と題して行ない、後、中村剛砥部町長、井上善一瀬戸町長、人文学部の大内裕和助教授がパネラーとなり討論がなされた。[12]

六月二八日、総合研究所は韓国慶南大学校極東問題研究所と交流協定を締結した。そして、後、それを記念して、学術講演「東アジアの平和構築と経済発展―中国・韓国・日本の相関関係について―」が行なわれた。[13]

七月一日、神森学長・理事長は、『学内報』第三三一号に「Rebirthの条件（三）」を出している。そこで、前回は弱肉強食・優勝劣敗の厳しい競争環境の中で、本法人の進む方向として国立大学法人（学長・理事長兼務のプレジデント型、経営と教学の一体）を参考とすべきことを述べ、今回は各論として、松山大学での生かし方を論じている。そこで、学長・理事長の兼務には反対であるが、国立大学は事実上学長・理事長兼務体制をとっているので、本学伝来の兼務方式の問題点をカバーする手段として副理事長制を設け、その副理事長には職員の代表者になっていただきたい、学長・理事長の選び方について、これも国立大学方式により教職員の投票によって第一次候補者を選び、過半数に達するものがないときは第二次投票を行なうのがよい、また、国立大学にあるように解任制度を併せて設ける必要があると思っています、などを述べていた。[14] この神森学長・理事長の考え・信念は、その後、新寄附行為や新学長選考規程におおよそ反映されることになる。

この論考について一言コメントすると、職員をことさら重視している点、ならびに学長選挙であるにもかかわらず、第一次投票から教員、職員平等に取り扱うことについては賛成しがたい。

七月二日、総合研究所主催の産官学連携観光産業振興連絡協議会が開催された。愛媛県、松山市、観光業界、旅館・ホテルなどから約五〇名が出席し、連絡協議会を設立した。(15)

七月一一日、病気療養中の法学部長の森田邦夫教授（六二歳）が逝去された。森田教授は青野氏支持であったが、宮崎元学長と共に青野氏支持から離反した人で、独特のキャラクターの持ち主であった。

七月二六日、法学部長の逝去（七月一一日）に伴う法学部長選挙が行なわれ、竹宮崇（六二歳、憲法）が選出された（任期は二〇〇四年八月一日〜二〇〇六年七月三一日）。(16)

八月二三日〜九月二日までの一一日間、経済学部は特殊講義「東アジア経済論」を上海復旦大学にて行なった（今回で四回目）。川東経済学部長らが学生一四名を引率し、上海に行き、講義、研修をうけた。この帰国の日に不幸が起きた。人文学部の方経民教授（五〇歳）が二日交通事故にあわれて亡くなった。

九月三日〜一二日までの一〇日間、経済学部は「韓半島経済論」を韓国ソウルの建国大学及び慶南大学極東問題研究所にて行なった。これは今回が初めてで、経済学部長らが学生一七名を引率し、ソウルに行き、講義、研修をうけた。(17)

九月一七日、学部長会があり、神森学長が九月三〇日に合同教授会を開き、新学部・薬学部の方針を説明するとのことであった。唐突であった。経済学部長の川東が新学部の事は初めて知った、学部長抜きに新学部とはおかしいと抗議し、合同教授会に出すことに反対した。神森学長は否決されればやめると言い出し、後、平田副学長に学部長らと新学部について相談し、処理頼むとして出ていった。

翌九月一八日一〇時半より、平田副学長、森本教学担当理事と四学部長が集まった。聞けば、新学部（薬学部）は常務理事会の中でのみ審議し、決めたとのことであった。四学部長との協議では経済学部長と法学部長以外は皆賛成した。それ以上、議論・会議することなく、平田副学長と森本教学担当理事は学部長から了解を得たものとして薬学部準備を進めていった。

この新学部（薬学部）についてコメントしておこう。

①この新学部については、これまでの松山大学の新学部設立する際の通常の方法を大きく逸脱したものであった。通常、各学部長、教学担当理事、各学部選出の委員が入り十分議論して原案を作り、各教授会、合同教授会で審議決定するのであるが、今回は理事会の中でのみ検討し、とりわけ、平田・森本の二人で決め、学長の了解をとり、理事会で決め、学部長会、合同教授会に下ろすことにした。理事会主導型であった。

②新学部は、神森学長の公約にそもそもなかった。唐突であった。神森学長自身は人文学部の改組を考えていた。

③この薬学部については、文系の本学にそもそも根がないもので、外部からのアドバイスを受けて、二人が相談して考案したものだろう。その外部とは紀伊国屋書店であった。紀伊国屋は他大学の薬学部の新設に関わっていた（見返りに本の納入）。

九月一八、一九日、二〇〇五年度の大学院第Ⅰ期入試が行なわれた。経済学研究科修士課程は、特別選抜で三名が受験し、三名が合格、一般入試では三名が受験して三名が合格した。経営学研究科は特別選抜で三名が受験し、三名が合格、一般入試では五名が受験して一名が合格、社会人では一名が受験し、一名が合格した。[18]

九月二四日、国崎人文学部長の任期満了に伴う人文学部長選挙が行なわれ、金村毅（六一歳、スポーツ医学）が選出された。任期は二〇〇四年一一月一日〜二〇〇六年一〇月三〇日。[19]

九月三〇日、合同教授会が開催され、新学部構想（薬学部）について説明がなされた。この時は説明・概要だけであった。

その概要は次の通りである。

(1)新学部の名称及び学生定員

薬学部（仮称）　入学定員一六〇人　収容定員九六〇人

(2)新学部設置に必要な職員数

教員　三九人（教授二〇人、助教授一〇人　講師九人）

（別表第一要員三一名、別表第二要員八人）

職員　一二人（職員）

二〇人（技術系助手及び補助職員）

(3)薬学部設置に必要な経費

施設・設備等整備に係る投資総額　約三三億五六五〇万円

①専用施設の整備

・整備面積　八五六一・二㎡

・整備経費　一五億二〇九〇万円

②機械・器具、備品等整備

整備経費（定価）　一六億九五六〇万円

③図書・学術雑誌の整備

整備経費（定価）　九〇〇〇万円

④薬草園の整備

整備経費（定価）　五〇〇〇万円

(4)設置資金の財源

減価償却引当特定資産及び現金預金をもって当てる。

そして、新学部設置に係わる財政シミュレーションは次の通りであった。

(1)学生納付金

①授業料　二〇〇万円

②入学金　三〇万円

(2)人件費

①教　　授　二〇名　一人一四〇〇万円

②助 教 授　一〇名　一人一〇〇〇万円

③講　　師　　九名　　　　一人　八〇〇万円
④事務職員　一二名　　　　一人　四〇〇万円
⑤実験補助職員二〇名　　　一人　五〇〇万円

(3)教育研究経費
①個人研究費　一人六三万円
②一科目又は一講座当たり共同研究費　三〇〇万円
③実験・実習費　一人当たり二〇万円

この概要は、紀伊国屋の原案とほぼ同一で、紀伊国屋提案の学生定員一五〇人を一六〇人へと一〇人増やしただけであった。

なお、紀伊国屋の原案を示せば、次の通りであった。

「新学部設置計画の概算

(1)新学部の名称及び学生定員
薬学部（仮称）（入学定員一五〇人）

(2)新学部設置に必要な教職員数
薬学部（仮称）　三八人（教員）
その他職員　一二人（技術系助手及び補助職員）

(3)薬学部設置に必要な経費
施設・設備等整備に係る投資総額　三一九九百万円

①専用施設の整備
整備面積　八二六四㎡
整備経費　一四六八百万円
②機械・器具、備品等整備
整備経費（定価）一六億九五六〇万円
③図書・学術雑誌の整備
整備経費（定価）九〇百万円
④薬草園の整備
整備経費（定価）五〇百万円

㈱紀伊国屋書店」

一〇月一二日、松山大学と中国・青島大学との交流協定が青島にて調印されている。[20]

一〇月一四日、合同教授会が開催され、薬学部について、構成員から質問が出されていた「将来リスク　就職の問題」「今後の薬剤師需要・薬学部生の就職」「薬学部という専門学部は容易に切り換えが効かない」「漢方薬学科」「薬学部は何するところか」「病院、医学部、製薬会社との関係」「本学が別大学になる」などに対し、理事会側が回答した。

一〇月二一日、任期満了に伴う経営学部長選挙が行なわれ、藤井泰教授（五〇歳、比較教育学等）が選出された。任期は二〇〇五年二月一日から二〇〇七年一月三一日。[21]

一〇月二五日、学部長会が開かれ、薬学部について、拙速だ、減価償却資金を薬学部設置に使用するのは目的外使用だ、イニシャルコストが低すぎる、薬学部が既存学部に波及効果あるのか、薬学部について知っている人はいない、全面的に外部に依存することになる、現在薬学部ラッシュだ、一〇年後には過剰になる、学費は六年間で一二〇〇万円、今後の定員確保に疑問がある、一年延期したら、等々種々反対・慎重意見が出され、それに対し、理事側から反論がなされた。合同教授会の前に各学部で意見聴取の必要が決まった。

一〇月二八日、経済学部教授会が開かれ、神森学長の出席を求めて、薬学部設置に関する意見聴取がなされた。構成員から総合大学化、生き残りのために賛成、二年前の総合マネジメント学部構想よりはよいとの賛成意見もあったが、多くは質問、疑問、不安・杞憂・心配意見を述べていた。例えば、①薬学部作ってそんなにうまくいくのであろうか。薬学部志願者の予測、今はよいが、数年後に志願倍率落ちるのではないか、また、数年後には薬剤師は過剰になるのではないか。われわれは全くの素人。案は薬学部学部長予定者に丸投げとなる。また、丸呑みとなる。②薬学部と既存学部は接点がないのではないか。波及効果もないのではないか。③お金の見積もりが甘く、実際はもっとがかかりすぎるのではないか。また、研究費・図書費に大きな差が出てくることにも異論がある。④薬学部新設で、既存学部がほって置かれる心配がある。既存学部充実の担保がほしい。それなくしては、賛成難しい。⑤薬学部新設で、将来薬学部支配となり、われわれはリストラされるのではないか、等々、であった。

一〇月二九日、大学院社会学研究科の設立が理事会において承認された。[22] 経済、経営研究科に次ぐ三番目の大学院であった。公約にもあった研究重視の神森先生の考えの実現でもあった。

一一月四日、第六回合同教授会が開かれた。薬学部設置（開設は二〇〇六年四月予定。定員一六〇名、収容定員九六〇名、六年制）がはかられた。各学部長から意見聴取の報告があった。経済学部長（川東）は、学部内の構成員の不安、危惧を述べ、「賢明な判断をお願いしたい」と述べた。賛否の討論の後採決がなされた。出席者八五名中、賛成五七名、反対一八名、白票一〇名で、三分の二が賛成で、過半数の支持を得て、薬学部設置が決定された。[23] 神森学長は「意外に賛成が多かった」と感想を漏らしていた。

一一月九日、松山―上海定期航空路線開設を期に県内観光の振興をはかろうと、「産官学連携観光産業振興連絡協議会の設立総会が開かれ、後、シンポジュームが行なわれた。[24]

一一月一一日、学内評議員会が開催され、去る一一月四日の合同教授会で薬学部開設が決まったので、評議員会でも資料が配布され、理事会が説明をした。その大要を記しておこう。

Ⅰ．趣旨は、既存学部は成熟・衰退段階にある、次のヒット商品として薬学部が最適である、理系を設置して文理融合をはかる、異分野への進出で大学の活性化に役立つ、薬学部は競争率が極めて高い、希少価値があり、中国・四国・九州で少ない、愛媛大学に設置されていないので棲み分けができる、等である。

Ⅱ．大学のマーケッティング戦略として、社会・人文はアッピールが弱い、薬学部はアッピールしやすい、県内の優秀な薬学部志願者は県外に進学している、本学に薬学部ができれば父母は安心する、学費は六年間で一二〇〇万円だが、県外に出すともっと費用がかかる、それを考えれば、本学に進学するだろう、等である。

Ⅲ．薬学部卒業生の資格取得・進路は、薬剤師の国家取得、衛生検査技師等、就職は公務員、病院、薬局、製薬会社、等である。

この資料・説明について少しコメントをしておこう。

①趣旨の既存学部は衰退段階というのは自らを貶めるものである。

②薬学部がヒット商品であるとか、希少価値があるとか、競争率が極めて高い、などと述べているが、その後の薬学部の入試をみるとハズレている。

③中国・四国、九州で薬学部が少ないので、松山大に来るだろうというのは、全くの楽観論である。中国地方の山口、鳥取、島根にないが、だからといって瀬戸内海をわたって松山に来る保証はない。行くなら広島、岡山、関西に行くだろう。九州の鹿児島、大分、佐賀の場合も同様である。

一一月一三、一四日、二〇〇五年度の推薦・特別選抜入試が行なわれた。変化は、経済が指定校推薦で一名増やし、経営が指定校推薦で一五名増やし（二五名→四〇名）、一般公募制を新設したこと（三五名）、ＡＯ入試で前年に続き更に大幅に減らし（七五名→一〇名）、特別選抜入試を新設したことなどである。結果は次の通りであった。[25]

	募集人員	志願者	合格者
経済学部（指定校制）	一〇六名	一三六名	一三六名
（一般公募制）	三〇名	二〇六名	五七名

	（特別選抜）	一四名	一一名	一〇名
経営学部	（指定校制）	四〇名	三六名	三六名
	（一般公募制）	三五名	一五六名	八二名
	（アドミッションズ・オフィス）	一〇名	二〇名	二〇名
	（特別選抜）	三〇名	三八名	三七名
人文英語	（指定校制）	二〇名	二二名	二二名
	（特別選抜）	一〇名	一六名	一六名
人文社会	（指定校制）	一五名	三一名	三一名
	（特別選抜）	若干名	〇名	〇名
法　学　部	（一般公募制）	六〇名	二一九名	一一九名
	（特別選抜）	若干名	一名	〇名

一一月一九日、理事会が開かれ、去る一一月四日の合同教授会で決定した薬学部設置が承認された。

一一月二七日、人文学部創立三〇周年記念事業の一環として、「四国八十八ケ所　歩き遍路とは何か？」と題したシンポジュームがカルフールにて開かれた。学生・市民約二五〇名が参加した。(26)

一二月一七日、任期満了に伴う経済学部長選挙が行なわれ、入江重吉教授（五七歳、哲学）が選出された。(27)

二〇〇五年一月一五、一六日、二〇〇五年度の大学入試センター試験が行なわれた。センター利用入試の募集人員は経営が五名減らしたが（五〇→四五名）、他は前年と変わらなかった。結果は次の通りであった。[28] 志願者は全学で大きく減少した。厳しい環境が続いた。

	募集人員	志願者	（前年）	合格者
経済学部	二五名	四七一名	（七三〇名）	二〇一名
経営学部	四五名（前期）	五三六名	（七四四名）	二六六名
人文英語	二〇名	二一九名	（二八八名）	一一九名
法学部	二〇名	三四八名	（三七〇名）	一四二名
計	一一〇名	一五七四名	（二一三二名）	七二八名

二月九日～一二日の四日間、二〇〇五年度の一般入試が行なわれた。九日が経済学部、一〇日が経営学部、一一日が人文学部、一二日が法学部の試験であった。一般入試の募集人員は経済二一六名、経営二一〇名、人文英語五〇名、社会一〇五名、法学部一三〇名であった。前年より経済が二名、経営が一〇名減らした。試験会場は、本学、東京（代々木ゼミナール代々木校）、大阪（大阪ＹＭＣＡ会館）、岡山（代々木ゼミナール岡山校）、広島（代々木ゼミナール広島校）、小郡（北九州予備校山口校）、福岡（公務員ビジネス専門学校）、高松（高松高等予備校）、徳島（高川予備校佐古本校）、高知（土佐塾予備校）の一〇会場。検定料は三万円。志願者は経済一四三〇名（前年一三七六名）、経営一二六八名（前年一三〇一名）、人文英語三六八名（前年二九六名）、人文社会七五五名（前年六五六名）、法学部八四一名（前年八二八名）、合計四六六二名（前年四四五七名）で、経営を除き全学で増え、前年より二〇五名、七・八％の増えた。合格発表は二月二〇日。経済七〇〇名（前年六九三名）、経営五六八名（前年五六一名）、人文英語一七五名（前年一七三名）、人文社会二七三名（前年

三五六名)、法学部二九七名(前年三三五名)、合計二〇一三名(前年二一一八名)を発表した。なお、経済を除く学部で歩留まり予想がはずれ、経営一八名、人英二一名、人社八名、法六八名を追加発表した。

学費は前年と同一の据え置きで、入学金二〇万円、授業料五七万円(ただし、二年次以降は二万円のステップ制とする)、教育充実費も一七万円であった。二〇〇五年度中の景気回復は望めそうもなく、地域の経済状態は依然として厳しく、家計状態も厳しく、父母の学費負担を避けたいためであった。[29]

二月一〇日、理事会は、「新学部・新研究科設置準備の進捗状況について」と題し、教職員各位に経過報告した。そこで、薬学部について、学部長予定者として、東京大学の元薬学部長で、本県出身の桐野豊先生の推薦により岐阜薬科大学の元薬学部長・元学長の葛谷昌之先生にお引き受け頂いたこと、そして、二月四日に来学し、教員人事、カリキュラム、薬草園、薬学部棟のレイアウト等打ち合わせをしたこと、教員人事について、葛谷先生の紹介により、東大、北大、岡山大などの先生を紹介され、進めていること、その他、カリキュラム、薬学部棟、入試等について報告された。また、社会学研究科についても、修士課程八名、博士課程二名を予定し、教員人事で小林甫(北大名誉教授)と山田富秋(京都精華大学教授)を採用決定した旨、報告された。

三月九日、松山大学温山会二階歴史資料室にて、第三代校長である田中忠夫先生の胸像除幕式が、神森智理事長、麻生俊介温山会長、大城戸圭一父母会長、橋本尚文文京会長ら関係者の出席を得て、取り行なわれた。神森学長は田中校長を尊敬しており、田中先生を三恩人に次ぐ第四の恩人であり、田中先生がいなければ今日の松山大学はありません、として讃えた。[30]

三月一八日、午前一〇時より愛媛県県民文化会館にて、松山大学大学院学位記授与式、松山大学卒業証書・学位記授与式が行なわれた。

神森学長は式辞の中で、「論語に『徳は孤ならず、必ず隣あり』という言葉がありますが、人間性に富み、人格の高い人は必ず理解者が得られる、と言う意味です。努力をし、人間性の涵養を心がけてください。皆さんの幸せは皆さんが作り出すものです。皆さんの人生の幸せを祈念しております。そして、本学の校訓『忠実』に言う『人に対するまこと』を大切にしてください」、と激励した。[31]

三月三一日、雇用期間の定めのある教育職員の任用についての規程が制定された。満年齢七〇歳まで四回更新できる。ただし、大学院担当者は七〇歳まで更新できる。年俸制で、教授五五二万円、助教授五二八万、講師五〇四万と定められた。[32]この制度は新特任と言われている。ただし、この新特任制度は任期制の導入であり、国立大学の退職者（六五歳）なら大きな問題はないが、若手が対象となると、弊害の多い制度であった。

三月三一日、経済学部では比嘉清松（西洋経済史、六八歳）が退職した。経営学部では松本純（一般経営史）が退職、転職した。[33]

〔注〕

（1）『学内報』三三八号、二〇〇四年四月。
（2）同。
（3）二〇〇四（平成一六）年度『学生便覧』より。
（4）以上詳しくは、拙著『新田長次郎と三実主義・三恩人の研究』（株式会社エス・ピー・シー、二〇二一年一〇月）参照。
（5）『学内報』三三八号、二〇〇四年四月。

(6)『学内報』三二九号、二〇〇四年五月。
(7)『学内報』三三〇号、二〇〇四年六月。
(8)同。
(9)同。
(10)同。
(11)『学内報』第三三一号、二〇〇四年七月。
(12)同。
(13)『学内報』第三三二・三三三号、二〇〇四年八・九月
(14)『学内報』第三三一号、二〇〇四年七月。
(15)『学内報』第三三二・三三三号、二〇〇四年八・九月。
(16)同。
(17)同。
(18)『学内報』第三三五号、二〇〇四年一一月。
(19)『学内報』第三三四号、二〇〇四年一〇月。
(20)『学内報』第三三六号、二〇〇四年一二月。
(21)同。
(22)同。
(23)同。
(24)同。
(25)『学内報』第三三七号、二〇〇五年一月。
(26)『学内報』第三三七号、二〇〇五年一月。
(27)『学内報』第三三八号、二〇〇五年二月。
(28)『学内報』第三三九号、二〇〇五年三月。
(29)『学内報』第三三一号、二〇〇四年七月、同第三三四号、二〇〇四年一〇月、同第三三九号、二〇〇五年三月。同第三四〇号、二〇〇五年四月。
(30)『学内報』第三四〇号、二〇〇五年四月。
(31)同。
(32)『学内報』第三四八号、二〇〇五年一二月。
(33)『学内報』第三四〇号、二〇〇五年四月。

(三)二〇〇五年（平成一七）度

神森学長・理事長の二年目である。本年度の校務体制は、副学長は平田桂一（二〇〇四年四月一日～）、経済学部長は入江重吉（二〇〇五年四月～二〇〇七年三月）、経営学部長は藤井泰（二〇〇五年二月一日～二〇〇七年一月三一日）、人文学部長は金村毅（二〇〇四年一一月一日～二〇〇六年一〇月三〇日）、法学部長は竹宮崇（二〇〇四年八月一日～二〇〇六年三月三一日）、短大学長は八木功治（二〇〇四年四月一日～）、経済学研究科長は清野良栄（二〇〇四年四月～二〇〇八年三月）、経営学研究科長は石田徳孝（二〇〇四年四月～二〇〇六年三月）、図書館長は宍戸邦彦（二〇〇五年四月～二〇〇七年三月）、総合研究所長は鈴木茂（二〇〇四年一月一日～二〇〇六年一二月三一日）、同次長は小松洋（二〇〇四年一月一日～二〇〇六年一二月三一日）、教務委員長は安田俊一（二〇〇五年四月～二〇〇七年三月）、入試委員長は北島健一（二〇〇五年四月～二〇〇六年三月）、学生委員長は今枝法之（二〇〇五年四月～二〇〇六年三月）であった。

学校法人面では、越智純展（二〇〇四年一月一六日～、総務）、森本三義（一九九九年一月一日～、教学）、猪野道夫（二〇〇四年四月～、財務）が常務理事を務め、神森理事長を支えた。また、理事長補佐（教学担当）に奥村泰之（教務部長）が四月二二日付けで就任した（退職した田窪千古の後任）。監事は、高沢貞三（二〇〇四年一月一六日～）、雑賀英彦、中山紘治郎が務めた。(1)

本年度も次のような新しい教員が採用された。(2)

経済学部

西村　雄志　一九七二年生まれ、大阪大学大学院経済学研究科博士後期課程。講師として採用。近代ヨーロッパ経済史、西洋経済史。

童　適平　一九五四年生まれ、中国復旦大学大学院経済学研究科博士課程。教授として採用（新特任）。金融論等。

釜江　哲郎　一九四一年生まれ、東京大学大学院数物研究科修士課程。教授として採用（新特任）。数学、統計学等。

経営学部

石川正一郎　一九四八年生まれ、東北大学大学院教育学研究科博士課程前期。教授として採用。カウンセリング論等。

吉田　隆志　一九三九年生まれ、京都大学大学院薬学研究科修士課程。教授として採用。植物と健康、等。

田和　勇希　一九六五年生まれ、学習院大学大学院人文研究科博士後期課程。講師として採用（新特任）。フランス語。

原田　満範　一九四四年生まれ、神戸大学大学院経営学研究科博士課程。教授として採用。（新特任）。税務会計論等。

人文学部

孟　子敏　一九六四年生まれ、筑波大学大学院文芸・言語研究科博士後期課程。教授として採用。中国語。

山田　富秋　一九五五年生まれ、東北大学大学院文学研究科博士後期課程。教授として採用。

社会学基本文献講読等。

松原日出子　一九五九年生まれ、日本女子大学大学院人間社会研究科博士課程後期。講師として採用。社会福祉原論等。

小林　甫　一九四〇年生まれ、北海道大学文学部卒。教授として採用（新特任）。地域社会学等。

法学部

波多野雅子　一九五二年生まれ、慶應義塾大学大学院法学研究科博士課程。教授として採用。民事訴訟法等。

菊地　秀典　一九五五年生まれ、上智大学大学院法学研究科博士後期課程。助教授として採用。民法等。

松田　龍彦　一九六九年生まれ、中央大学大学院法学研究科博士後期課程。講師として採用。刑事訴訟法等。

東條　武治　一九三五年生まれ、関西学院大学大学院法学研究科博士課程。教授として採用（新特任）。環境法、租税法。

四月一日、午前一〇時より愛媛県県民文化会館メインホールにて、二〇〇五年度松山大学入学宣誓式が行なわれた。経済学部四一〇名、経営学部四〇五名、人文学部英語英米文学科一〇八名、同社会学科一二二名、法学部二一九名、計一二六四名、大学院経済学研究科修士課程六名、経営学研究科修士課程六名、同博士課程一名、計一三名が入学した。

神森学長は式辞の中で、本学の歴史、三恩人に並ぶ第四の恩人として田中忠夫校長を讃え、校訓三実主義について、詳しい洞察を加え紹介した。そして、今日の経済社会は厳しい状況にあるので、十分耐え得る力を身に付け、実りある青春を自ら演出してくださいと、激励した。それは次の通りである。

「皆さんのご入学を心より歓迎いたします。在学中は、精一杯の努力を重ねられ、実りある青春を自ら演出なさることを期待しています。

本学は、大正一二年に、新田長次郎の寄附によって設立された旧制の松山高等商業学校をもってその嚆矢とし、今年度は八三年目になります。本学には生みの親とも言うべき三人の人物がおります。高等商業学校設立の提案をした初代校長でもある加藤彰廉、その提案を理解し、設立のために労を惜しまなかった当時の松山市長加藤恒忠、その申し出を受けて、設立資金を提供した松山出身で大阪産業界の雄であった新田長次郎です。第三代校長田中忠夫は本学の充実発展に寄与し、本学の社会的評価を高からしめた第四の恩人です。

ところで、今日の日本の経済社会は、今までに経験したことのない厳しい条件の下に置かれています。それは、不況というには、あまりにも異質な経済状況です。それは、まず、競争原理にもとづく優勝劣敗、弱肉強食の社会、裏返せば、かってのような共存共栄の理念による過保護を否定した自己責任の社会であり、また、これを増幅する与件に少子高齢化という人口問題があります。その上、今日では、物やサービスを対象とした取引に対して、金融取引の割合が高いという、そして、その昔は、キリスト教やイスラム教の教えに反した「貨幣が貨幣を生む」という経済体質の変貌が顕著に見られます。

皆さんは、やがては、こうした厳しい、また必ずしも正常とは言えない条件を持つ社会に出ていかなければなりません。そのためには、在学中に、とくに、上のような厳しい条件に耐えうる力を身に付けて頂きたいのであります。それには、まず、健康と基礎体力が必要です。社会において身を処していくためには、優れた人間性と仕事に対する高い能力とが必要ですが、その何れもが健康と基礎体力の上に成り立ちます。

本学には、初代校長加藤彰廉が提唱し、第三代田中校長によってその意義が確立された「実用」「忠実」「真実」の三つの「実」を持った三実主義と呼ばれる校訓があります。上に述べた「優れた人間性」は「人に対するまこと」である「忠実」に通じ、「仕事に対する高い能力」は「仕事に対するまこと」である「実用」に連なります。なお、「真理に対するまこと」である「真実」は、「実用」のなかにあってこそ存在するものです。言葉を代えると、理論は実務の中にあるということになります。さらに言い換えれば、学問は本来実用的なものなのであるといえます。

再び「実用」についてですが、それは学問の体系で言いますと、縦割り的な知識ではなく、横割り的な知恵であると言えましょう。経済学に数学が使われることは、つとにご存知のことと思いますが、「富の理論の数学的原理に関する研究」というクールノーの著書は一八三八年のものです。最近「文理融合」とか「文理横断」といった言葉が聞かれますが、文系と理系とは、本来、別のものではありません。先月出版された広島大学総合科学部の先生方の手になる「大学新入生に薦める一〇一冊の本」は「文理横断型の知」に焦点を当てた書物を簡潔に紹介しております。一読をお薦めします。
最後に、皆さんの先輩は、産業界を中心に活躍し、社会の高い評価を得てきました。経済雑誌等が、本学の就職について高い評価を与えているのは先輩達の活躍のおかげです。また、クラブ活動においても、幾つものクラブが全国優勝を何回もするなど、多大の成果を上げてきました。皆さんも努力なさって先輩たちのよい跡継ぎになってください。そして価値ある青春を自らのものにして下さい。

平成一七年四月一日

松山大学　学長　神森　智」(3)

四月一二日、松山大学名誉教授、経済学部教授であった入江奨先生が亡くなられた。八一歳であった。入江先生は、稲生晴、神森先生と並んで、松山商大三羽烏といわれた方で、とりわけ学生の自主的研究活動に熱心な人であった。私は病気療養中の入江先生を何度か見舞ったが「研究のため後一〇年は生きたい」と何度も言われていたのが印象的であった。
五月一三日、温山会総会・松山支部総会が愛媛県県民文化会館真珠の間で開かれ一〇〇〇余名が出席した。麻生俊介温山会長は、「松山大学では神森学長のもと、新しい学部であります薬学部を平成一八年四月に開設すべく、教職員の方々が一丸となって取り組んでおられます。………母校松山大学の更なる発展を心から祈念致します」と挨拶し、また、池内義直松山支部長が、平成一四年から一五年にかけての大学の混乱、温山会の仲介活動、神森学長の就任による学内対立の鎮静化等を説明し、「再び、温山会員が一体となって、母校を語り合い、親睦を深めることができるようになり、大変喜んでおります」と挨拶した。[4]

六月一三日、松山大学と中国・青島市友好協力協定が締結された。[5]

六月二三日、学校法人松山大学は、薬学部及び大学院社会学研究科の設置申請書を文部省に提出した。

六月二五日、薬学部校舎新築工事地鎮祭が行なわれた。地下一階、地上一〇階の建物で、本学では一番大きな建物であった。[6]

六月二九日、薬学部と社会学研究科の両申請書に係わる寄附行為変更書を文部科学省に提出した。[7]

七月一日、二〇〇六年度の入試説明会が本館ホールで行なわれ、入試要項が説明され、また、二〇〇六年度開設予定の薬学部の説明がなされ、記者会見をした。

この薬学部について入試説明会および記者会見で説明された大要は次の通りであった。[8]

①設置の趣旨……愛媛県に薬学部をもつ大学はない。高知にも無く、中国地方では山口、鳥取、島根にもなく、九州でも鹿児島、大分、佐賀に無く、愛媛県とその近県は空白地帯となっている。薬剤師は慢性的に不足している。薬学部の設置で、バイオ産業や医薬品産業の発展が期待できる。薬学部をつくって本学の総合大学への第一歩を踏み出せる。

②六年制薬学部医療薬学科の目的……平成一八年度から六年制薬学部設置により、質の高い薬剤

師の養成、高度の薬学知識をもった高度専門職業人の養成、大学や企業の研究者の養成、薬学教育・研究を通じて社会への貢献する。

③教　授　陣………専門科目担当三四名。実務家教員七名。

④学部の特色………薬学部医療薬学科の一学部一学科とし、薬剤師の養成、ならびに薬学関係の知識をもった人材の育成をはかる。

⑤薬草園の設置……御幸グランドに薬草園を設置する。

⑥資　格　取　得………薬剤師国家試験受験資格が与えられる。

⑦入　学　試　験………前期は二〇〇六年二月八日（一三〇名予定）、後期は三月八日（三〇名予定）。試験科目は、数学・理科・英語。試験会場は前期一五会場、後期六会場。

八月一日発行の『学内報』第三四四・三四五号に森本常務理事が「薬学部設置の必要性についての再確認」と題した論考を発表している。そこで、文系の偏差値の低下、就職難をあげ、理系学部の必要性を痛感したこと、その中で、愛媛大学と競合しない学部を設置して棲み分けを図ることを考え、その結果、薬学部しか残っていなかった、と述べている。(9)

九月一七、一八日、二〇〇六年度の大学院第Ⅰ期入試が行なわれた。経済学研究科修士課程は六名が受験し、四名が合格した。経営学研究科修士課程は五名が受験し、四名が合格した。(10)

一〇月八日から一〇日、人文学部と経済学部による「達成体験学習—歩き遍路」が、四四番札所大宝寺（久万高原町）から五一番札所石手寺（松山市）までの約五〇キロのコースでとり行なわれた。経済一六名、人文五名が参加し、国崎人文学部長と吉田健三経済学部講師が同行し、一〇日午後

五時全員無事正門に到着した。(11)

一一月一九、二〇日の両日、二〇〇六年度の推薦・特別選抜入試が行なわれた。募集人員は前年度と変わりなかった。結果は次の通りであった。(12)

		募集人員	志願者	合格者
経済学部	（指定校制）	一〇五名	一三一名	一三一名
	（一般公募制）	三〇名	一八二名	六三名
	（特別選抜）	一四名	一三名	一二名
経営学部	（指定校制）	四〇名	三四名	三四名
	（一般公募制）	三五名	一五〇名	八四名
	（アドミッションズ・オフィス）	一〇名	二三名	二三名
	（特別選抜）	三〇名	三四名	三〇名
人文英語	（指定校制）	二〇名	二二名	二二名
	（特別選抜）	一〇名	一七名	一三名
社会	（指定校制）	一五名	二八名	二八名
	（特別選抜）	若干名	二名	〇名
法　学　部	（一般公募制）	六〇名	二一二名	一一七名
	（特別選抜）	若干名	一名	一名

一一月一九日、二〇〇六年社会学研究科開設を記念するシンポジューム「社会学は挑戦する」がカ

ルフールで開催された。パネラーとして、十文字学園女子大学長の鶴木真教授（東大名誉教授）らが参加した。(13)

一二月五日、文科省より薬学部医療薬学科及び大学院社会学研究科設置認可がおりた。(14)

一二月一三日、本学と沖縄国際大学との単位互換協定が締結された。(15)

一二月一四日、竹宮法学部長の任期途中辞任に伴う法学部長選挙が行なわれ、廣澤孝之（四一歳、政治学）が選出された。任期は二〇〇六年四月～二〇〇八年三月。(15)

一二月一五日、「松山大学教学会議規程」と「松山大学全学教授会規程」が制定された。前者は従来の学部長会を拡大したもので、各学部から選出された教員（助教授又は講師）一名がメンバーとなった。後者は従来の「松山大学合同教授会規則」を廃止し、それに代わるもので、審議事項は、学部・学科の改組又は廃止、および予算、決算等が審議されることになった。全学教授会は重要な審議事項に限定し、したがって回数も少なくし、多くの審議事項は教学会議で行うという改革であった。ともに二〇〇六年四月一日施行であった。(17)

二〇〇六年一月二〇、二一日、二〇〇六年度の大学入試センター試験が行なわれた。人文学部社会学科が新たに導入した（募集人員一五名）。他は前年と変わらなかった。結果は次の通りであった。(18)志願者は全学で大きく減少した。厳しい環境が続いた。

	募集人員	志願者　（前年）	合格者
経済学部	二五名	五四二名（　四七一名）	二〇七名
経営学部	四五名（前期）	四六三名（　五三六名）	二八九名

人文英語	二〇名	二一四名（二一九名）	一二六名
人文社会	一五名	二六三名（　—　）	一三九名
法 学 部	二〇名	二六七名（三四八名）	一四九名
計	一二五名	一七四九名（一五七四名）	九一〇名

二月八日～一二日の五日間、二〇〇六年度の一般入試が行なわれた。八日が薬学部、九日が経済学部、一〇日が経営学部、一一日が人文学部、一二日が法学部の試験であった。一般入試の募集人員は、薬学部（前期）一三〇名、経済二一六名、経営二一〇名、人文英語五〇名、人文社会九〇名、法学部一三〇名であった。人社が募集人員を前年より一五名減らした。試験会場は、本学、東京（代々木ゼミナール代々木校）、大阪（大阪ＹＭＣＡ会館）、岡山（代々木ゼミナール岡山校）、広島（代々木ゼミナール広島校）、小郡（北九州予備校山口校）、福岡（公務員ビジネス専門学校）、高松（高松高等予備校）、徳島（高川予備校佐古本校）、高知（土佐塾予備校）の一〇会場。薬学部は、松山、東京、名古屋、大阪、岡山、米子、広島、小郡、徳島、高松、高知、福岡、大分、鹿児島、沖縄の一五会場。検定料は三万円。志願者は、薬学部五〇二名、経済一四三六名（前年一四三〇名）、経営一一八四名（前年一二六八名）、人文英語三五四名（前年三六八名）、人文社会六九三名（前年七五五名）、法学部七一〇名（前年八四一名）、文系合計四三三七名（前年四六六二名）で、経済を除き全学で減少、前年より二八五名、六・一％減少した。相変わらず厳しい状況が続いた。合格発表は二月二一日。薬学部三〇七名、経済七四〇名（前年七〇〇名）、経営六四一名（前年五六八名）、人文英語二〇九名（前年一七五名）、人文社会二八〇名（前年二七三名）、法学部三六五名（前年二九七名）、文

系合計二二三五名（前年二〇一三名）を発表した。なお、歩留り予想は大きく外れ、三月一〇日一般入試で薬学部三八名、経済六四名、経営六三名、人社四三名の第一次追加合格を出し、さらに三月二四日に経済六二名、法一三名の第二次追加合格を出した。

なお、文系の学費は入学金二〇万円は変わりないが、学費を一九九六年以来久方ぶりに上げた。それは、二万円のアップとステップ方式の凍結解除であった。授業料は五七万円を五九万円（ただし、二年次以降は二万円のステップ制とする）とした。教育充実費は一七万円で据え置いた。

学費値上げの理由について、理事会は臨時定員枠の二分の一の削減、学生数の減少、受験生の減少による手数料収入の減少、補助金の減少により収入が減少し、他方支出は教員の増加のため（今年度一四名増員、新研究科、新学部の三人を含む）、増大したためであった。

薬学部の学費は、入学金三〇万円、授業料一六〇万円、教育充実費四〇万円、諸経費四万七八〇〇円で、初年度は二三四万七八〇〇円であった。そして、理事会は「今回の改定は……薬学部の開設と関わりはありません。設置後のランニングコストについては設置当初の学生数は少ないため赤字になりますが、遅くとも五年目からは、黒字に転化するはずです。立ち上がり時期の赤字は、その後の黒字で埋め、既存学部に負担させることはありません。薬学部については独立採算となるような収支バランスをはかりたいと考えています」と述べている。[19]

三月六日、合同教授会が開かれ、副学長について、一人から三人以内とする改正が提案され、可決された。

同日、清野経済学研究科長の任期満了に伴う経済学研究科長選挙が行なわれ、清野良栄（現代資本主義論）が再選された。また、同日経営学研究科長選挙が行なわれ、中山勝己（公告論等）が選出された。[20]

三月一七日、午前一〇時より愛媛県県民文化会館メインホールにて松山大学の卒業式が行なわれた。神森学長は式辞の中で、「他人の二倍の努力をして、三倍の仕事をしてください。そうすれば他人の四倍の幸せな人生を自分のものとすることができるはずです。諺に『天は自ら助くる者を助く』といいます。努力して、充実した、幸せな人生を自ら演出して下さることを期待しております」と激励した。[21]

三月二二日、神森理事長は学長選挙権者会議を開催し、新しい松山大学学長選考規程を決めた。その大要は次の通りである。[22]

①学長の選考は独立自尊の精神に則り選挙権者の自由意思に基づいて行わなければならない。

②理事会または理事もしくは監事は学長の選考に中立でなくてはならない。

③選挙権者以外のものは、特定のものへの投票の要請をしてはならない。

④選挙管理委員会は、選挙権者が選挙権者の自由意思に基づく学長選挙の妨げとなる言動を知ったときは、その言動を止めさせなければならない。そして、その言動の内容を公示しなければならない。

⑤本法人はこの規程で選考された者を学長として任命する。

⑥学長は人格高潔、学識に優れ、大学を効果的に運営できる能力を有するものの中から選考する。

⑦任期は二年、引き続き二回を限度として再任できる。

⑧学長候補者は学内外問わず、一切の制限を付さない。

⑨第一次投票は、特定の候補者を立てず、選挙権者の四分の三の有効投票をもって成立する。上位三人を第二次投票の候補者とする。
⑩第二次投票の結果、全選挙権者の有効投票の過半数及び選挙権者である教育職員の有効投票の過半数を得たものがあるときには、その者を学長となるべきものとする。
⑪第二次投票の結果、学長となる者が決まらないときは、上位二人について第三次投票を行う。
⑫第三次投票でも決まらない時は、最上位の者をもって学長となるべきものとする。

この新しい学長選考規程は、一九九三年五月の宮崎学長・理事長時代に制定された学長選考規程の問題点を無くし、また、学長選挙への外部からの介入という反省からつくられたものであった。そのねらい・目的は次の如くであった。
①学外の者（とくに温山会）が学内の学長選挙に介入することを防止することである。
②理事会、理事、監事が選挙に介入することを防止することである。
③立候補制・推薦制だと、立候補もなく、推薦もされず、選挙が成立しない恐れがあるので、それを防止することである。
④教員が少数で、職員が多数で学長となるべきものが選出された場合、大学運営が困難となり、混乱が起きるので、全選挙権者だけでなく、教員の有効投票の過半数が必要と定めたことである。教員の有効投票は教員の選挙権者の四分の三が必要であり、その過半数の支持が必要と定めたのだった。

⑤第三次投票でも決まらないときは、但し書きにより、最上位のものを学長候補とすることにした。
⑥学長の任期を三年から二年に短縮したのは、それは、学長解任規程（制度）を見送るその代わりに導入したものであった。解任は二年後の選挙で落とせばよいとの考えであった。
しかし、この新しい学長選考規程にはいくつかの問題があった。それは次の点である。
①第一次投票において、候補者を一切立てず、内外無差別で投票するという点である。これだと、学内の人と思われても、漢字の間違いがあれば死票となる恐れがある。なによりも、学外の有識者はまず候補者とならない。
②第三次投票で学長が決まらない場合には、但し書きで最上位の者を学長にしているが、それは教員少数の支持でも学長が決まる規定となり、教員の加重要件を空文化することになる。
③最大の問題点は、何よりも学長選挙であるにも関わらず、教員と職員が対等の一票を有していることである。学長が理事長となるから、職員は学長選挙というよりも理事長選挙と思い、ほとんどの職員が投票する。そして、幹部の意向が一般職員に伝わり票が固まる傾向にある。他方、教員は学長選挙と考え、投票するが、棄権も無効も多いし、票もばらける。結局、多くの場合、職員票で学長が決まっているのが現実で、これが学長選挙の最大の致命的欠陥である。
私の考えでは、専任且つ常勤の教授を候補とし、第一次投票は教員の有権者で行ない、三位まで絞り、その候補は理事長になるのだから、その候補を教員・職員全員で投票すればよいと思う。また、学外の候補については、推薦により名簿に加えるのが良い。

三月三一日、経済学部では五島昌明（体育、六五歳）、経営学部では立田浩之（経営工学概論）、南

学（教育心理学）、法学部では石原善幸（民法）が退職した。(23)

〔注〕

（1）『学内報』第三四〇号、二〇〇五年四月、同第三四一号、二〇〇五年五月。
（2）同。
（3）『学内報』第三四一号、二〇〇五年五月。同第三四二号、二〇〇五年六月。
（4）『学内報』第三四二号、二〇〇五年六月。
（5）『学内報』第三四三号、二〇〇五年七月。
（6）『学内報』第三四四・三四五号、二〇〇五年八・九月。
（7）『学内報』第三四三号、二〇〇五年七月。
（8）『学内報』第三四四・三四五号、二〇〇五年八・九月。
（9）同。
（10）『学内報』第三四七号、二〇〇五年一一月。
（11）同。
（12）『学内報』第三四三号、二〇〇五年七月。『学内報』第三四九号、二〇〇六年一月。
（13）『学内報』第三四九号、二〇〇六年一月
（14）『松山大学九十年の略史』
（15）『学内報』第三四九号、二〇〇六年一月。
（16）同。
（17）『学内報』第三五二号、二〇〇六年四月。
（18）『学内報』第三五一号、二〇〇六年三月。
（19）『学内報』第三四四・三四五号、二〇〇五年八・九月、同三四六号、二〇〇五年一〇月、同第三四九号、二〇〇六年一月、同第三五〇号、二〇〇六年二月、同第三五一号、二〇〇六年三月。
（20）『学内報』第三五二号、二〇〇六年四月。
（21）同。
（22）『学内報』第三五四号、二〇〇六年六月。
（23）『学内報』第三五二号、二〇〇六年四月。

㈣二〇〇六年（平成一八）度

神森学長・理事長の三年目である。薬学部が新設され、五学部体制となった。

本年度の校務体制は、副学長は平田桂一（二〇〇四年四月一日～）、経済学部長は入江重吉（二〇〇五年四月～二〇〇七年三月）、経営学部長は藤井泰（二〇〇五年二月一日～二〇〇七年一月三一日）、人文学部長は金村毅（二〇〇四年一一月一日～二〇〇六年一〇月三〇日）が続け、法学部長には新しく廣澤孝之（二〇〇六年四月～二〇〇八年三月）、新設の薬学部長には葛谷昌之（二〇〇六年四月～）が就任した。短大学長は八木功治（二〇〇四年四月～）、経済学研究科長は清野良栄（二〇〇四年四月～二〇〇八年三月）、経営学研究科長は中山勝己（二〇〇六年四月～）、図書館長は宍戸邦彦（二〇〇五年四月～二〇〇七年三月）、総合研究所長は鈴木茂（二〇〇四年一月一日～二〇〇六年一二月三一日）、同副所長は小松洋（二〇〇四年一月一日～二〇〇六年一二月三一日）、教務委員長は安田俊一（二〇〇五年四月～）、入試委員長は向井秀忠（二〇〇六年四月～）、学生委員長は波多野雅子（二〇〇六年四月一日～七月一八日）が就任したが、途中で中嶋慎治（二〇〇六年七月一九日～）に代わった。

学校法人面では、越智純展（二〇〇四年一月一六日～、総務）、森本三義（一九九九年一月一日～、教学）、猪野道夫（二〇〇四年四月～、財務）が常務理事を続け、神森理事長を支えた。理事長補佐は墨岡学、奥村泰之が続けた。監事は、高沢貞三（二〇〇四年一月一六日～）、雑賀英彦、中山紘治郎が続けた。[1]

四月一日、松山大学組織規程が改定された。[2]学長事務室は廃止された。

本年度も次のような新しい教員が採用された。特に、新設の薬学部には大量に教員が赴任した。(3)

経済学部

大西　崇仁　一九六九年生まれ、日本体育大学大学院体育学研究科修士課程。講師として採用。ボールゲームスポーツ等。

経営学部

池上　真人　一九七七年生まれ、広島市立大学大学院国際学研究科博士後期課程。講師として採用。英語。

壇　裕也　一九七七年生まれ、筑波大学大学院博士後期課程数学研究科。講師として採用。情報処理論等。

山崎　泰央　一九六八年生まれ、法政大学大学院社会科学研究科博士後期課程。講師として採用（新特任）。一般経営史。

吉岡　洋一　一九四二年生まれ、明治大学商学部。教授として採用（新特任）。マーケッティング論、商学概論等。

人文学部

春日キスヨ　一九四三年生まれ、九州大学大学院修士課程教育学研究科。教授として採用（新特任）。家族社会学等。

法学部

水野　貴浩　一九七八年生まれ、同志社大学大学院法学研究科博士後期課程。講師として採

藤川　研策　一九四〇年生まれ、神戸大学法学部。教授として採用（新特任）。商法。用。民法。

薬学部

葛谷　昌之　一九四三年生まれ、岐阜薬科大学大学院薬学研究科博士課程。教授として採用。薬学概論。

明楽　一己　一九五八年生まれ、岐阜薬科大学大学院薬学研究科修士課程。教授として採用。分析化学。

伊藤　詔子　一九四四年生まれ、広島大学大学院文学研究科修士課程。教授として採用。英語。

河瀬　雅美　一九五二年生まれ、岐阜薬科大学大学院薬学研究科修士課程。教授として採用。有機化学。

酒井　郁也　一九五六年生まれ、愛媛大学大学院医学研究科博士課程。教授として採用。医学概論。

古川　美子　一九五一年生まれ、京都府立医科大学大学院医学研究科博士課程。教授として採用。生化学。

山本　重雄　一九四一年生まれ、大阪大学大学院薬学研究科修士課程。教授として採用。くすりを知る。

湯浅　　宏　一九五三年生まれ、東京薬科大学大学院薬学研究科博士後期課程。教授として採用。製剤学。

天倉　吉章　一九六九年生まれ、岡山大学大学院自然科学研究科博士課程。助教授として採用。薬用植物学。

中島　光業　一九六〇年生まれ、金沢大学大学院薬学研究科修士課程。助教授として採用。生物学。

橋本　満　一九七一年生まれ、徳島大学大学院薬学研究科博士後期課程。助教授として採用。薬学基礎実習。

見留　英路　一九六八年生まれ、東京薬科大学大学院薬学研究科博士前期課程。助教授として採用。分析化学。

坂本　宜俊　一九七二年生まれ、東京薬科大学薬学部薬学科。講師として採用。製剤学。

萩本　有理　一九七五年生まれ、大阪大学大学院薬学研究科博士後期課程。講師として採用。有機化学。

加来　鉄平　一九七六年生まれ、東京薬科大学大学院薬学研究科博士後期課程。助手として採用。

四月三日、午前一〇時より愛媛県県民文化会館にて、二〇〇六年度の入学式が行なわれた。経済学部三九八名、経営学部三九七名、人文学部英語英米文学科一〇七名、同社会学科一二九名、法学部二二二名、薬学部一五九名、計一四一二名、大学院経済学研究科修士課程四名、同博士課程二名、経営学研究科修士課程八名、社会学研究科修士課程三名、同博士課程三名、計二〇名が入学した。

神森学長は、式辞において、本学の歴史、伝統や創立者の高い志、三恩人、卒業生の活躍、部活動の輝かしい成績、校訓三実主義について述べ、志を立てて、在学中に志を達成し、将来有為な人材になることを目指して精進されることを期待します、と激励の言葉を贈った。(4)

四月二〇日、第一回全学教授会（本年度から合同教授会が全学教授会に変更）が開催され、松山大学副学長の任期を三年から二年に変更することが提案され、可決された。三月の二二日の新しい学長選考規程の学長の任期二年にあわせたものであった。また、報告事項として「平成一八年度（二〇〇六）の事業計画」が報告され、それによると、事業計画では、薬学部棟（一八億八三六四万円）、薬草園（五〇五〇万円）、五号館、五〇年記念館の耐震補強工事（二億二〇六五万円）、薬学部教員人件費（一億九七九九万円）等が大きな金額を占めていたが、収入の増加を図らんとして、「借入金利息増加を補う金利スワップの導入」が企図された。(5)だが、この金利スワップ制の導入は、寄附行為の資産運用の安全、確実を旨とする規定から疑義があり、大きな問題があった。

四月二八日、韓国・平澤大学校との学術交流協定が締結された。(6)

五月一七日、大学院社会学研究科設置記念講演会が、奈良女子大学名誉教授の新睦人氏を迎えて開催された。演題は「比較分析の楽しさ―日本とヨーロッパ」であった。(7)

六月一日、寄附行為の変更について、事務職員に説明会が行なわれた。

六月八日、寄附行為の変更について、教学会議で意見聴取がなされた。

六月、大学院言語コミュニケーション科の設置申請が文部科学省に提出された。(8)修業年限二年（修士課程）、入学定員六名、教授一五名予定、であった。

九月一日、人文学部に、金森強（一九六〇年生まれ、横浜国立大学大学院教育学研究科修士課程）が教授として採用された。言語コミュニケーション科の先取り人事（科長予定）であった。

九月一五、一六日、二〇〇七年度の大学院Ⅰ期入試が行なわれ、経済学研究科博士前期課程は二名が受験して、二名が合格、経営学研究科は九名が受験して、六名が合格、社会学研究科は受験者はいなかった。経済学研究科博士後期課程は一名が受験して一名が合格した。(9)

九月二五日、金村人文学部長の任期満了に伴う学部長選挙が行なわれ、金村毅（六三歳、スポーツ医学）が再選された。任期は二〇〇六年一一月一日から二年間。(10)

一〇月一日、薬学部に、波多江典之（一九七〇年生まれ、九州大学大学院薬学研究科博士前期課程）が助教授として採用された。

一〇月一二日、経済学部は、「二〇〇六年度留学生交流会」をカルフールにて開き、約一〇〇名が参加した。津軽三味線、和太鼓も披露され、交流は盛り上がった。(11)

一一月一八、一九日の両日、二〇〇七年度の推薦・特別選抜入試が行なわれた。二年目の薬学部は初の推薦入試を導入した。募集人員は前年度に比し、経営が指定校を四〇→五〇名に増やし、一般公募制を三五→三二名に減らし、アドミッションズ・オフィスを一〇名→三〇名に増やし、特別選抜を三〇→三三名に増やした。人文英語は指定校を二〇→二五名に増やした。法学部は、新しく二〇名の指定校入試を導入した。薬学部は、指定校二〇名、一般公募制三〇名を新設した。結果は次の通りであった。(12)

		募集人員	志願者	合格者
経済学部	（指定校制）	一〇五名	一二九名	一二七名
	（一般公募制）	三〇名	一七五名	六二名
	（特別選抜）	一四名	一六名	一四名
経営学部	（指定校制）	五〇名	五二名	五二名
	（一般公募制）	三二名	一六一名	六七名
	（アドミッションズ・オフィス）	三〇名	六六名	六六名
	（特別選抜）	三三名	三五名	三三名
人文英語	（指定校制）	二五名	二二名	二二名
	（特別選抜）	一〇名	二九名	二九名
人文社会	（指定校制）	一五名	二六名	二六名
	（特別選抜）	若干名	〇名	〇名
法学部	（一般公募制）	六〇名	二一六名	一三五名
	（指定校制）	二〇名	一二名	一二名
	（特別選抜）	若干名	一名	〇名
薬学部	（指定校制）	二〇名	一三名	一三名
	（一般公募制）	三〇名	四六名	三五名

一〇月二三日、学校法人松山大学寄附行為が文部省により認可を受けた。その大要をまとめれば次

の通りである。

(1)理事について

①総数は、一二人以上一八人以内とし、前青野理事長時代は一三人以上一五人以内であったので、さらに増やした。

②学長が理事になるのは変化がない。

③副学長一人を新しく理事にした。

④事務局長を新しく理事にした。

⑤事務部長について、一人以上三人以内とし、新しく理事とした。

⑥法人の設立者又は縁故者一人は変化がない。

⑦温山会の三人は変わらないが、会長、前会長、元会長とした。

⑧学識経験者は、三人以上五人以内で、前青野理事長時代の三人をさらに増やした。

(2)監事について

①設立者の縁故者一人は変わらない。

②功労者又は学識者から二人も変わらない。

(3)評議員について

①総数は、三七人以上四五人以下〔内〕で、前青野理事長時代の三二人以上三八人以内をさらに増やした。

②教育職員を八人にし、前青野理事長時代の七人を一人増やした。

③副学長、学部長、短大学長が当然評議員になるのは変わらない。人数は七人以上九人以内と増やした。
④事務局長を新しく当然評議員とした。
⑤部長四人（就任順）を新しく評議員とした。
⑥事務職員を二人とし、前青野理事長時代の五人から減らした。
⑦温山会五人以上八人以内は変化ない。
⑧学識経験者一〇人以上一三人以内は変化ない。
(4)任期について、従来三年であったのを四年に一年伸ばした。

この新寄附行為についてコメントしておこう。
①この新寄附行為は理事会内部で決め、評議員会にはかったもので、構成員の意見を聞いていない。
②役員について、前青野理事長時代に比し人数を増やし、スリム化に逆行している。
③教員は教育研究に専念し、事務職に責任と権限を与えて、法人の役員とする神森理事長の考えがそのまま反映されていることである。それは、事務局長を当然評議員、当然理事とし、また部長四人を当然評議員とし、一人から三人を当然理事としたが、事務部長を当然に法人の役員とするのには疑義がある。事務部長と法人理事は別の職務である。評議員・理事は事務職のなかから、人望があり、且つ法人全体を見わたせる有能な人材のなかから選ぶべきだからである。
④教員は教育研究に専念すべき、という神森理事長の考えにも疑義がある。大学は、教員、職員、

学生の学園協同体である。教員も研究、教育だけでなく、大学の運営、法人の経営に参画すべきである。三つの仕事をするのは当然のことだからである。教員が行政に無関心な態度は大学にとってマイナスである。その際、教員の特有の研究・教育の点を考慮して、行政職は一期にとどめるべきで、何期も行政職を続けるのは控えるべきであろう。

⑤同一人物が評議員と理事を兼務しているが、問題である。すなわち、事務局長を当然評議員、当然理事とした、また部長四人を当然評議員とし、うち、一人から三人を当然理事としたが、それは評議員・評議員会の理事会・理事監査機能をないがしろにするもので疑義がある。

⑥前青野理事長時代の寄附行為を踏襲し、副学長、学部長、短大学長らを当然評議員としているが、事務職と同様に、大学の管理職を当然に法人の役員とするのは疑義がある。

⑦選挙による教員互選の評議員を減らしているのは、前の寄附行為を踏襲しているが、一般教員の声を減らすもので、問題である。同様に、一般の事務員からの互選評議員を大幅に減らしている（僅か二人）のは、一般事務員の声を減らし、民主主義の点から極めて問題である。

⑧任期を四年にしているが、長すぎる。三年に戻すべきだろう。

⑨外部の評議員・理事の任期がないのも問題である。二期までに制限すべきだろう。

一一月三〇日、新寄附行為にもとづく、新しい評議員選挙が行なわれた。

教育職員では、浅野剛（経営）、奥村義博（人文）、墨岡学（経営）、波多野雅子（法）、牧園清子（人文）、増野仁（経済）、間宮賢一（経済）、吉田隆志（薬）の八人が選出された。事務職員では、掛川猛、高橋安恵の二人が選出された。任期はいずれも、二〇〇六年一二月一日～二〇一〇年一一月三〇日。

また、新寄附行為により平田副学長、入江経済学部長、藤井経営学部長、金村人文学部長、廣澤法学部長、葛谷薬学部長、八木短大学長が当然評議員となった。

また、越智純展事務局長と部長の四人（猪野道夫、奥村泰之、西原重博、渡部弘志）も当然評議員となった。

また、外部評議員として、温山会から池内義直、田中哲、久井満、堀晋、明関和雄が一二月一日から、大野明雄、野本武男、増田育顕が一二月七日から評議員となった。学識経験者から、大城戸圭一、河田正道、関谷孝義、長井明美、中村時広、橋本尚、三木吉治、水木儀三、村上健一郎、森雅明が一二月一日から評議員となった。(13)

また、理事について、一一月三〇日付けで岩橋勝、森本三義が退任し、一二月一日付けで越智純展が理事に就任・再任した。また、評議員選出の理事として、葛谷昌之、墨岡学が就任した。

また、外部では、田中哲、新田家から新田晃久、温山会から麻生俊介、今井瑠璃男、学識経験者から、一色哲昭、大塚潮治、水木儀三、山崎敏夫が理事に選出された。任期は一二月一日から四年間。

監事としては、雑賀英彦、高沢貞三が引き続き就任・再任された。(14)

一二月一二日、常務理事会は、ＢＮＰパリバ証券との金利スワップ取引を決めた。それは、為替が九〇・五〇円以上の円安であれば本学の支払い金利は〇％、受取金利は一％となるというもので、大幅な為替変動はないものとして取引することにした。また、新たにゴールドマンサックス証券会社との取引開始を決めた。

一二月一九日、常務理事会は、南海放送跡地の不動産鑑定を業者に依頼することを決めた。

一二月一九日、入江経済学部長の任期満了に伴う学部長選挙が行なわれ、宮本順介（五六歳、ミクロ経済学、貨幣経済論）が選ばれた。任期は二〇〇七年四月から二年間。(15)

一二月二六日、藤井経営学部長の任期満了に伴う学部長選挙が行なわれ、石田徳孝（六四歳、経営科学等）が選ばれた。任期は二月一日から二年間。(16)

一二月末で神森学長の任期が満了するので、新しい松山大学学長選挙規程にもとづき、選挙管理委員を選出し、選挙管理委員会が設置された（委員長掛下達郎）。

一〇月二日、学長選挙の公示がなされた。選挙権者は二二七名（教員一二九名、職員九八名）。

一〇月一六日、第一次投票が行われた。結果は次の通りであった。

1．選挙権者　二二七
2．投票総数　一九一
3．有効投票　一八五
　森本　三義　六〇
　岩橋　勝　五七
　金村　毅　三一
　神森　智　九

4．無効　　　　　　六
5．棄権　　　　　三六
よって、上位三名が第二次投票の候補者となった。
一一月七日、第二次投票が行われた。結果は次の通りであった。
1．選挙権者　　　二二七
2．投票総数　　　一九八
3．有効投票　　　一九四
　教育職員　　　　九九
　事務職員　　　　九五
4．無効　　　　　　七
5．棄権　　　　　二八
6．学長候補者
　森本　三義　　九一（教育職員三三、事務職員五八）
　岩橋　勝　　　七一（教育職員四四、事務職員二七）
　金村　毅　　　三二（教育職員一七、事務職員一五）

上記の結果、学長選考規程第一〇条第一項「全選挙権者の有効投票数の過半数及び選挙権者である教育職員の有効投票数の過半数を得たものがあるときには、その者を学長となるべきものとする」の要件を満たさなかったので、上位二人に対し、第三次投票が行われることになった。

一一月二四日、第三次投票が行われた。結果は次の通りとなった。

1．選挙権者　二二七
2．投票総数　一九九
3．有効投票　一九二

森本　三義　一〇二（教育職員四〇、事務職員六二）
岩橋　勝　九〇（教育職員五七、事務職員三三）

森本候補は「全選挙権者の有効投票数の過半数」を得ていたが、「教育職員の有効投票数の過半数」を得ていなかった。その結果、第一一条の第三項の規定「第三次投票の結果、学長となるべき者が決まらないときは、前項で準用する第一〇条第一項前段の学長となるべき者に係わる規定にかかわらず、最上位の得票者をもって学長となるべきものとする」により、第四次投票は無く、森本候補が学長候補に決まった。

一二月三一日、神森学長・理事長は三年間の任期を終え、退任した。

同日、監事の中山紘治郎が退任した。

また、同日、副学長の平田桂一、理事長補佐の墨岡学、奥村泰之、図書館長の宍戸邦彦、総合研究所所長の鈴木茂、副所長の小松洋も退任した。(18)

◇　◇　◇

三年間にわたる第二次神森智学長時代（在任：二〇〇四年一月一日～二〇〇六年一二月三一日）の歴史について、特記すべきことについてまとめておこう。

第一に、原告団と学校法人松山大学との間で係争中の選挙権者会議招集訴訟事件について、両者が和解し、大学の正常化が図られた（二〇〇四年二月）。

第二に、前青野理事長時代に処分されていた六名の教員について、神森理事長は処分の取り消しを行ない、対立を解消し、正常化した。

第三に、教学面で、副学長制を導入（二〇〇四年二月）、また大学と短大を分離し、短大に専任の学長をおくことにした（二〇〇四年三月）。

第四に、神森先生の年来の理念・持論により、教員は教育研究に専念させ、事務職に責任と権限を与えるとの考えの下、職員を常務理事に選んだ。そして、それが慣行となった（二〇〇四年一月）。

第五に、事務組織の職制について、前青野理事長時代の人事の歪みを是正すべく次長制度を新設した（二〇〇四年四月）。その結果、次長が大量に生れた。また、後に、部長、次長、課長の人数も増え、頭でっかちの事務組織を作り出すことになった。

第六に、薬学部を設立した（二〇〇六年四月）。しかし、全学的に新学部設置委員会をつくって検討したものではなく、理事会内部で決め、教授会に下ろしたものであった。理事会主導型の大学運営で大きな問題を残した。しかし、もし、否決すれば、学長をやめると述べていたので、また、松山大学で紛争かと社会的に問題とされるので、反対に躊躇する構成員がいて、可決された。

しかし、この薬学部の設立は拙速で、甘い見通しのもとに決定したものであった。そして、理事会は薬学部は五年目から黒字になるとか、既存学部には迷惑をかけない、設置資金は完成後文系に返還すると約束したが、その約束は守られておらず、大きな負の遺産となった。

第七に、大学院社会学研究科を設立し（二〇〇六年四月）、また大学院言語コミュニケーション学科を申請し、大学院の充実を図った。

第八に、学部長会を教学会議に、合同教授会を全学教授会に変更した（二〇〇六年四月）。主要な議題は教学会議で決定されることになり、これにより、全員集まる全学教授会の回数は大幅に減少し、意思疎通が減るという大きな問題が起きた。

第九に、校訓「三実主義」について、田中忠夫・星野通の説明によりながら、より分かりやすく、深く説明したか、『学生便覧』の書き換えをしなかったため、その真意は定着しなかった。

第一〇に、三恩人のプロフィールを新しく書き直し、『学生便覧』ならびに、三恩人の銅像の前に石碑に掲げ、定着した（二〇〇四年四月）。

第一一に、三恩人に次ぐ第四の恩人として、三代校長の田中忠夫先生を高く評価し、胸像を温山会館の二階に設置した（二〇〇五年三月）。

第一二に、松山大学学長選考規程を改定し、内外無差別で有権者が独立自尊・自由意思で学長候補を投票する新選挙制度を導入した（二〇〇六年三月）。それは、前回の学長選挙を反省し、外部や理事会・理事・監事の学長選挙への介入を防ぐこと、及び、教員の過半数の支持を加重要件とした点は評価できるが、第一次投票につき、内外無差別で候補者を選ぶのは、棄権、死票が少なからず出ることになり、また学外の有識者が候補にならず問題を残した。さらに、教員の過半数規定の加重要件は、ただし書きの規定で空文となり、結局、教員の支持少数の学長が誕生することになった。

また、公約であった、学長解任規程（解任制度）の採用は見送った。その代わりに、任期を三年から二年に縮小した。これも、隔年ごとに学長選挙が行なわれ、政治の季節となり、問題を残した。

第一三に、寄附行為を改正した（二〇〇六年一〇月）。その新寄附行為は、神森理事長の理念が色濃く反映していた。それも理事会内部でつくったもので、教授会に意見聴取はなかった。説明会もなかった。『学内報』にも掲載されていなかった。「独立自尊の自主経営・自治経営」の大学であるにも関わらず、構成員の参加・合意によって定められたものではなかった。そして、その中身は、事務職の局長・部長を法人経営の中心に据え、学長・理事長と局長・事務部長を中心とした学校法人になった。

第一四に、学費について、値上げを凍結していたが、薬学部の開設とともに凍結解除し、値上げに踏み切った。アップ&ステップ方式であった（二〇〇六年四月）。

第一五に、問題多い任期制の新特任制度をつくった（二〇〇五年三月）。

第一六に、問題多い金利スワップ制を導入した（二〇〇六年四月）。

第一七に、公約にあった教員の昇格基準の厳格化や事務職員の人事政策・昇格基準について実現しておらず、課題が残った。

〔注〕

(1)『学内報』第三五二号、二〇〇六年四月、同第三五三号、二〇〇六年五月。
(2)『学内報』第三五二号、二〇〇六年四月。同第三五四号、二〇〇六年六月。
(3)『学内報』第三五二号、二〇〇六年四月。
(4)『学内報』第三五三号、二〇〇六年五月。同第三五四号、二〇〇六年六月。
(5)『学内報』第三五四号、二〇〇六年六月。
(6)同。
(7)同。
(8)『学内報』第三五五号、二〇〇六年七月。
(9)『学内報』第三五九号、二〇〇六年一一月。
(10)同。
(11)『学内報』第三五九号、二〇〇六年一一月。
(12)『学内報』第三六一号、二〇〇七年一月。
(13)『学内報』第三六一号、二〇〇七年一月。
(14)『学内報』第三六三号、二〇〇七年三月。
(15)『学内報』第三六二号、二〇〇七年二月。
(16)同。

あとがき

本書の第一章宮崎満学長時代、第二章比嘉清松学長時代は、筆者がこれまで『松山大学論集』で公表してきた論文を加筆修正したものである。

初出論文は次の通りである。

一、「宮崎満学長と松山大学の歴史　上・下」『松山大学論集』第三四巻第三号・第四号、二〇二二年八月・十月。

二、「比嘉清松学長と松山大学の歴史」『松山大学論集』第三四巻第五号、二〇二二年一二月。

なお、第三章青野勝廣学長時代、第四章第二次神森学長時代の歴史については新たな書き下ろしである。

松山大学激動の十五年間を書き終えた今、筆者が感じていることを、前書でも述べたが、追加して再度述べておきたい。

第一に、個人が大学の校史を書くのは難しい。そもそも無理である。筆者はすでに公表済の資料をもとに執筆したが、校史執筆にあたり、カバーしていない部門・分野は数多い。未解明・不明な点は数多い。本書は私個人が見た校史のほんの一端にすぎず、限界がある。

第二に、松山大学ほどの歴史と伝統のある大学ならば、校史編纂室を常設すべきである。本校では五〇年史以降校史が書かれていない。資料は残っているのだから、早く編纂室を作り、総力をあげて資料を集め、整理し、全面的な一〇〇年史を編纂していくべきであろう。そして、編纂室を継続し、一〇年毎に校史を追加していくべきであろう。校史編纂室の設置が求められる。

第三に、大学における情報共有の大切さである。情報は民主主義の基礎である。大学当局の考え、政策を伝え、教師や学生の優れた活動を取材し、共有し、良いことは伝えていく必要がある。本書執筆に当たって、『学内報』を多く利用した。広報課の職員に感謝申し上げる。

ところが、今は『学内報』が理事会により廃止され刊行されていない。早急に『学内報』の復活が求められる。そうでないと、今後は、校史を執筆する人は資料探索、確認に大変苦労するであろう。

第四に、学生新聞の復活である。新聞学会は高商・経専時代から松山商科大学時代の前半の時期には活発に活動していたが、七〇年代以降は停滞している。私が赴任した一九八〇年以降は、年に何回か出る程度であった。学生の、学生による、学生のための学生新聞の復刊が求められる。

第五に、第二次神森学長・理事長時代に大きな改革（松山大学の二〇〇六年体制）が次々となされたが、問題点も課題も残した。

①薬学部に関しては、定員割れが続き、早急に改革・改善が求められている。そうでないと、文理融合の大学にならない。

②学長選挙規程に関しては、何よりも学長選挙だから、まず、教員だけで第一次投票を行ない、上位三名を選出し、次にその候補は理事長になるのだから、教員と職員による第二次投票で学長・理事長候補を決めるのが良いだろう。また、教員支持が少数の学長が誕生しないような仕組みが求められる。そして、任期を三年に戻す。

③寄附行為に関しては、肥大化した役員の数、学長・理事長および事務局長・事務部長理事中心の法人運営を改革する必要がある。具体的には、役員を減らしスリム化する、事務部長一～三名を当然理事とする規程はやめる、副学長、学部長、短大学長、事務局長、事務部長を当然評議員にするのをやめる、副学長を常務理事にするのはやめる、学内の選挙で選ばれた教職員の評議員を増やし、民主主義の基礎である選挙を重視し（能力・人望重視）、評議員会で選出された学内理事のなかから常務理事を選ぶようにする、任期を三年にする、また外部の役員の任期を決める、等々。

④教学会議に関し、学部選出の委員を准教授・講師から一名となっているのをやめ、教授も含め、二名とし、議論を活発化させる。

⑤五年契約の新特任制度をやめる。理由は本人の労働条件が悪く、教授会には出席できず、発言権、選挙権もない不条理な制度だからである。また教授会にとっても不利益だからである。

⑥副学長制について、五学部で副学長三人は多すぎよう。そもそもは神森学長が高齢であったために、設けられた制度である。また、副学長が多いと学長・副学長主導型となり、各学部教授会・各学部長の相対的地位の低下につながり、民主的合意形成の大学運営にとって好ましくないからである。

第六に、星野通学長が一九六二年四月に『学生便覧』に掲げた校訓三実主義の説明文については、旧い文言が使用されており、また、戦後の日本国憲法や教育基本法の精神が反映されておらず限界がある。現代的、民主的表現に改訂すべきであろう。

第七に、神森智学長が二〇〇四年四月に『学内報』に掲げられた三恩人の解説文については不備があり、より正確に改訂すべきであろう。

第八に、本学の校風である、「非官僚主義・家族主義的エートス」は死語となっているが、その再生・復活が望まれる。

最後に、本書執筆にあたり、松山大学の生き字引であった神森智先生には、ご生前、雑談の中から種々大学の歴史についてご教示をいただきました。先生抜きには校史は書くことはできなかったと思います。感謝申しあげます。

二〇二二年一二月

かわひがし　やすひろ

●著者略歴
川 東 竫 弘 （かわひがし・やすひろ）

1947年香川県生まれ。
香川県立高松高等学校卒業。
京都大学経済学部卒業。
大阪市立大学経済学研究科博士課程単位取得。
博士（経済学）。
松山大学名誉教授。

●主な著書
『戦前日本の米価政策史研究』ミネルヴァ書房　1990年
『高畠亀太郎伝』ミネルヴァ書房　2004年
『農ひとすじ　岡田温』愛媛新聞サービスセンター　2010年
『帝国農会幹事　岡田温　―一九二〇・三〇年代の農政活動（上・下）』
御茶の水書房　2014年
『松山高商・経専の歴史と三人の校長　―加藤彰廉・渡部善次郎・田中忠夫―』
愛媛新聞サービスセンター　2017年
『伊藤秀夫と松山商科大学の誕生』 SPC出版　2018年
『評伝　法学博士　星野通先生　―ある進歩的民法・民法典研究者の学者人生―』
日本評論社　2019年
『新田長次郎と三実主義・三恩人の研究』 SPC出版　2021年
『松山商科大学四〇年史　―一九四九年四月～一九八九年三月―』
愛媛新聞サービスセンター　2022年
『高畠亀太郎日記』第一巻～第六巻　愛媛新聞社　1999年～2005年
『岡田温日記』第一巻～第一五巻　松山大学総合研究所　2006年～2021年

松山大学　苦難・混迷の十五年史
―一九九二年一月～二〇〇六年一二月―

2023年５月15日　初版　第１刷発行

著　　者　川 東 竫 弘

編集発行　愛媛新聞サービスセンター
〒790-0067　松山市大手町一丁目11-1
電話〔出版〕089-935-2347
〔販売〕089-935-2345

印刷製本　アマノ印刷

ISBN978-4-86087-169-7　C0037